힐러리 클린턴
살아있는 영어

힐러리 클린턴
살아있는 영어

1판 10쇄 발행 20019년 5월 16일

편역자 | 이인석, 고성희
펴낸이 | 박찬영
기획편집 | 김혜경, 한미정, 성이경
교정 | 박은지
마케팅 | 이진규, 장민영
발행처 | 리베르
주소 | 서울시 성동구 왕십리로 58 서울숲포휴 11층
등록번호 | 제2003-43호
전화 | 02-790-0587, 0588
팩스 | 02-790-0589
홈페이지 | www.liberbooks.co.kr
커뮤니티 | blog.naver.com/liber_book(블로그)
　　　　　　cafe.naver.com/talkinbook(카페)
　　　　　　e-mail | skyblue7410@hanmail.net
　　　　　　Copyright ⓒ Liber, 2009
ISBN | 978-89-91759-57-2 (13740)

　　• 사전 동의 없는 무단전재와 무단복제를 금합니다.
　　• 잘못 만들어진 책은 바꿔드립니다.

리베르(LIBER)는 디오니소스 신에 해당하며 책과 전원의 신을 의미합니다.
또한 liberty(자유), library(도서관)의 어원으로서 자유와 지성을 상징합니다.

힐러리 클린턴
살아있는 영어

힐러리 클린턴 지음 | 이인석 · 고성희 편역

리베르

Contents

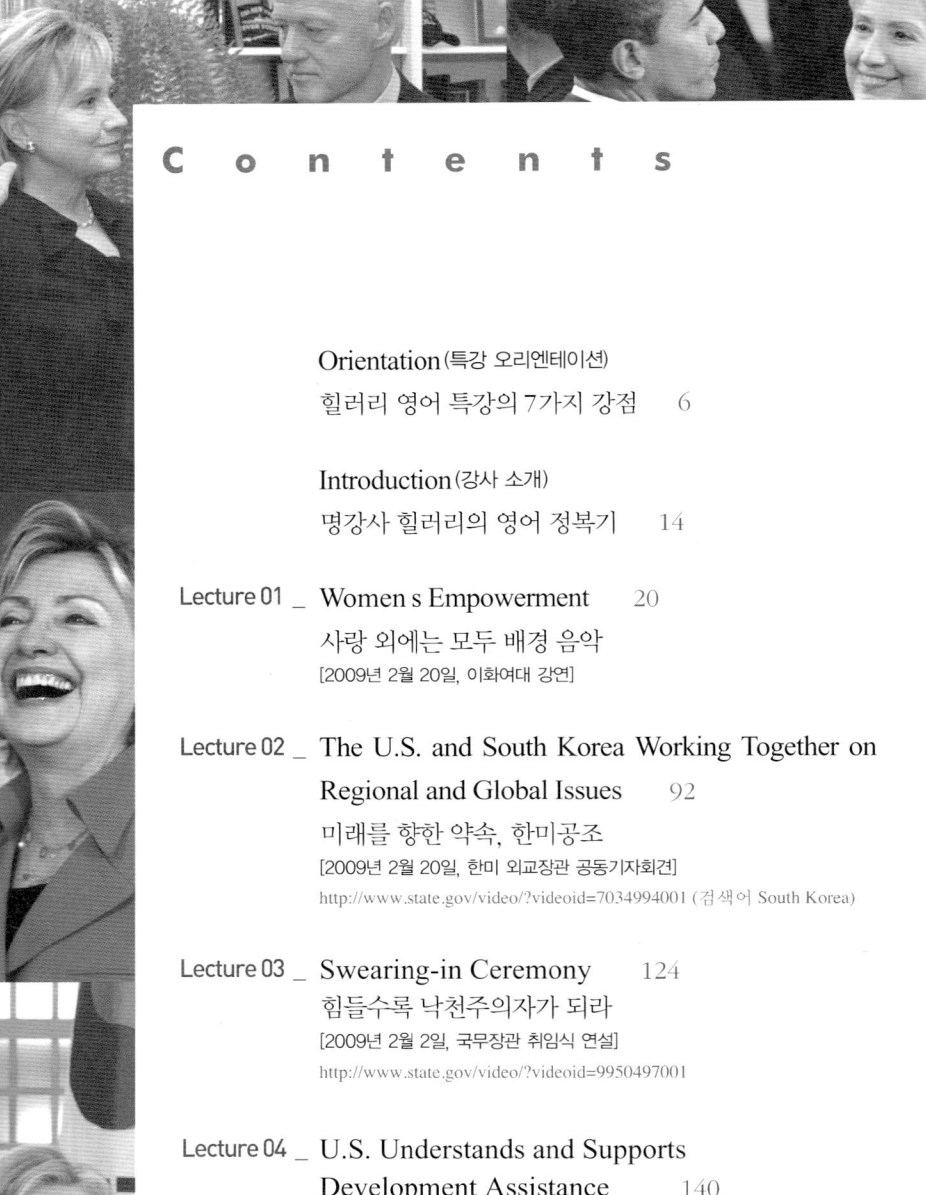

Orientation(특강 오리엔테이션)
힐러리 영어 특강의 7가지 강점   6

Introduction(강사 소개)
명강사 힐러리의 영어 정복기   14

Lecture 01 _ Women's Empowerment   20
사랑 외에는 모두 배경 음악
[2009년 2월 20일, 이화여대 강연]

Lecture 02 _ The U.S. and South Korea Working Together on Regional and Global Issues   92
미래를 향한 약속, 한미공조
[2009년 2월 20일, 한미 외교장관 공동기자회견]
http://www.state.gov/video/?videoid=7034994001 (검색어 South Korea)

Lecture 03 _ Swearing-in Ceremony   124
힘들수록 낙천주의자가 되라
[2009년 2월 2일, 국무장관 취임식 연설]
http://www.state.gov/video/?videoid=9950497001

Lecture 04 _ U.S. Understands and Supports Development Assistance   140
임무와 자원의 조화
[2009년 1월 23일, 국제개발처 연설]
http://www.state.gov/video/?videoid=9102701001

Lecture 05 _ Statement before the Senate
Foreign Relations Committee   160
외교가 대외 정책의 선두
[2009년 1월 13일, 상원 외교위원회 인준청문회 연설]
http://www.state.gov/video/?videoid=7034994001

Lecture 06 _ No way, no how, no McCain.   224
우리 대통령을 위하여
[2008년 8월 26일, 오바마 지지 촉구 연설]
http://www.huffingtonpost.com/2008/08/26/hillary-clinton-democrati_n_121584.html

Lecture 07 _ Clinton urges supporters to back Obama   252
여성 백악관 주인을 기다리며
[2008년 6월 7일, 민주당 대선경선 중단 선언]
http://www.cnn.com/2008/POLITICS/06/07/clinton.speech/index.html#cnnSTCVideo

Words & phrases   288

 Orientation (특강 오리엔테이션)

힐러리 영어 특강의 7가지 강점

『○○종합영어』는 좋은 책일까, 나쁜 책일까?

힐러리 영어에 웬 종합영어냐고 의아해하시는 분들이 계시겠지만, 힐러리 특강과 깊은 관계가 있으니 한번 귀를 기울여보시라.

다시 한 번 묻겠다.

"『○○종합영어』는 괜찮은 영어 학습서일까, 별로인 영어 학습서일까?"

사실 이 질문에 즉각적으로 대답하기란 그리 쉽지 않을 것이다. 그 종합영어는 대한민국에서 30년 넘게 영어 학습의 본좌를 지켜온 책이고, 영어깨나 한다고 하는 사람들치고 그 책 한 번 보지 않은 사람은 거의 없을 것이기 때문이다. 그렇다면 그 종합영어는 당연히 좋은 책이요 괜찮은 학습서라고 해야 하겠는데, 그렇게 대답하기엔 왠지 꺼림칙하다. 왠지 1퍼센트 부족하게 느껴지기 때문이다. 그 1퍼센트가 10이나 20퍼센트가 되거나, 혹은 80이나 90퍼센트 부족하게 느껴지는 건 각자의 주관적 판단에 따라 다르겠지만, 그 책만으로는 무언가 부족하게 느껴진다는 데에는 대다수가 동의할 것이다.

왜 그렇게 느껴지는 걸까? 그렇다면 우리는 지난 30년 동안 부족한 책으로 영어 공부를 해왔다는 말인가?

이들 질문에 대한 구체적인 답변을 이 자리에서 밝히는 것은 적절하지 않다는 생각이 들기에, 그 대신 힐러리 영어 특강의 특장점을 통해서 이 책이 그 종합영어와 어떤 차별성이 있는가 한번 살펴보실 것을 권해 드린다.

대한민국의 수많은 영어 학습서와는 분명히 다른, 명강사 힐러리의 영어 특강은 다음과 같은 강점을 지니고 있다

명강사 힐러리는 살아 있는 영어를 구사한다

언어는 변한다. 일제강점기에 발표된 한국 단편들을 보면 잘 알수 있다. 한글은 한글이로되 오늘날의 한글 문장과는 많이 다른 것이다. 영어도 마찬가지다. 100년 전의 영어와 지금 영어는 다르고, 30년, 50년 전의 영어도 오늘의 영어와는 차이가 난다. 100년 전이나 30년, 50년 전의 영어를 배울 것인가, 현재 통용되고 있는 영어 표현을 배울 것인가.

답은 분명하다. 명강사 힐러리는 살아 있는 영어를 구사하고 있다. 그래서 이 책의 제목이 바로 『명강사 힐러리의 살아 있는 영어 특강』이다. 이 책에는 명강사 힐러리의 이화여대 강연을 비롯하여, 동시대의 살아 있는 영어들이 생생하게 숨 쉬고 있다.

이화여대 특강에서 명강사 힐러리는 이렇게 언급했습니다.

"We are in the 21st century, and every day we make progress, but we can't be complacent."

(우리는 21세기를 살고 있으며, 매일 우리는 전진하고 있습니다. 하지만 우리는 안심할 수 없습니다.)

그렇다. 우리는 21세기를 살고 있으며, 이제는 21세기 영어로 무장해야 한다. 명강사 힐러리는 21세기의 살아 있는 영어를 구사하고 있으며, 우리는 『명강사 힐러리의 영어 특강』을 통해 살아 있는 영어를 습득할 수 있다.

명강사 힐러리는 표준 영어를 구사한다

명강사 힐러리는 메인사우스 고등학교를 우수한 성적으로 졸업한 후 명문 사립여대인 웰즐리대에서 정치학을 전공한 후 예일대 로스쿨에서 공부하는 엘리트 코스를 거쳤다. 학창시절을 통해 표준 영어를 구사할 수 있는 최적의 조건을 갖춘 것이다. 또한 명강사 힐러리는 그동안 미국 전역을 순회하며 가진 수많은 사람들과의 대화를 통해, '표준 영어'의 틀을 더욱 확고히 다질 수 있었고, 전 세계의 수많은 국가를 방문하며 나눈 세계인과의 대화를 통해 '표준 영어'의 전형을 갖출 수 있었다.

우리는 『명강사 힐러리의 영어 특강』을 통해 표준 영어를 익힐 수 있다.

명강사 힐러리는 외교적인 영어를 구사한다

명강사 힐러리의 수사(修辭) 능력은 정치적이라기보다는 외교적이다. '정치'나 '외교'나 그 말이 그 말 같지만, 정치는 권력에 의한 '통치력'의 측면이 강하고, 외교는 관계에 의한 '설득력'의 측면이 강하기 때문에 그 둘은 뉘앙스부터가 다르다.

명강사 힐러리는 상대방과 관계를 맺고 상대를 설득하는 외교적인 커뮤니케이션 능력을 갖추고 있다.

명강사 힐러리는 이렇게 얘기한다.

"I welcome debate and I am respectful of dissent."

(저는 토론을 기꺼이 받아들이고 이견을 존중합니다.)

정치인이라면 마땅히 토론을 환영하고 이견을 존중해야 하는 것으로 알겠지만, 이게 말이 쉽지 현실세계에서 실천하기가 그리 만만한 일은 아니다. 대한민국 정치인들을 보면 이게 얼마나 어려운 일인가 잘 알 수 있을 것이며, 멀리 갈 것도 없이 각자 자기 자신을 되돌아보면 된다.

'나는 토론을 받아들이고 이견을 존중하는가?'

명강사 힐러리가 제시하는 영어 정복의 노하우가 바로 여기에 있다. 상대방과 토론을 하고 이견을 존중할 자세가 되어 있어야 비로소 '남'과의 커뮤니케이션이 가능해지기 때문이다. 그래서 사람들이 흔히들 얘기하고 있다.

"저 사람과는 말이 통하지 않아!"

A도 한글을 쓰고 B도 한글을 쓰는데 말이 통하지 않다니, 정말 이상하지 않은가! 영어도 마찬가지다. 외교적인 자세가 되어 있어야 비로소 말이 통하는 것이다.

명강사 힐러리는 외교적인 영어에 있어 세계 최강자다. 『명강사 힐러리의 영어 특강』을 통해 우리도 외교적인 영어를 구사할 수 있다.

명강사 힐러리는 노련한 영어를 구사한다

적어도 노련미에 있어서는, 명강사 힐러리는 남성과 여성이라는 '성' 구분을 뛰어넘는다. 산전수전에 공중전까지 다 겪은 힐러리이기 때문이다.

명강사 힐러리의 노련미는 단순히 그가 영부인 출신이어서 거저 얻어진 게 아니다. 웰즐리대를 졸업할 때 명강사 힐러리가 졸업 연설을 했는데, 얼마나 멋진 영어를 구사했는지 7분간이나 기립박수를 받을 정도였다. 20대 나이에 이미 노련한 영어를 구사하기 시작한 것이다.

남편이 백악관에서 바람을 피웠을 때에도 명강사 힐러리는 삶에 휘몰아친 그 모진 폭풍을 잘 이겨냈다. 그후 뉴욕 주 상원의원을 거쳐 대선 출마, 그리고 국무장관에 이르기까지 별의별 경우를 전부 겪으며 명강사 힐러리의 영어는 그 노련미를 더해갔던 것이다.

명강사 힐러리는 이렇게 얘기한다.

"As difficult as the times are, I am an optimist."

(상황이 어려울수록, 저는 낙천주의자가 됩니다.)

힐러리는 상황이 어려울수록 낙천주의자가 되어 노련한 영어를 구사하는 최고의 명강사이다. 우리는 『명강사 힐러리의 영어 특강』을 통해 보다 노련한 영어 학습을 이어갈 수 있다.

명강사 힐러리는 입체적인 영어를 구사한다

노련하기에, 명강사 힐러리는 입체적인 영어를 구사한다. 깊이가 있기 때문이다. 명강사 힐러리의 영어에는 말만 청산유수인 싸구려 정치인의 말장난이 아닌, 세상의 이치와 흐름을 깊이 있게 통찰할 줄 아는 지혜가 배어 있다. 물론 이러한 입체적 영어는 명강사 힐러리의 입체적 사고에서 나온 것이다. 명강사 힐러리가 입체적 사고를 하는 능력을 배양한 것은 정치인으로서의 파란만장한 생애를 경험했기 때문이라기보다는, 청소년 시절에 고전 위주의 독서를 해왔기 때문이다.

고전 위주의 독서가 가져다준 사고력에 다양한 경험에서 비롯된 이해력까지 첨가되었으니, 명강사 힐러리의 영어 파워는 가히 놀라울 정도이다. 우리도 『명강사 힐러리의 영어 특강』을 통해 보다 입체적인 영어를 구사하게 될 것이다.

명강사 힐러리는 당당한 영어를 구사한다

이쯤에서 질문을 하나 더 해야겠다.

"힐러리 클린턴이 영어를 더 잘할까, 빌 클린턴이 영어를 더 잘할까?"

글쎄, 이건 쉽지 않은 질문일 거 같다. 물론 빌 클린턴의 취미가 '십자 낱말 맞추기'라는 건 널리 알려진 사실이다. 낱말 맞추기를 하면 순식간에 끝내버렸고, 뉴욕타임스에 낱말 맞추기 요령을 기고할 정도였다고 하니, 빌 클린턴의 영어 능력은 상당한 수준에 올라 있다고 봐야 할 것이다.

하지만 힐러리 클린턴도 만만치 않다. 힐러리 클린턴이 빌 클린턴보다 뛰어나건 그렇지 않건의 문제는 둘째치고라도, 힐러리의 영어는 여성으로서의 '초강력 무기'로 인식되고 있다는 점에서 빌과는 완전히 다르다. 명강사 힐러리의 영어는 심심풀이로 낱말 맞추기나 하고 있을 때가 아니라, 죽느냐 사느냐 하는 '여권 신장의 기로'에서 언어를 더욱 갈고닦는 전투의 나날을 겪어온 결과로 완성되었기 때문이다.

그래서 명강사 힐러리의 영어는 '여권 신장적'이다. 1995년 베이징에서 개최된 제4차 유엔여성특별총회에서 여성의 권리에 대한 명연설을 남겼던 명강사 힐러리는 언어의 마술사인 빌 클린턴과는 달리, 알파 걸의 전형으로서의 왕성한 활동을 펼치며 풍부하고 당당한 영어를 구사한다고 할 수 있다. 영어에 짓눌려 있던 우리에게 당당하고 힘찬 영어를 구사할 수 있는 기회가 찾아왔다는 것은 반가운 소식이 아닐 수 없다. 우리는 『명강사 힐러리의 영어 특강』을 통해 보다 당당한 영어 학습의 세계로 도약할 수 있다.

명강사 힐러리는 기본에 충실한 영어를 구사한다

그렇다고 명강사 힐러리가 어려운 어휘를 남발하거나, 현학적인 표현을 즐기는 것은 아니다. GRE 수준의 어휘는 다른 강사에 비해 적게 구사하지만, 오히려 그러한 기본적인 어휘 구사가 한국 독자들을 더 당혹스럽게 만들 수도 있다는 점에 유념해야 한다.

즉 기본이 더 어렵게 느껴질 수도 있다는 뜻이다. 예를 들면, 우리가 가장 기본적이라고 생각하는 전치사의 경우, 전치사만 잘 구사해도 영어는 거저먹을 수 있다는 것을 많은 영어 학도들이 잘 알고 있음에도 불구하고 한국에서 태어난 우리가 전치사를 잘 구사하기란 여간 어려운 게 아니다. 그래서 뻔한 동사에 뻔한 전치사가 결합된 숙어라는 게 튀어나오기만 하면, 그 결합이 생판 처음 보는 것이기만 하면, 대부분의 학도들이 경기(驚氣)를 일으키게 된다.

'나의 실력은 중급에서 고급은 된다'고들 생각하고 있지만, 실은 기본이 탄탄하지 않기 때문에 GRE 단어는 줄줄 꿰면서도 오히려 가장 기본적인 것을 어려워하는 것이다.

그럴수록 기본으로 돌아가야 한다. 명강사 힐러리는 기본에 충실한 영어를 구사하기에, 『명강사 힐러리의 영어 특강』을 잘 정복해서 영어의 기본기를 보다 완벽하게 갖출 일이다. 그러므로 『명강사 힐러리의 영어 특강』이 지니고 있는 일곱 가지 강점을 하나로 요약하면, "힐러리의 말 한마디 한마디는 영어의 살아 있는 교과서"가 된다.

명강사 힐러리의 영어 정복기

    명강사 힐러리 클린턴은 영어 교육의 역사적 사명을 띠고 이 땅에 태어났다. 아니, 힐러리 로댐 클린턴은 1947년 10월 26일, 영어 교육의 역사적 운명을 띠고 미국에 태어났다.

    영어 교육에 있어서 힐러리는 행운아라고 할 수 있다. 소년 시절을 인도네시아에서 지내야 했던 오바마와 달리 힐러리는 미국 본토에서 영어 몰입식 생활을 지속적으로 영위할 수 있었기 때문이다.

    힐러리를 일컬어 행운아라고 하는 것은 절대로, 우리의 자의적인 해석이 아니다. 미국에서 태어난 것이 엄청난 행운이라는 것을 힐러리 자신도 자각하고 있었던 것일까. 힐러리의 자서전 『살아 있는 역사』를 보면, "미국에서 태어난 것은 행운이었다"고 기술되어 있다.

    그래서 오바마 영어와 힐러리 영어는 본질적으로 다르다. 오바마 영어가 부단한 노력의 산물이라면, 힐러리 영어는 'DNA'의 바탕 위에 후천적 노력이 가미된 결과라고 할 수 있다.

    명강사 힐러리의 언어 감각 중 선천적인 요소는 어머니한테서 물려받았다고 할 수 있다. 읽기와 쓰기를 잘하는 우등생이었던 어머니는 자신의 언어 능력을 예쁜 딸 힐러리한테 고스란히 물려주었다. 어머니는 어린 힐러리를 매주 도서관에 데려갔으며, 힐러리는 도서관의 아동 서적을 열심히 읽었다.

명강사 힐러리가 나중에 아동의 권익 신장을 위한 변호사로 활동한 것도 어머니의 영향이 컸다. 불행한 어린 시절을 보냈던 어머니는 아동들이 학대당하는 데 분노했으며, 많은 아이들이 불우한 처지에 놓이게 된다는 사실을 이해하고 있었던 것이다.

명강사 힐러리가 미국에서 태어났다고 해서, 줄곧 영어 몰입식 생활을 했다고 해서, 영어의 최고 명강사가 되기 위한 불굴의 노력을 하지 않은 것은 아니다. 오히려 힐러리는 남다른 노력을 더 기울여왔다.

과연 그랬을까?

명강사 힐러리는 애써 노력을 했다기보다는, 영어를 매개로 한 의사소통을 어릴 적부터 무척 즐겼다고 하는 게 보다 정확한 표현일 것이다. 『살아 있는 역사』에도 힐러리가 어릴 적부터 정치에 관심이 많았고 친구들과 토론하는 것을 좋아했다고 기술되어 있다.

힐러리의 어릴 적 친구들도 "그녀는 토론을 정말 잘했다"고 회상할 정도였으니, 영어 능력에 대한 명강사 힐러리의 천재성을 새삼 확인해볼 수 있는 대목이다.

다른 사람과 벌이는 토론은 힐러리가 세상을 배워나가는 가장 효과적인 수단 중의 하나였다. 어쩌면 힐러리의 삶이 토론으로 시작해서 줄곧 토론으로 이어졌다고 볼 수도 있을 것이다. 그래서 힐러리가 "I welcome debate and I am respectful of dissent."(저는 토론을 기꺼이 받아들이고 이견을 존중합니다.)라는 말을 공식석상에서 공개적으로 할 수 있는 것이다.

그런데 토론에서의 영어구사 능력이 치열한 삶의 무기로 활용되기 시작한 계기가 바로 여성으로서의 좌절감에서 비롯되었다는 사실에 주목해야 한다. 중학생 때 우주비행사가 되고 싶어 NASA에 편지를 보냈지만 여자는 받지 않는다는 답장을 받고 힐러리는 여성으로서의 한계와 세상의 차별을 뼈저리게 느끼게 되었으며, 그러한 좌절감은 차후 힐러리가 풀어나가야 할 사회적 과제로 이어졌기 때문이다.

그리고 힐러리가 오늘날의 명강사 힐러리가 된 또 하나의 토양은 바로 신앙생활이었다. 힐러리는 증조부 때부터 이어온 감리교 신자이다. 힐러리의 증조부가 감리교의 창시자인 존 웨슬리의 설교를 잉글랜드에서 듣고 개종을 했다고 하니, 믿음의 뿌리가 상당히 깊다고 할 수 있다. 힐러리는 신앙생활을 통해 사회적 책임과 감사의 마음을 깊이 새길 수 있었으며, 그런 의식의 토양이 장차 정치활동으로 이어질 수 있었던 것이다.

힐러리가 다녔던 웰즐리 여대도 봉사를 강조하는 대학이어서, 힐러리의 세계관 형성에 큰 밑바탕이 되었다고 볼 수 있다. 웰즐리 여대의 교훈은 라틴어로 "Non Ministrari sed Ministrare"였다. 우리말로는 "남의 도움을 받는 사람이 되지 말고 남을 돕는 사람이 되어라."이니, 힐러리가 가슴 깊이 새기고 있는 감리교 교리와 잘 맞아떨어졌다. 게다가 '힐러리'라는 이름 자체를 종교적이라고 봐야 한다. 힐러리(Hillary)의 '힐'(hill)은 '언덕'을 뜻하기에 '언덕 위의 교회'가 되기 때문이다. 그러니 힐러리가 정치활동을 통한 사회적 기여를 강화하는 삶으로 전진하게 된 것은 당연한 행로였다고 할 수 있다.

웰즐리 여대 재학시절 명강사 힐러리는 더욱더 정치적인 인물로 성장해갔다. 물론 여기서의 '정치적'이라는 어휘의 의미는 현실세계의 정치에 깊이 관여했다는 뜻이라기보다는, 영어를 통한 의사소통과 토론의 커뮤니케이션을 한층 더 활발히 펼쳤다는 뜻이다.

하지만 시대적 상황이 힐러리에게 현실세계의 정치의식을 형성해준 것은 사실이다. 그 무렵 마틴 루터 킹 목사가 암살되었고, 베트남 전쟁이 확대되었다. 특히 1968년 4월 4일 킹 목사가 암살되었을 때, 힐러리는 큰 충격을 받았다. 두 달 뒤인 1968년 6월 5일에는 로버트 케네디 상원의원이 암살되었다.

정치적 거물이 연이어 암살되었던 그 시절, 힐러리는 그 광풍을 어떻게 이겨내었을까? 그 당시만 해도 힐러리는 정계에 진출하는 것보다는 정치에는 그냥 적극적으로 행동하는 시민 정도로 참여하고 싶은 마음이었다. 사회를 변화시키기 위해서는 스스로 힘을 길러야 한다는 생각을 했기 때문이다. 그래서 힐러리는 정계에 투신하는 대신 예일대 로스쿨에 진학하게 된다.

예일대 로스쿨에 입학하기 전인 1969년 5월 31일 웰즐리 여대 졸업식장에서 힐러리가 한 연설은 한 세대를 뛰어넘는 오랜 전설로 남아 있다. 그때 이미 힐러리는 영어의 명강사 반열에 등극했다고 봐야 할 것이다. 그 후에 일어났던 일들은 오로지 명강사로서의 입지를 더욱 탄탄하게 해준 단련과 감사의 나날이었기 때문이다. 또한 웰즐리 여대의 졸업식 연설로 일약 영어 특강의 기린아로 떠오른 힐러리는 방송사의 인터뷰 프로그램에 출연했고 『라이프』지에 특집기사가 게재되는 선풍을 일으켰기 때문에, 그때를 힐러리의 명강사 등극의 시기로 봐도 별 대과(大過)는 없을 것이다.

그 후 명강사 힐러리는 어떤 삶을 살아왔을까?

1970년에 빌 클린턴을 만나 1975년에 결혼했으며, 1979년 빌 클린턴이 아칸소 주지사로 취임, 1982년에 빌 클린턴이 주지사에 재당선, 1993년에 빌 클린턴이 대통령에 당선되면서 퍼스트레이디가 되었다. 하지만 2000년에 힐러리는 직접 뉴욕 주 상원의원에 출마하여 당선되는 기염을 토해냈고, 2006년에 뉴욕 주 상원의원에 재당선되었으며, 2008년에 민주당 대선후보 경선에 출마했다가, 2009년에 오바마 정부의 국무장관에 취임하게 된다.

웰즐리 여대의 졸업식장에 휘몰아치던 돌풍이 아칸소 주와 미국

전역을 휩쓸더니, 전 세계에까지 휘몰아치고 있는 것이다.

명강사 힐러리의 영어 특강은 국제적으로, 전 세계적으로 행해지고 있다. 국제적인 영어 특강 직무를 공식적으로 수행하는 직책인 국무장관에 취임한 이래, 명강사 힐러리는 오대양 육대주를 누비며 지금 이 순간에도, 지구촌 곳곳에 영어 특강의 전설을 남기고 있는 것이다.

영어 공부가 힘들 때면 때론 '아, 내가 왜 미국에서 태어나지 않고 한국에서 태어났단 말인가' 하며 한탄할 때가 있을 것이다. 미국에서 태어났더라면 영어 때문에 이렇게 고생하지 않을 텐데, 정말 얄궂은 운명이 아닐 수 없다.

하지만 다시 한번 생각해보자. 명강사 힐러리가 웰즐리 여대를 졸업할 때, 힐러리 말고도 많은 학생들이 있었지만 힐러리가 졸업생 대표로 연설을 했으며, 미국에는 현재 2억 9,000만 명의 인구가 살고 있음에도 오직 힐러리만이 국무장관을 하고 있다는 것을.

힐러리가 미국에서 태어난 것은 사실이지만, 자신의 자서전에서 "나는 퍼스트레이디나 상원의원으로 태어나지 않았다."고 털어놓았듯이, 명강사 힐러리가 다음과 같이 고백하는 말을 우리는 깊이깊이 새겨야 한다.

"제가 처음부터 영어의 명강사로 태어난 것은 아닙니다!"

사랑 외에는
모두 배경 음악

[2009.2.20. 이화여대 강연]

Women's Empowerment

이화여자대학교에서 강의하는 힐러리

힐러리 특강 | 안녕하세요, 수강생 여러분! 방금 소개받은 여러분의 힐러리 클린턴입니다. 오! 많은 분들이 참석해주셨네요! 이 어려운 시기에도 용기를 내어 힐러리 특강에 참석해주신 데 대해 감사드립니다. 특히, 저를 잘 소개해주시고, 저의 경력을 일목요연하게 말씀해주신 사회자 분께 진심으로 감사드립니다. 대한민국은 저에게 무척 친숙한 곳이고, 이렇게 한국의 많은 분들과 영어를 같이 공부할 수 있게 된 것을 영광으로 생각합니다. 오늘의 첫 강의는 2009년 2월 20일 대한민국의 이화여대에서 가졌던 저의 강연 내용을 텍스트로 삼았습니다. 그때 참으로 많은 분들이 사랑과 열정을 보내주셨는데, 아직도 그때의 감동이 생생하기만 합니다. 힐러리 특강 수강생 여러분, 이처럼 사랑과 열정이 가득한 시간을 여러분과 함께 오래오래 이어갈 수 있기를 기원합니다! 그래서 오늘의 첫 강의는 '사랑'으로 시작합니다!

"I've loved and been loved, and all the rest is background music."

SECRETARY CLINTON: Good afternoon. Thank you so much, President Lee. I am **honor**ed to be here at this great university. I wish to thank also **Chairperson (inaudible)** and the more than 107,000 **alumni** at this great school. Standing up with me was our Ambassador Kathy Stephens, who has told me that more than 50 **graduate**s of Ewha Womans University work at U.S. Embassy Seoul. We are **extremely** proud of the education they have received here.

It is a great privilege to stand here before you on the **stage** of the largest women's university in the world. And I came to this university as a matter of destiny, because you see, Ewha and I share a connection. I am a **Methodist**, my **family** on my father's **side** comes from Scranton, Pennsylvania and I must say that Wellesley College is a sister

사랑 외에는 모두 배경 음악

> 나 는 사 랑 을 했 고 사 랑 을 받 아 왔 어.
> 그 나 머 지 는 모 두 배 경 음 악 에 불 과 해.

클린턴 국무**장관**: 안녕하십니까. 이배용 총장님, 대단히 감사합니다. 명문 대학인 이화여대를 방문하게 되어 영광입니다(**영광을 주다**). **사회자**님께 감사드리고 (들리지 않음) 명문 이화여대의 10만 7,000여 **동문** 여러분께도 감사의 말씀을 드립니다. 저와 함께 서 계신 캐서린 스티븐스 대사는 주한미국대사관에 50여 명의 이화여자대학교 **졸업생**이 근무하고 있다는 얘기를 저에게 들려주었습니다. 우리는 그들이 이 대학에서 교육을 받은 것이 **매우** 자랑스럽습니다.

여대로서는 세계 최대 규모인 이화여대의 **연단**에서 여러분 앞에 서게 되어 영광입니다. 제가 이 대학에 오게 된 것은 운명적인 일입니다. 이화여대와 저 사이에는 연결 관계가 존재하기 때문입니다. 저는 **감리교 신자**이고, 저의 아버지 **쪽 집안**은 펜실베이니아 주 스크랜턴 출신입니다(힐러리는 이화여대 설립자인 스크랜턴 여사와 종교가 같고, 아버지의 고향인 스크랜턴과 스크랜턴 여사의 철자가 같다는 점을 언급하고 있음 – 역주). 그래서 저는 웰즐리

23

college for Ewha University. So being an **honorary fellow** seems right **at home** today.

I also **note** that in this **audience** are some Korean-American friends from New York and California. There are several Wellesley graduates whom I met **backstage** as well and an extraordinary number of talented young women, **faculty** members, and **administrators**.

Learning about this great university and the **role** that you have played in advancing the **status** of women made me think about so many of the women throughout history who are **inspirations** to me: Madame Scranton, someone who started teaching one young woman, and from her **dedication** and hard work came this university; Eleanor Roosevelt, a **pioneering** First Lady of the United States and a voice for democracy around the world, and one of the driving forces behind the United Nations Declaration on Human Rights. Now, that was more than 50 years ago, but just a few weeks ago, one of Korea's most **accomplished** leaders, United Nations **Secretary General** Ban Ki-moon, called on all nations worldwide to **push** for more progress on women's equality. And I want to thank the

대학(힐러리가 다녔던 대학 – 역주)은 이화여대의 자매학교라고 말하고 싶습니다. 그래서 제가 오늘 '명예 이화인'(**명예교우**)이 된 게 아주 **편하게** 느껴집니다.

저는 또한 오늘 **청중** 중에는 뉴욕과 캘리포니아에서 오신 한국계 미국인들도 몇 명 계신 것으로 알고 있습니다(**알아차리다**). 저는 또한 **연단 뒤에서** 몇몇 웰즐리 대학 졸업생들과 만났으며, 수많은 젊은 여성 인재와 **교직원**, 그리고 **행정관**들도 만났습니다.

저는 이 명문 대학과 여성의 **지위** 향상을 위해 여러분이 수행해 온 **역할**을 전해 듣고 저에게 **영감**을 불어넣어 준 역사 속의 많은 여성들을 떠올렸습니다. 스크랜턴 여사는 한 명의 젊은 여성을 가르치는 것으로 시작해서, **헌신**과 근면으로 이 대학을 설립하였습니다. 엘리노어 루즈벨트는 미국의 선구적인 영부인으로 활동하며, 전 세계 민주주의의 **대변자** 역할을 했고, 유엔 인권선언을 추진한 인물이었습니다. 이제, 인권선언이 선포된 지 50년이 넘었지만, 불과 몇 주 전에 한국의 가장 **뛰어난** 지도자 중 한 명인 반기문 유엔 **사무총장**이 여성의 평등을 보다 진전시켜줄(**추구하다**) 것을 전 세계 모든 국가에 촉구하였습니다. 그래서 저는 반기문 사무총장님께 감사드리고 싶습니다. 여성의 **권한 신장**이 바로 **개발도상 국가**들의 발전(**발달하다**)을 위한 열쇠라고 그가 언급했기 때문입니다.

Secretary General because he said that women's **empowerment** is the key to **progress** in **developing nations**.

People who think hard about our future come to the same **conclusion**, that women and others on society's **margins** must be **afford**ed the right to fully participate in society, not only because it is **morally** right, but because it is necessary to strengthen our security and prosperity.

Before I **came out** on stage, I met a number of young women who are in **political office** here in the Republic of Korea, and I **hope** I was looking at a future president of this great nation.

As you think about your own futures, keeping in mind security and prosperity and the role that each of us must play, is **essential** because of the **urgent** global challenges we face in the 21st century. We need all of our people's talents to be on the very **forefront** of setting a **course** of peace, progress, and prosperity; be it defending our nations from the **threat** of nuclear **proliferation** and terror, or **resolving** the global climate crisis or the current economic crisis, and **promoting** civil society, especially women's rights and education, healthcare, clean energy, good **governance**, the rule of law, and free and fair elections. All of these matters speak to our common desire to

사랑 외에는 모두 배경 음악

우리의 미래에 대해 심각하게 생각하는 사람들은 같은 **결론**에 도달할 것입니다. 여성과 사회 **소외계층**에게 사회에 완전히 참여할 수 있는 권리가 제공되어(제공하다)야 한다는 결론입니다. 그것이 **도덕적으로** 옳기 때문이며, 또한 우리의 안보와 번영을 강화시키는 데 필수적이기 때문입니다.

저는 연단에 오르기(나오다) 전에, 이곳 한국의 **행정관청**에서 일하고 있는 많은 젊은 여성들을 만났습니다. 저는 그들 중에서 이 위대한 국가의 미래 대통령이 나오기를 기대합니다(기대하다).

여러분 자신의 미래를 생각해볼 때, 안보와 번영 그리고 우리 각자가 수행해야 할 역할을 염두에 두는 것은 **매우 중요한** 일입니다. 우리가 21세기 세계의 **매우 위급한** 역경에 직면해 있기 때문입니다. 우리는 평화와 진보, 그리고 번영으로 향하는(향하다) **최전선**에서 모든 사람들의 재능을 필요로 하고 있습니다. 즉 핵 **확산**과 테러의 위협으로부터 조국을 수호하거나, 혹은 지구의 기후변화 위기 및 당면 경제 위기를 해결하고(해결하다), 시민 사회, 특히 여성의 권리와 교육, 건강보험, 청정에너지, 건전한 **통치**, 법에 의한 지배, 그리고 자유롭고 공정한 선거를 증진시키는(증진하다) 데 말입니다. 이 모든 사안들은 안전하고 강하고 안정된 국가를 건설하고자 하는 우리의 공통된 소망을 얘기해주고 있습니다.

make a nation that is safe and strong and secure.

More than half a century ago, this university became the first to prepare women for **profession**s that were **formerly reserve**d for men, including **medicine**, law, science, and journalism. At about the same time, your government wrote women's equality into your **constitution** and **guarantee**d **protection**s for women in **employment**. And there have been other rights and protections for women encoded in Korean law in **subsequent** decades.

These **advance**s **coincide**d **with** Korea's **transformation** from **an undeveloped nation** to a dynamic democracy, a global economic power, and a **hub** of technology and **innovation**. The **inclusion** of women in the political and economic **equation**, calling on those talents and **contribution**s from the entire population, not just the male half, was essential to the **progress** that this country has made.

As I have been on this first trip as Secretary of State, I have visited Japan and Indonesia, and tomorrow I will be in China. I was very impressed by my visit to Indonesia, a **young democracy** that is **demonstrating** to the world that democracy, Islam, **modernity**, and women's rights can **coexist**. I met elected women

반세기 훨씬 전에, 이 대학은 **의학**, 법률, 과학, 언론 등 **이전에는** 남성들이 독점했던(제한하다) **전문 분야**에서 최초로 여성들을 양성했습니다. 거의 같은 시기에 여러분의 정부는 **헌법**에 여성의 평등을 명시했으며, **고용**에 있어서 여성의 **보호**를 보장했습니다(보증하다). 그 **이후에도** 수십 년간 여성을 위한 다른 권리와 보호 제도들이 법제화되었습니다.

이러한 **진보**는 **저개발국**에서 역동적인 민주주의 국가로, 세계적인 경제 강국으로, 그리고 기술과 **혁신**의 **중심지**로 한국이 **전환**되는 것과 동시에 일어났습니다(동시에 일어나다). 정치와 경제 분야에서 **균등**하게 여성이 참여(포함)하는 것은, 단지 남성들만의 반쪽이 아닌 전체 국민의 재능과 **기여**를 가져옴으로써, 이 나라가 **발전**을 이룩하는 데 필수적인 요소가 되었습니다.

저는 이 첫 번째 순방에서 국무장관의 자격으로 일본과 인도네시아를 방문했으며, 내일은 중국을 방문할 예정입니다. 저는 인도네시아 방문에서 아주 깊은 인상을 받았습니다. **신흥 민주주의** 국가인 인도네시아가 민주주의와 회교, **현대적인 것**과 여성의 권리가 공존할(공존하다) 수 있다는 것을 세계에 증명하는(증명하다) 것에 대해서 말입니다.

officials. I met high **appointed** members in the foreign ministry and other **cabinet** positions in the government. It would be hard to imagine the progress that Indonesia has made in the last ten years, moving from a **stagnant autocracy** to a **burgeon**ing democracy, without women being **part** of the **reason**.

And on Sunday, I'll meet with women in China to hear about their efforts to improve opportunities for themselves in their own country, another reason why women have to lead the way if there's going to be higher standards of living, a healthier population, and an actively engaged **citizenry**.

But no country has yet achieved full equality for women. We still have work to do, don't we? And just a few weeks ago, President Obama signed into law a new **provision** protecting women from salary discrimination, a **step** that was **overdue**. So there is a lot ahead of us to ensure that **gender** equality, as President Lee mentioned, becomes a reality. And we also need to remain **vigilant** against a **backlash** that tries to turn the clock back on women and human rights, countries where leaders are threatened by the idea of freedom and democracy and women are made the **scapegoat**s. The **abuse**s of women under the Taliban are **horrific reminder**s that just as women had been

사랑 외에는 모두 배경 음악

저는 **공무원**으로 선출된 여성들을 만났습니다. 저는 이교부와 정부의 다른 부처(**내각**)에서 고위직에 **임명된** 여성들을 만났습니다. 인도네시아가 지난 10년간 **정체된 독재주의 국가**에서 신생(갑자기 출현하다) 민주주의 국가로 탈바꿈한 진보는, 여성들이 **도리**에 맞는 **일익**을 담당하지 않았다면 상상하기 힘든 일이었을 것입니다.

일요일에 저는 중국에서 여성들을 만나 그들의 기회를 확대시키기 위해 그들이 기울인 노력에 대한 이야기를 들을 예정입니다. 그것은 생활 수준과 의료 상황을 향상시키고 **시민들**이 적극적으로 참여하려면, 여성들이 선도적인 역할을 담당해야 하는 또 하나의 이유입니다.

하지만 완전한 남녀평등을 구현한 나라는 아직 없습니다. 우리에겐 여전히 할 일이 남아 있습니다. 그렇지요? 불과 몇 주 전에, 오바마 대통령은 임금 차별로부터 여성을 보호하는 새 법안(**조항**)에 서명했습니다. 진작 했어야(**늦은**) 하는 **조치**입니다. 그러므로 **성** 평등을 보장하기 위해서 우리에겐 아직 많은 과제가 산적해 있으며, 이 총장님이 말씀하신 것처럼, 현실이 그렇습니다. 그리고 우리는 또한 여권과 인권의 시계를 뒤로 돌려놓으려는 **반발** 세력들을 경계할(**부단히 경계하고 있는**) 필요가 있습니다. 지도자들이 자유와 민주주의의 이념 때문에 위협받고 여성들이 **희생양**이 되는 국가들을 경계해야 하는 것입니다. 탈레반 치하에서 여성들에게 가해지는 **학대**는 끔찍하다는(**소름 끼치는**) 것을 상기시켜야 합니다(**생각나게 하는 것**). 우리들처럼 여성이 국가 발

31

central to progress in countries like ours, the **reverse** can happen as well.

Some of you may have seen the news reports some weeks ago of young girls in Afghanistan who were so **eager** to go to school, and every day they went off with a real light in their eyes because they were finally able to learn. And one day, a group of these young girls were **assault**ed by a group of Taliban men who threw **acid** on them because they had the desire to learn. We have to remain vigilant **on behalf of** women's rights.

We see this kind of **suppression** in different forms in different places. In Burma, the **valor** of Aung San Suu Kyi, who won the Nobel Peace Prize for her courageous struggle for freedom of expression and conscience. To the North, 70 percent of those leaving North Korea in search of a better life are women, a sad **commentary** on the conditions in their own country.

So part of my message during this trip and part of my mission as Secretary of State is that the United States is **commit**ted to **advancing** the rights of women to lead more **equitable**, **prosperous** lives in safe societies. I view this not only as a moral issue, but as a security issue. I think that it's

전의 중추적인 역할을 하는가 하면, **정반대**의 상황도 얼마든지 발생할 수 있다는 것을 말입니다.

여러분 중 몇몇은 몇 주 전에 아프가니스탄의 어린 소녀들에 대한 뉴스를 보았을 것입니다. 그들은 학교에 다니고 싶어하는 열망이(**열망하는**) 매우 강했습니다. 그래서 그들은 매일 그들의 눈을 진리의 빛으로 밝히기 시작했습니다. 그들이 마침내 배울 수 있게 되었기 때문입니다. 그러던 어느 날 한 무리의 탈레반 남성들이 이 어린 소녀들을 급습하여(**급습하다**), 배우고 싶어했다는 이유로 그들에게 **염산**을 뿌렸습니다. 우리는 여성의 권리를 **지키기 위해** 부단히 경계해야 합니다.

우리는 이러한 종류의 **억압**을 다른 형태로, 다른 장소에서 목격할 수 있습니다. 미얀마에는 **용감**한 아웅산 수지 여사가 있습니다. 그녀는 표현과 양심의 자유를 위한 용기 있는 투쟁으로 노벨 평화상을 수상했습니다. 북한에는, 보다 나은 삶을 찾아 북한을 탈출하는 사람들의 70퍼센트가 여성이며, 이것은 북한의 상황을 들려주는 서글픈 **실록**입니다.

그러므로 이번 순방에서 제가 전하고자 하는 메시지 중 하나는, 그리고 국무장관으로서의 제 임무 중에 하나는, 미국이 안전한 사회에서 보다 평등하고(**공평한**) **부유한** 삶을 영위하기 위한 여성의 권리를 향상시키는(**향상시키다**) 데 전념하고(**전념하다**) 있다는 것입니다. 저는 이것을 단지 윤리적인 문제가 아닌 안보상의 문제로 보고 있습니다.

imperative that nations like ours **stand up for** the rights of women. It is not **ancillary** to our progress; it is **central**.

In 1995, when I went to the United Nations Conference on Women in Beijing and said that women's rights were human rights, and human rights were women's rights, people were so **excited**. But that to me was almost a sad commentary that we had to say something so **obvious** toward the end of the 20th century.

So here we are in the 21st century, and every day we **make progress**, but we can't be **complacent**. We have to **highlight** the importance of inclusion for women. We have to **make clear** that no democracy can exist without women's full participation; no economy can be truly a free market without women involved.

I want to **use robust diplomacy** and development to strengthen our **partnerships** with other governments and create **collaborative** networks of people and nongovernmental organizations to find **innovative** solutions to global problems—what we call smart power.

Today, I've come to this great women's university to hear your thoughts about the future. **The other** night in Tokyo, I had

저는 우리와 같은 나라들이 여성의 권리를 옹호하는(옹호하다) 것이 **필수적인** 일이라고 생각합니다. 이는 우리의 발전을 가져오는 **보조적인** 요소가 아니라, **중추적인** 요소입니다.

1995년 제가 베이징 유엔 여성회의에 참석해서 여권이 곧 인권이며 인권이 곧 여권이라고 말했을 때, 사람들은 매우 열광했습니다(**흥분한**). 하지만 저에게 있어 그것은 20세기가 저물어가는 시점에서도 그토록 **명백한** 것을 말해야 했던, 거의 슬픈 실록이라고 할 수 있는 것이었습니다.

이곳에서 우리는 21세기를 살고 있으며, 매일 전진하고(**전진하다**) 있습니다. 하지만 우리는 안심할(**안심한**) 수 없습니다. 우리는 여성 참여의 중요성을 강조해야(**강조하다**) 합니다. 우리는 여성의 완전한 참여 없이는 어떠한 민주주의도 존재할 수 없고, 여성의 참여 없이는 진정한 자유 시장경제가 존립할 수 없다는 것을 분명히 해야(**분명히 하다**) 합니다.

저는 다른 정부와의 **협력**을 강화하고 국민과 비정부기구들을 연계하는 **협력적인** 조직망을 구축하여 세계적인 문제들에 대한 **혁신적인** 해결점을 찾는 **강건한 외교**와 개발을 펼쳐나갈(**행사하다**) 수 있기를 희망합니다. 그것은 우리가 '스마트 파워'라고 지칭한 것입니다.

오늘 저는 미래에 대한 여러분의 의견을 듣기 위해 명문 이화여대를 방문했습니다. 며칠 전(**일전의**) 도쿄에 있을 때 저는 도쿄대학 학

35

the privilege to listen to students at Tokyo University, and I **came away** not only impressed by their **intelligence** and the quality of their questions, but encouraged by their concern about the future that lay ahead and what each of them wanted to do to make it better.

Today, I've held **bilateral** meetings with your president, your prime minister, and your foreign minister. We have discussed issues like the need to continue the Six-Party Talks to **bring about** the complete and **verifiable denuclearization** in North Korea, and how we can better **coordinate** not only

생들과 대화를 나누는 자리를 가질 수 있었습니다. 그래서 저는 학생들의 **지성**과 그들 질문의 수준에 깊은 인상을 받았을 뿐만 아니라, 앞에 놓인 미래에 대한 그들의 관심과 그들 모두가 미래를 더 좋게 만들기 위해 무언가를 하기를 원한다는 것에 용기를 받으며 그곳을 떠나왔습니다(**떠나오다**).

오늘 저는 여러분의 대통령, 국무총리, 외교통상부 장관과 공동(**양측의**) 회담을 가졌습니다. 우리는 북한의 완전하고도 **검증할 수 있는 비핵화**를 위한(**가져오다**) 6자회담의 재개 필요성과 같은 당면 사안들에 대해 논의했습니다. 또한 우리는 우리가 직면하고(**직면하다**) 있는 **광범위**한 현안들에 대한 양국의 의견 조정뿐만(**조정하다**) 아니라, 동북

between ourselves, but regionally and globally, on the **range** of issues that **confront** us. But in each meeting, we **took time to reflect** about how far this country has come.

Back in the early 1960s, there were a series of studies done where different groups were looking at nations around the world, trying to **calculate** which ones would be successful at the end of the 20th century. And many **commentator**s and **analysts** thought that the **chances** for the Republic of Korea were limited. But that wasn't the opinion of the people of Korea. And so for 50 years, you have built a nation that is now **assuming** a place of leadership in the world, **respect**ed for the **vibrant** democracy, for the advances **across the board** in **every walk** of life. And it is a **tribute** to your understanding of what it takes to make progress at a time of **peril** and **uncertainty**.

The **relationship** between the United States and Korea is deep and **enduring**, and it is **indispensible** to our shared security. Without security, children can't even imagine their futures and may not have the **potential** to actually **live up to** their talents. Our two countries have joined together as a force for peace, prosperity, and progress. Korean and American

사랑 외에는 모두 배경 음악

아 지역 및 국제적인 의견을 더 좋게 조율하는 방법에 대해 논의했습니다. 하지만 모든 회담에서 우리는 한국이 얼마나 먼 길을 걸어왔는지 회상하는(회고하다) 시간을 가졌습니다(시간을 들여 -하다).

1960년대 초로 돌아가보면, 여러 기관들이 전 세계 국가들을 주시하며 20세기 말에 가장 큰 성공을 거둘 국가를 예측하는(예측하다) 일련의 연구를 수행한 적이 있습니다. 많은 **논평자**와 **분석가**들은 한국의 성공 **가능성**을 낮게 평가했습니다. 하지만 한국 국민들의 생각은 그렇지 않았습니다. 그래서 지난 50년간 여러분은, 오늘날 세계에서 리더십을 **발휘하는** 위치의 국가를 건설했으며(나타내다), **활기에 넘치는** 민주주의와 **사회 각계각층**의 전반적인 발전으로 존경받는(존경하다) 국가를 건설했습니다. 그것은 **위험**하고 **불확실**한 시대에 한국 국민들이 발전에 필요한 것들을 이해했다는 **증거**입니다.

미국과 한국의 **관계**는 돈독하고 영속적이며(영구적인), 우리의 공동 안보에 **필수 불가결한** 것입니다. 안보가 보장되지 않는다면, 어린이들은 자신의 미래를 상상조차 할 수 없고, 각자의 재능에 맞는 생활을 실제로 해나갈(-에 맞는 생활을 해나가다) **가능성**도 없을 것입니다. 우리 두 나라는 평화와 번영, 그리고 발전을 위해 힘을 합쳤습니다. 한국과 미국의 장병들은 세계의 많은 곳에서 서로 **협력하며** 복무해왔습

soldiers have served **shoulder-to-shoulder** in so many places around the world.

We know that the most **acute** challenge to **stability** and security in Northeast Asia is the **regime** in North Korea, and particularly its nuclear program. It **bear**s repeat**ing** that President Obama and I are **commit**ted to working through the Six-Party Talks. We believe we have an opportunity to move those forward and that it is **incumbent** upon North Korea to **avoid provocative** actions and unhelpful **rhetoric** toward the people and the leaders of the Republic of Korea. Remember that the North Korean Government **commit**ted to **abandon**ing all nuclear weapons and returning at an early date to the Treaty of **Nonproliferation** of Nuclear Weapons.

And I make the **offer** again right here in Seoul: If North Korea is **genuinely** prepared to completely and **verifiably eliminate** their nuclear weapons program, the Obama **Administration** will be willing to **normalize** bilateral relations, **replace** the **peninsula's longstanding armistice** agreement with a **permanent** peace treaty, and assist in **meet**ing the energy and other economic and **humanitarian** needs of the Korean people.

니다.

우리는 동북아의 **안정**과 안보를 위협하는 가장 **심각한** 도전이 북한 **정권**, 특히 북학의 핵 프로그램이라는 것을 알고 있습니다. 오바마 대통령과 제가 6자회담을 통해서 그 문제를 해결하려고 한다(**전념하다**)는 것을 다시 한번 말씀드립니다(-**할 필요가 있다**). 우리는 회담을 진전시킬 기회를 갖고 있으며, 북한에게는 대한민국의 국민과 지도자를 향한 도발적인 행위와 무익한 언사(**수사**)를 삼가야(**피하다**) 할 의무가 있다고(**의무로서 주어지는**) 생각합니다. 북한 정부가 핵무기를 전면 포기하고(**포기하다**) 가능한 한 빠른 기간 내에 핵**확산방지**조약에 복귀하기로 약속했다(**약속하다**)는 점을 기억하십시오.

그래서 저는 이곳 서울에서 다시 한번 **제의**합니다. 북한이 그들의 핵무기 프로그램을 완전하고 검증 가능한 방식으로(**검증할 수 있게**) 제거할(**제거하다**) 준비가 **진정으로** 되어 있다면, 오바마 **정부**는 양국의 관계를 정상화하고(**정상화하다**), 한반도의 **오랜 휴전** 협정을 **항구적인** 평화 협정으로 대체하고(-**와 대체하다**), 에너지 문제와 북한 주민들의 또 다른 경제적·**인도적** 요구에 응하는(**응하다**) 지원을 기꺼이 제공할 것입니다.

Also essential to our shared security and prosperity is a **resolution** to the global economic crisis. Korea and the United States have both **benefit**ed from a strong economic relationship, and your leaders and I today discussed ways we can develop that relationship further. We are going to work on a vision of a much more **comprehensive strategic** relationship. We want more **partnership**s to bring not just government leaders together, but business and professional and academic and political and people-to-people. We want to work with Korea so that both of us will be leaders in getting at the **root cause**s of global climate change and **vigorously pursuing** a clean energy **agenda**. And I **applaud** your country for being a global leader in this area, and for calling on the **ingenuity** and skills of the Korean people to promote green technologies that will create jobs and protect our planet and **enhance** our security.

Students here at Ewha have a long and proud tradition of **engagement** with the world. And you have the talent and the training to help **shape** that world. It may not be always obvious what you can do to **make a difference**, so do what you love. Do what gives you meaning. Do what makes life **purposeful** for you. And make a **contribution**.

사랑 외에는 모두 배경 음악

　또한 우리의 공동 안보와 번영에 필수적인 것은 세계 경제 위기를 극복(**해결**)하는 것입니다. 한국과 미국은 긴밀한 경제 협력을 통해 상호 이익을 추구해왔으며(**이익을 얻다**), 여러분의 지도자들과 저는 오늘 그 협력 관계를 더욱 발전시키는 방안에 대해 논의했습니다. 우리는 보다 **포괄적인 전략**(**적인**) 관계를 수립하는 비전을 추구할 것입니다. 우리는 정부의 지도자들뿐만 아니라 기업과 전문직, 학계와 정치권, 그리고 국민간의 보다 많은 교류를 위한 **협력**을 희망합니다. 우리는 한국과 함께 일하기를 희망합니다. 그리하여 한미 양국은 기후변화의 **근본적인 원인**을 해결하고 청정에너지 **의제**를 **활발하게** 추구하는(**추구하다**) 선도자가 될 것입니다. 그리고 저는 한국이 이 분야에서 국제적인 리더 역할을 하고, 한국 국민들의 **창의력**과 기술을 결집하여 직업을 창출하고 지구를 보호하며 안보를 **강화하는** 녹색 기술을 발전시키고 있는 것에 찬사를 보냅니다(**박수갈채하다**).

　이곳 이화여대 학생들은 세계 무대에서 일하는 자랑스러운 전통을 오랫동안 이어오고 있습니다. 그리고 여러분은 세상을 발전시키는(**발전하다**) 데 일조할 수 있는 재능을 갖고 있고 그러한 교육을 받았습니다. 여러분이 두각을 나타낼(**효과가 있다**) 수 있는 일이 무엇인지 확실하지 않을 때가 있습니다. 그러므로 여러분이 사랑하는 일을 하십시오. 여러분에게 의미를(**의미 있는**) 부여하는 일을 하십시오. 여러분의

I don't know that Mary Scranton, who **found**ed this university teaching one student in her home, could have ever dreamed of where we would be today. But that's often the way life is. I never could have dreamed that I could be here as the Secretary of State of the United States either. You have to be willing to prepare yourselves and as you are doing to **take advantage of** the opportunities that **arise**, to find **cooperative** ways to work with others to promote the **common good**, and then follow your dreams. You may not **end up** exactly where you started out heading toward, but with your education and with the opportunities now **available** in your country, there is so much that you can do. And I know that you will be well-equipped to make your contribution that will contribute to the peace and prosperity and progress and security, not only of Korea, but of the region and the world that needs and is waiting for your talents.

Thank you all and God bless you.

And now we're going to have some questions, I think, right?

SECRETARY CLINTON: Oh, so many hands. Yes, right

삶에 의미가 있는 일을 하십시오. 그리고 **기여**하십시오.

저는 매리 스크랜턴 여사가 자신의 집에서 한 명의 학생을 가르침으로써 이 대학을 설립하면서(**설립하다**) 오늘날의 우리를 상상했으리라고는 생각하지 않습니다. 하지만 인생이란 종종 그럴 때가 많습니다. 저도 결코 제가 국무장관이 되어 이곳에 서게 되리라고는 상상조차 해본 적이 없습니다. 여러분은 스스로를 준비해야 하고, 기회가 생기면(**생기다**) 잘 이용하여(**-을 이용하다**) 일을 하면서 **공익**을 증진시키기 위해 다른 사람들과 함께하는 **협력**(**적인**) 방안을 강구해야 하고, 그러고 나서 여러분의 꿈을 좇아야 합니다. 여러분은 처음에 목표로 했던 곳에 정확하게 도달하지(**결국에는 -이 되다**) 못할 수도 있습니다. 하지만 여러분이 받은 교육과 오늘날 한국에서 **이용할 수 있는** 기회들을 잘 활용한다면, 여러분이 할 수 있는 일은 굉장히 많습니다. 또한 저는 여러분이 평화와 번영, 발전과 안보에 기여할 수 있는 만반의 준비를 갖추고 있다는 사실을 잘 알고 있습니다. 한국뿐 아니라 여러분의 재능을 필요로 하는 지역과 세계에서 말입니다.

감사합니다. 여러분에게 신의 축복이 있기를 기원합니다.
지금부터 질문을 받도록 해야겠군요, 맞지요?

클린턴 국무장관: 오, 손을 많이 들었네요. 네, 거기요. 여기 마이

there. Here comes a microphone.

QUESTION: Good afternoon, Madame Secretary. Welcome to Korea and welcome to Ewha Women's University. It's an honor to have you here with us today. I've read your **biography** before and you mentioned that you were once interested in for working for NASA. If you had not gone to law school and if you had not pursued your current career as Secretary of State, where and as who would you **picture** yourself now? Thank you.

SECRETARY CLINTON: Well, that's a hard question. Now, there is an **astronaut** here. Where is she? Where's my astronaut that I met? There she is. There she is right there. I told her when I met her my dream was to be an astronaut when I was about 13 or 14 years old and the United States was starting its space program. So I wrote a letter to the NASA space agency and asked how I could become an astronaut. And I got a letter back saying that they weren't accepting women.

Now, I have to be very honest with you. I could never have qualified. But it was a dream, and I have been **thrill**ed to see young women follow that dream and do so with such skill.

크가 있습니다.

질문: 안녕하십니까, 국무장관님. 한국에 오신 것을 환영하고 이화여대에 오신 것을 환영합니다. 오늘 이 자리에 모시게 되어 영광으로 생각합니다. 저는 장관님의 **자서전**을 전에 읽었습니다. 장관님은 한때 나사에서 일하고 싶어했다고 말씀하셨습니다. 장관님이 로스쿨에 진학하지 않았다면, 국무장관이 되는 삶을 살아오지 않았다면, 현재 어디에서 어떤 일을 하고 계시리라 생각하십니까(**상상하다**)? 감사합니다.

클린턴 국무장관: 글쎄요, 어려운 질문이네요. 그런데 여기 **우주 비행사**가 계십니다. 어디 계시죠? 제가 만났던 우주 비행사가 어디 계시죠? 저기 계시군요. 바로 저기 계십니다. 제가 저분을 만났을 때 말했습니다. 제가 열세 살 열네 살 되던 무렵에, 미국이 우주 개발 프로그램에 착수했을 때, 저의 꿈은 우주 비행사가 되는 것이었다고 말입니다. 그래서 저는 나사의 우주국에 편지를 써서 어떻게 하면 우주 비행사가 될 수 있느냐고 질문했습니다. 그런데 저는 나사에서는 여자를 받아들이지 않는다는 답장을 받았습니다.

이제 여러분에게 아주 솔직히 말하겠습니다. 저는 결코 우주 비행사가 되지 못했을 겁니다. 하지만 그것은 꿈이었습니다. 저는 젊은 여성들이 그 꿈을 좇아 자신의 능력으로 우주 비행사가 되는 것을 볼 때마다 감동을 받아(**감동시키다**)왔습니다.

Now, it's hard to think about what I would have done, because I have taken a path that has been very satisfying to me. But there are so many paths that can be. When I was younger, I went from wanting to be an astronaut to wanting to be a journalist to wanting to be a doctor. I had so many different ideas in mind.

But I did become a **lawyer**, and I **initially** used my legal education on behalf of children. I worked for something called the Children's Defense Fund. And I was particularly concerned about children who were **abus**ed or **neglect**ed or **depriv**ed **in some way**, and that was very important work to me. I also taught law and I **practice**d law. If you had asked me 20 years ago, would I ever **run for** office, I would have said no. I was very proud of my husband's work, but I never thought that I would do that. I was satisfied being a **lawyer** and working as an **advocate**, particularly for children.

But when I was asked to consider running for office, I **thought hard** about it, and I will tell you the story about why I decided to do it. I had been a lawyer, I had been a law professor, I had been an advocate, I had been a First Lady of the United

지금 제가 어떤 다른 일을 하고 있는 것을 상상하기는 힘듭니다. 저는 지금까지 매우 만족스러운 길을 걸어왔기 때문입니다. 하지만 세상에는 아주 많은 길이 놓여 있습니다. 저는 어린 시절 우주 비행사가 되길 원했다가, 언론인이 되고 싶기도 했다가, 의사가 되고 싶다고 생각하기도 했습니다. 저는 머릿속에 아주 많은 생각들을 갖고 있었습니다.

그러나 저는 **변호사**가 되었고, **처음에는** 저의 법률 지식을 활용해 아동의 권익을 보호하는 일을 하였습니다. 저는 아동보호재단이라고 하는 곳에서 일했습니다. 저는 학대받거나(**학대하다**) 방치되거나(**방치하다**) 어떤 식으로건 박탈당한(**박탈하다**) 아이들에게 특히 관심을 가졌는데, 그것은 저에게 무척 중요한 업무이기도 했습니다. 저는 법학을 가르치기도 했고, 변호사 업무에 종사하기도 했습니다(**업으로 하다**). 여러분이 20년 전에 공직에 출마할(**입후보하다**) 의향이 있느냐고 저에게 질문했다면, 저는 생각이 없다고 대답했을 것입니다. 저는 제 남편의 직업을 매우 자랑스럽게 생각했지만, 제가 그 일을 할 것이라는 생각은 결코 하지 않았습니다. 저는 **변호사**가 된 것, 특히 어린이를 위한 **변호사**로 활동하는 것에 만족했습니다.

하지만 공직에 출마하는 것을 고려해볼 것을 권유받았을 때, 저는 그 제안에 대해 **골똘히 생각했습니다**. 제가 출마를 하기로 결정하게 된 이유를 여러분께 들려드리겠습니다. 저는 법조인이었고, 법학 교수였으며, 변호사였고, 그리고 미국의 대통령 영부인이었습니다. 대

States because of my husband's presidency and that was a wonderful experience serving my country. So in 1998, at the end of that year, the Senator from New York, Senator Moynihan, decided to **retire**. And people in New York started asking me if I would run for the Senate. And I said no, no, of course not, I won't do that that **make**s no **sense** to me. And they kept asking and they kept asking, and I kept saying no. And they were very **persistent**. And I have to tell you a little secret. Some of it was because they couldn't find anybody else to do it.

And I was at an event in New York City as First Lady **promoting** women in sports, because I'm not a very good **athlete**, but I've always loved sports and I've played **volleyball** and softball and tennis. And so I've always thought that having young women **involve**d in sports was very good. And there was a **banner** behind me which said "**Dare** to Compete." That was the name of the special on women in sports. So this young woman, the basketball captain of this high school, introduced me. And she was much taller than me. So she finished introducing me, and I went up to shake her hand and thank her, and she **lean**ed over and she said, "Dare to compete, Mrs. Clinton. Dare to compete." (Laughter.)

통령이었던 제 남편 덕분이었는데, 조국에 봉사할 수 있는 굉장한 경험이었습니다. 그렇게 1998년이 되어, 그해 말에, 뉴욕 상원의원이었던 모이니한 의원이 은퇴를(은퇴하다) 결정했습니다. 그래서 뉴욕 시민들은 저에게 상원의원에 출마할 것을 권유하기 시작했습니다. 그래서 저는 싫어요, 싫어요, 당연히 싫습니다, 저와 맞지 않는(도리에 맞다) 일을 하지 않겠다고 했습니다. 하지만 그들은 계속 권유했고, 또 권유했으나, 저는 계속 거절했습니다. 그들은 무척 끈질겼습니다(끈덕진). 여러분에게 작은 비밀을 하나 털어놓을게요. 그들이 다른 적임자를 찾지 못했던 것도 그들이 집요했던 이유 중에 하나입니다.

그즈음 저는 여성 **체육인**들을 격려하기(격려하다) 위한 뉴욕 시에서 열린 행사에 영부인 자격으로 참가하게 되었습니다. 제가 운동에 소질이 있어서가 아니라, 저는 늘 스포츠를 좋아했고 **배구**와 소프트볼, 테니스를 즐겨왔기 때문이었습니다. 그래서 저는 늘 젊은 여성들이 스포츠 분야에 종사하는(참가시키다) 것이 아주 바람직하다는 생각을 가져왔습니다. 행사장 뒤쪽 벽에는 '용감하게(감히 -하다) 출전하라!'는 **현수막**이 걸려 있었습니다. 그것은 여성 체육인을 위한 특별행사의 명칭이었습니다. 그래서 그 고등학교의 농구부 주장인 젊은 학생이 저를 소개했습니다. 그런데 그 학생은 저보다 키가 훨씬 컸습니다. 그녀가 저를 소개하고 나서, 저는 단상에 올라가 악수를 하며 감사의 뜻을 전했습니다. 그녀는 저에게 상체를 굽히며(상체를 굽히다) 이렇게 말했습니다. "용감하게 출전하세요, 클린턴 여사님! 용감하게 출전하세요!"

And I **pass** that **on** to you because sometimes you have to be willing to take a risk. And running for office, which I had never done before, and I'm—looking back on it now, not even sure how I did it, because it was quite **challenging**, was something that I am very happy I ended up doing, even though it was hard. And then when I ran for president, that was really hard. (Laughter.) But I learned so much and I had such an extraordinary experience. So it's difficult for me to **sort of** run back through my mind and think of any other path, because this is the life that I've both lived and chosen.

이화여자대학교 입구

　제가 이 이야기를 여러분께 전해드리는(**전달하다**) 이유는, 여러분도 이따금 위험을 감수해야만 하기 때문입니다. 공직에 출마해본 것은 제가 전에 결코 해본 적이 없는 일이었고, 지금 돌이켜보면 제가 그것을 어떻게 했는지도 잘 모르겠습니다. 그것은 굉장히 **도전적인** 일이었기에 저는 제가 그 일을 해냈다는 데에 지금 매우 만족해하고 있습니다. 비록 힘들었지만 말입니다. 그리고 나서 제가 대선에 출마했을 때는 정말 힘들었습니다. 그러나 저는 많은 것을 배우는 동시에 소중한 경험을 쌓았습니다. 그래서 제가 저의 기억을 조금(**다소**) 되돌려 다른 길을 생각한다는 것은 어려운 일입니다. 제가 살아오며 선택한 삶이기 때문입니다.

Now, when President Obama asked me to be Secretary of State, I was really surprised. And I had to think very hard about that because I loved being a Senator from New York. But I concluded that working with President Obama on behalf of my country at this time was important. And so I said yes. And look where I **get to** come; I get to come to Ewha and see all of you.

Out here somewhere. I see there's a hand. There's a hand right there that I think the microphone can get to. Yes, okay.

QUESTION: I'm **currently** studying English language and literature. (Inaudible), and I saw that you are one of the most **influential** leader in the world, and I think you also have some **obstacles** in coming to where you are today. So my question is that how have you **realize**d these experiences to become (inaudible), especially now as Secretary of State —Thank you very much.

SECRETARY CLINTON: Thank you. Well, I have been **fortunate** because I've had a very strong family and a very strong faith and very good friends. And so no matter what happens in your life, whatever obstacles you may **encounter**, you're very fortunate if you have people who will support you and if you have a faith that will **sustain** you. And that has been

사랑 외에는 모두 배경 음악

그런데 오바마 대통령이 저에게 국무장관직을 제안했을 때, 저는 무척 놀랐습니다. 뉴욕 상원의원직에 애착을 갖고 있었기 때문에, 저는 고심을 거듭해야만 했습니다. 하지만 저는 지금의 상황이 조국을 위해 오바마 대통령과 함께 일하는 게 중요한 시점이라는 결론을 내렸습니다. 그래서 국무장관직을 수락했습니다. 그리고 나서, 제가 어디에 와 있는지(**도착하다**) 보십시오. 저는 이화여대에 와서 여러분과 함께하고 있습니다.

이쪽 말고요. 저기 손이 보이네요. 바로 저기요. 마이크가 전달될 겁니다. 네, 됐습니다.

질문: 저는 **현재** 영어영문학을 전공하고 있는 학생입니다. (들리지 않음) 저는 장관님이 세계에서 가장 **영향력 있는** 지도자 중 한 분인 것으로 알고 있습니다. 그래서 오늘의 자리에 이르시기까지 몇몇 **난관**도 있었을 것이라고 생각합니다. 제 질문은 (들리지 않음) 되신, 특히 오늘날 국무장관이 되신 경력들을 어떻게 실현시키셨는가(**실현하다**) 하는 것입니다. 대단히 감사합니다.

클린턴 국무장관: 감사합니다. 글쎄요, 저는 운이 좋았습니다(**운이 좋은**). 저에겐 매우 든든한 가족과 아주 강한 신념, 그리고 정말 좋은 친구들이 있었기 때문입니다. 그렇기 때문에 여러분이 살아가는 동안 무슨 일이 생기건, 여러분이 어떤 난관에 부딪히건(**부닥치다**), 여러분을 지지해주는 사람들이 있고 여러분을 지탱해주는(**떠받치다**) 신념이 있다면 여러분은 굉장히 운이 좋은 것입니다. 그것이 바로 제가 겪

my personal experience.

I think that every life faces challenges. No one **escapes** without difficulties. The real question is: How do you **respond**? And we all know people who are just amazing the way they can **overcome** obstacles, and we know other people who just seem to **give up**. And I don't know all the reasons why that happens in a life, but I do know that being a good friend to someone in need and supporting people who are **going through** a hard time is very important.

One of the phrases that I **keep in mind** is "the **discipline** of **gratitude**." No matter how difficult a day can be or a problem may be, find something to be **grateful** for every day. Today on my way to the meetings with the foreign minister and the president and the prime minister, I saw flowers everywhere. And it was so wonderful to see. And walking in the foreign ministry building, I saw, **pot**s of flowers being **nurture**d so that they will **spring** forth and see **blossom**s **already** there. And so although it's cold outside I was very grateful that people have thought enough about the symbols of hope and spring that flowers bring, and that there they were for us to enjoy.

어온 경험이었습니다.

저는 모든 삶이 도전과 직면한다고 생각합니다. 그 누구도 난관을 피해갈(**벗어나다**) 수는 없습니다. 진정한 질문은 '어떻게 대응할(**대응하다**) 것인가'입니다. 우리 모두는 그들이 장애물을 극복할(**극복하다**) 수 있다는 점에서 정말 놀라운 사람들을 알고 있으며, 그저 쉽게 포기해(**포기하다**)버릴 것 같은 다른 사람들도 알고 있습니다. 그런데 저는 살아가면서 그런 일들이 왜 일어나는지 모든 이유를 다 알지는 못합니다. 하지만 저는 도움이 필요한 그 누군가의 좋은 친구가 되어주고 어려움을 겪고 있는(**겪다**) 사람들을 돕는 것이 아주 중요하다는 것은 잘 알고 있습니다.

제가 항상 새기고 있는(**기억하고 있다**) 구절 중에 하나가 바로 '늘 **감사**하는 습관(**버릇들이기**)'입니다. 굉장히 힘든 하루를 보냈건 아주 어려운 문제에 부닥쳤건 간에 매일 감사해(**감사하는**)할 대상을 찾으십시오. 저는 오늘 외무장관과 대통령, 그리고 국무총리와 회담을 하러 가는 길에, 줄곧 꽃을 볼 수 있었습니다. 꽃들은 굉장히 아름다웠습니다. 그리고 외교통상부 청사 안으로 들어가면서 저는 잘 길러진(**기르다**) 화분(**단지**)들을 볼 수 있었습니다. 꽃들은 조만간 싹을 틔울(**싹이 트다**) 것이고 곧 꽃봉오리(**꽃**)를 드러낼 것입니다. 그래서 밖은 춥지만, 저는 대단히 감사해했습니다. 사람들이 꽃을 보면서 희망과 봄을 충분히 연상할 수 있을 정도였다는 데 감사했고, 우리가 즐길 수 있게 꽃들이 그곳에 있었다는 사실에 감사했습니다.

So I think that it is just a question of what you decide inside yourself and how you determine you'll meet whatever obstacle life throws your way. And I wish all of you friends and family and faith and all the other sources of strength that can make a difference for you, and to be grateful for something every single day no matter how hard it looks.

Yes. Here comes the microphone.

QUESTION: Madame Secretary, you look **stunning** today. I'm a **junior** in English literature. My question is, in Korea, (inaudible) is also **in progress**, but the word **(inaudible)**. So do you think this is the right time to bring Korean innovation, and what's the **outlook** for the success?

SECRETARY CLINTON: Great question. And we talked a lot about that in our meetings today. Your president has talked about low-carbon green growth. We talk about it—a Green New Deal. We talk about clean technology and energy efficiency. I think we have to do it now, and I also believe that despite the difficult economy, there are opportunities for new jobs that will help to grow the economy into recovery.

Now, this is going to be one of the most important issues for the Obama Administration, and we are looking to partner

사랑 외에는 모두 배경 음악

그래서 저는 그것이 여러분 스스로 어떻게 해결해나가고, 여러분이 앞으로 살아가는 동안 난관에 부딪쳤을 때 어떻게 결정해나갈 것인가에 대한 문제라고 생각합니다. 저는 여러분 모두가 친구, 가족, 믿음, 그리고 여러분에게 중요한 모든 힘의 원천들과 함께하기를 기원합니다. 또한 아무리 힘들더라도 매일매일 감사하는 마음을 가질 수 있기를 기원합니다.

네, 마이크 여기 있습니다.

질문: 장관님, 오늘 굉장히 멋지십니다(멋진). 저는 영문학과 **3학년생**입니다. 저의 질문은, 한국에서는, (들리지 않음) **추진 중입니다**. 그러나 그 단어가 (들리지 않음). 장관님께서는 한국이 혁신을 하기에 지금이 적절한 시기라고 생각하시는지요? 또한 그 성공 가능성은 어떻게 **전망**하시는지요?

클린턴 국무장관: 좋은 질문입니다. 우리는 오늘 회담에서 그 문제에 관해 많은 의견을 나누었습니다. 여러분의 대통령께서는 저탄소 녹색성장에 대해 말씀하셨습니다. 우리는 녹색 뉴딜에 대한 대화를 나누었습니다. 우리는 청정기술과 에너지 효율에 대한 대화도 나누었습니다. 저는 우리가 지금 당장 그 일을 해야만 한다고 생각합니다. 그리고 저는 또한 어려운 경제 상황에도 불구하고 경제를 회복하는 데 도움이 되는 고용 창출의 기회가 생긴다고 생각합니다.

이제 이 주제는 오바마 정부의 가장 중요한 정책 중 하나가 될 것이며, 우리는 한국 및 몇몇 나라들과의 협력을 모색하고 있습니다. 세

with your country and others, because the problem of global climate change and the increasing **effect**s of this on our environment and on our health is **cost**ing us money. We've done some studies in the United States that **breathing** the **emission**s that come from **coal**-fired **power plant**s and from **exhaust** from **tailpipe**s of **vehicle**s makes people sick. It creates **asthmatic condition**s and other health problems. We know that we will have increasing **drought**s and other problems in the world because of what's happening.

So you know all of this. You're studying it. You see it. The real question is: Do the people of the world, and particularly the leaders of the world, have the will to help lead us in a new direction?

Now, what we have tried to do with our **stimulus package** to try to get our economy growing again is to put money into that package that will **incentivize** different energy choices. So there will be money for retrofitting buildings so they'll be more energy efficient, money to **enhance** the development of cleaner energy **appliance**s and vehicles. We're trying to change **behavior**s while we change the economy.

Now, for some countries, that will be harder than for other

사랑 외에는 모두 배경 음악

계적인 기후변화 문제, 그리고 그 문제가 환경 및 보건 분야에서 점차 증가함으로써(**결과**) 많은 비용이 들고(**들게 하다**) 있기 때문입니다. 미국에서 몇몇 연구결과가 보고되었습니다. 화(**석탄**)력**발전소**에서 나오는 **배출**가스와 자동차(**탈것**)의 **배기관**에서 나오는 **배기가스**를 흡입하는(**호흡하다**) 것이 사람들을 병들게 하고 있다는 연구결과입니다. 그것은 **천식 증상**과 다른 질병들을 야기합니다. 우리는 현재 진행되고 있는 기후변화로 인해, **가뭄**과 그 밖의 문제들이 증가하고 있다는 사실을 알고 있습니다.

이처럼 여러분은 이 모든 것을 알고 있습니다. 여러분은 그에 관해 공부하고 있습니다. 여러분은 그것을 직접 목격하고 있습니다. 참된 질문은 이것입니다. "전 세계 사람들, 특히 세계의 지도자들은 우리를 새로운 방향으로 이끌고 갈 의지를 갖고 있습니까?"

오늘날 우리의 경제를 다시 회복시키기 위한 **경기부양책**에서 우리가 추진하고 있는 것은, 다른 대체(**대안**) 에너지 개발을 위한 장려금을 지원하는(**장려하다**) 정책에 재원을 투입하는 것입니다. 그래서 에너지 효율을 높이기 위해 건물을 개조하는(**장치를 갱신하다**) 데 재원이 투입될 것이며, 청정에너지 **설비** 및 차량의 개발을 늘리는(**늘리다**) 데 재원이 투입될 것입니다. 우리는 **태도**를 변화시키기 위해 노력하고 있습니다. 경제를 변화시키면서 말입니다.

이제 일부 국가들은 다른 국가들에 비해 더 어려움을 겪을 것입

countries, which is why the United States must lead. And I'm very proud that President Obama has made a total **u-turn** away from the policies of the past eight years. We cannot deny or ignore the global climate change problem. The question is: How do we effectively **address** it so that we don't cause more economic **dislocation**?

And I think if we're smart enough and we work together and we don't get **discouraged**, we will see progress this year leading up to the Copenhagen conference at the end of the year. On this trip, for example, I brought with me the Special **Envoy** for Climate Change that President Obama and I appointed, Todd Stern, so that he could meet with the people in your government and the Japanese and the Indonesian and the Chinese government who are working on climate change.

So yes, we have some serious problems in the economy as it is trying to recover from this global **contraction**, but we can't **postpone deal**ing **with** global climate change. So let's be smart; let's be **ingenious** and **innovative**. When you think about what this country has accomplished in the last 50 years, think of what you could do leading the world in global climate

니다. 그렇게 때문에 미국이 선도적인 역할을 해야 합니다. 그래서 저는 오바마 대통령이 지난 8년간의 정책에서 완전히 180**도 전환**한 것을 자랑스럽게 여깁니다. 우리는 세계적인 기후변화 문제를 부정하거나 무시할 수 없습니다. 문제는 바로 이것입니다. "어떻게 하면 우리가 그것을 효과적으로 처리하여(**처리하다**) 더 큰 경제적 **혼란**을 일으키지 않게 될까?"

그런데 저는 우리가 충분히 현명하고 서로 협력하고 낙심하지(**낙심한**) 않는다면, 올해 말 코펜하겐 총회(12월 예정된 코펜하겐 기후변화 당사국 총회를 말함 – 역주) 전까지 진척을 이룩할 수 있을 것이라고 생각합니다. 예를 들면, 이번 순방길에 저는 오바마 대통령과 제가 임명한 기후변화 **특사**인 토드 스턴을 대동했습니다. 그는 한국 정부와 일본, 인도네시아, 그리고 중국 정부의 기후변화에 종사하는 관계자들을 만나게 되어 있습니다.

그렇습니다. 우리는 세계적인 경기침체(**불황**)를 극복해가는 과정에서 경제 분야에서의 몇몇 심각한 문제들을 갖고 있습니다. 하지만 우리는 세계적인 기후변화 문제의 처리를(**처리하다**) 뒤로 미룰(**뒤로 미루다**) 수 없습니다. 그러므로 현명하게 생각합시다. 창의적이고(**독창적인**) 혁신적으로(**혁신적인**) 사고합시다. 이 나라가 지난 50년간 이룩해 낸 것을 생각하면서, 앞으로 50년간 세계적인 기후변화와 청정기술,

change and clean technology and science in the next 50 years.

And we're going to do our part in the United States. We're going to try to get our own **domestic** policy right, pass it, begin to deal with a **cap-and-trade** and other **approach**es to controlling emissions in our own country. I'm going to have a series of **talks** with the Chinese Government, because last year China **surpass**ed the United States as the largest emitter of greenhouse gas emissions.

So all of us have to be part of the solution. We can't **leave** anybody **out**. And I think we have to do it now. I don't think we can wait, and we're going to try to make real progress.

Let's see. Is there an **aisle**—I can't see. Is there an aisle back there? I don't know how we can get to you. Oh, here comes somebody. Okay. (Laughter.)

QUESTION: Hi, Mrs. Clinton. Thank you for being with us today. I'm actually a junior at the high school, the Seoul foreign high school, which is right down **yonder**. And —

SECRETARY CLINTON: Down yonder? Is that in Korean **terms**?

그리고 과학기술 분야에서 세계를 선도하기 위해 여러분이 무엇을 할 수 있을지를 생각해보십시오.

그리고 우리는 미국에서 자국의 역할을 수행할 것입니다. 우리는 **국내(의)** 정책을 바로잡아서, 법제화하고, 탄소배출권 **총량거래제**(온실가스 배출량 한도를 정하고 그만큼의 배출권을 할당해 이를 서로 거래할 수 있도록 한 것 – 역주)와 미국 내에서의 온실가스 배출을 통제하는 다른 **조치**들을 시행하게 될 것입니다. 저는 중국 정부와 일련의 **회담**을 가질 계획입니다. 지난해 중국은 온실가스 배출량에서 미국을 추월하여(-을 능가하다) 세계 최대 배출국이 되었기 때문입니다.

그러므로 우리 모두는 그 문제의 해결에 동참해야 합니다. 그 누구도 배제시킬(**빼다**) 수 없습니다. 지금 바로 실천에 옮겨야 한다고 생각합니다. 우리는 더 이상 기다릴 수 없으며, 실질적인 진척을 이루기 위해 노력할 것이라고 기대합니다.

봅시다. **통로**가 있나요? 안 보이네요. 뒤쪽에는 통로가 있나요? 어떻게 여러분한테 갈 수 있을지 모르겠네요. 아, 여기 누가 있습니다. 좋습니다.

질문: 안녕하십니까, 클린턴 여사님. 오늘 우리와 함께 해주셔서 감사합니다. 저는 사실 고등학교 3학년 학생인데요, 저쪽 아래에(**저쪽의**) 있는 서울외국어고등학교에 다니고 있습니다. 그런데…….

클린턴 국무장관: '저쪽 아래'라고요? 한국어 **표현**에 있는 건가요?

QUESTION: You spoke a lot about being a woman and how women are a **necessity** to the world right now. How has—especially being a mother. How has it been **deal**ing **with** other world leaders who aren't as accepting of the role of women for example, in different countries who don't really respect women? How has that been trying to get them to **cooperate** with you as a female yourself?

SECRETARY CLINTON: Well, I don't feel like I've had any problems either as a senator or in my short **tenure** as Secretary of State, because I hold an official position and I **represent** the —in the first case, the United States **Senate**, or in this case, as the **representative** of the United States. So there is a **funny** kind of difference that sometimes goes on in some countries that are not particularly **supportive** of women in official positions. I think they just kind of ignore the fact that they're dealing with someone who's a woman. That seems to be almost a change that goes on in their mind.

So I don't have any problems with that, but I do believe that it's important for someone in my position to raise the role of women on an **ongoing basis**, even in countries where women are not given full and equal rights. So I don't think it's

사랑 외에는 모두 배경 음악

질문: 장관님은 여성으로 존재하는 것과 바로 지금 세계가 여성을 **필요**로 하는 이유에 대해 많은 이야기를 들려주셨습니다. 특히 어머니의 입장에서 보실 때, 여성의 역할을 인정하지 않는 다른 나라의 지도자들, 예를 들면, 실제로 여성을 존중하지 않는 다른 나라들의 지도자들을 어떻게 대해(**다루다**)오셨는지요? 그들이 여성인 장관님께 협조하도록(**협력하다**) 하기 위해 어떻게 해오셨는지요?

클린턴 국무장관: 글쎄요, 상원의원이나 국무장관으로서의 짧은 **재임기간** 동안 저는 그런 문제가 있다고 느끼지 못했습니다. 저는 공직에 몸담고 있고, 전자는 미 **상원**을, 후자는 미국 정부(**대표자**)를 대표하고(**대표하다**) 있기 때문입니다. 그런데 여성 공직자들에게 특히 비**협조적인** 몇몇 나라에서 이따금 **우스운** 차별이 존재합니다. 저는 상대하고 있는 사람이 여성이라는 사실을 그들이 무시하고 있을 뿐이라고 생각합니다. 그들의 마음속에서 거의 변화가 일어나는 것처럼 보입니다.

그래서 저는 그 점에 대해서는 어떤 문제도 없습니다. 하지만 저는 저와 같은 위치에 있는 사람들이 여성의 역할을 **지속적으로** 신장시키는 게 중요하다고 생각합니다. 여성에게 완벽한 평등의 권리가 주어지지 않은 국가에서도 말입니다. 그래서 저는 사람들이 저를 대하는

enough that people deal with me; I want them to deal with their own women, I want them to think about giving all women the rights to be fully **function**ing, **productive** citizens. So that is part of the mission that I feel I carry as the Secretary of State of the United States, and that's what I intend to promote as I travel around the world talking about a lot of these important matters that are really at the **core** of the kind of future we're going to have for ourselves and our children.

QUESTION: (Inaudible) meet you, Madame Secretary. I'm a student of Scranton honors program **major**ing in (inaudible). I have a very simple question. (Inaudible) student university, I am very **curious** about your college life at the Wellesley. (Applause.)

SECRETARY CLINTON: Well, I loved Wellesley. I loved going to a women's college, and I made so many wonderful friends that are still my friends today. I went to Wellesley a long time ago and at that time, there were a lot of universities in my country where women could not attend as full students, so you couldn't attend a lot of the Ivy League universities. They didn't **admit** women. They had — some of them had separate colleges, like Harvard had Radcliffe, for example.

And so when I was thinking about going to college, going

것만으로는 충분하지 않다고 생각합니다. 저는 그들이 자국의 여성들도 그렇게 대하길 바랍니다. 저는 그들이 모든 여성들에 각자의 역할을 다하고(**역할을 다하다**) **생산적인** 시민이 될 수 있는 권리를 부여하는 방안을 고려하기를 희망합니다. 저는 그것이 미 국무장관으로서 제가 수행해야 할 임무 중 하나라고 생각합니다. 그것이 바로, 우리 자신과 우리 아이들을 위해 우리가 추구하는 그런 미래의 진정한 **핵심**을 이루는 이 중요한 문제들에 대해 많은 논의를 나누며 전 세계를 순방하는 동안, 제가 증진시키고자 하는 것입니다.

질문: (들리지 않음) 만나 뵙게 되어, 장관님. 저는 스크랜튼 학부에서 (들리지 않음) 전공하고(**전공하다**) 있는 학생입니다. 아주 간단한 질문을 드리고자 합니다. (들리지 않음) 대학생으로서, 웰즐리 대학에서의 장관님의 학창 시절에 대해 알고 싶습니다(**알고 싶어하는**).

클린턴 국무장관: 그래요, 웰즐리 대학을 사랑했습니다. 저는 여대에 다니는 게 좋았고, 좋은 친구들을 많이 사귀어서 지금까지도 만나고 있습니다. 저는 아주 오래전에 웰즐리 대학에 입학했습니다. 그 당시 미국에는 여학생을 정규 학생으로 받아들이지 않는 대학들이 많았습니다. 그래서 여러분들도 아이비리그의 많은 대학들에 갈 수 없었을 것입니다. 그 학교들은 여학생의 입학을 허락하지(**입학을 허락하다**) 않았습니다. 그들은, 그들 중 몇몇 대학은, 예를 들면 하버드에 래드클리프가 있는 것처럼 별도의 대학을 운영하는 데도 있었습니다.

그래서 제가 대학 진학을 생각하고 있을 때, 그들 대학들은 선택

to those universities was not an **option**. I could not have gone there. But even with that, I'm very glad that I went to a women's college. I feel like it helped to shape and support me. It gave me opportunities for leadership, and the faculty was very **involved** in our studies and provided advice about what we were thinking of doing. So it's just a wonderful experience. And for those of you who have been to Wellesley, it's a beautiful campus, and so you felt like you were really out of the world for four years. You didn't have to **cope with** a lot of the problems that were waiting.

But what was interesting is that for many, many years in the United States, graduates of women's colleges went to professional schools and into business and into **academia** at a much higher percentage than women graduates of **co-ed** universities. Now, I don't think that is quite the same in our country as it used to be, but that was very **significant** to me because so many of the women I know today who are leaders in many fields in the United States had a women's college background. So I'm a very strong **believer**. And as an alumni of Wellesley, I had the opportunity to speak and discuss whether Wellesley should go co-ed, and I've always said no. I

의 대상(**선택 행위**)이 아니었습니다. 저는 그들 대학에 들어갈 수 없었습니다. 그러나 상황이 그랬지만, 저는 여대에 진학한 것을 매우 좋게 생각하고 있습니다. 그 대학이 저의 인격을 형성해주고 저를 지지해주는 데 도움이 된 것 같습니다. 저에게 리더십을 연마할 기회를 주었고 교수들은 우리의 학업에 매우 열성적이었으며(**열중하여**), 우리가 앞으로 해야 할 일들에 대한 충고를 해주었습니다. 아주 훌륭한 경험이었습니다. 웰즐리 대학에 가보신 분들도 계시겠지만, 캠퍼스가 정말 아름답습니다. 그래서 여러분은 4년 동안 정말로 다른 세상에 와 있는 듯한 느낌이 들 것입니다. 여러분에게 놓여 있던 많은 문제들과 이젠 맞서 싸울(**맞서다**) 필요가 없습니다.

그런데 흥미로운 것은, 미국에서 오랫동안, 여대 졸업생들이 전문대학원, 기업체, **학계** 등에 진출하는 비율이 **남녀공학** 출신의 여학생보다 훨씬 높다는 점입니다. 오늘날, 과거에 그랬던 것처럼 미국이 여전히 그렇지는 않을 것입니다. 하지만 그것은 저에게 아주 큰 **의미(있는)**를 부여했습니다. 미국의 각 분야에서 지도자로 활동하는 현재 제가 알고 있는 여성의 상당수가 여대 출신이기 때문입니다. 이처럼 저는 확고한 믿음(**믿는 사람**)을 갖고 있습니다. 그래서 웰즐리 동문으로 제가 웰즐리 대학을 남녀공학으로 전환할지 여부를 토론하는 자리에 참석하게 되면, 저는 늘 반대했습니다. 저는 이화여대나 웰즐리 대학 같은 여대가 우리에게 필요하다고 생각합니다. 그 대학은 젊은 여성들에게 **대안**을 제공해줍니다. 또한 제가 웰즐리 대학에 다니는 동안

think we need women's colleges like Ewha and Wellesley to provide an **alternative** for young women and to provide that supportive environment that I certainly found when I went to Wellesley and that I think many of you find here to help prepare you for the future. So I'm very, very proud of Wellesley.

Do you have a microphone? Here, I'll take one over there. Okay. Oh, too many hands. Too many hands.

QUESTION: Thank you for your speech, Madame Clinton. Welcome to the Ewha Womans University. Considering the social atmosphere and social pressures, it's not easy for women to work and take care of their family at the same time. Now, I thought you were quite successful in managing those two different **bill**s. But what do you think should be women's primary responsibility—her career or her family, or is there any alternative ways to **incorporate** them together? Thank you. (Applause.)

SECRETARY CLINTON: I think it's important for each young woman to be true to herself. I have many friends who have made different choices. I have friends who were full-time devoted wives and mothers. I have friends who were full-time professional women and either never married or, if they married, did not have children. But most of my friends, including myself,

분명히 느꼈고 여러분 대부분이 이곳에서 미래를 준비하는 데 도움을 받았을 것이라고 생각하는 우호적인 환경을 제공해준다고 생각합니다. 저는 웰즐리 대학을 매우 매우 자랑스럽게 생각합니다.

마이크가 있나요? 여기요, 저는 저기 있는 걸 쓰겠습니다. 됐습니다. 아, 손을 든 사람이 너무 많습니다. 너무 많아요.

질문: 말씀에 감사드립니다, 클린턴 장관님. 이화여대에 오신 것을 환영합니다. 사회적 분위기와 억압을 고려볼 때 여성이 직장과 가사를 동시에 병행하기는 쉽지 않습니다. 그런데 제가 생각하기에 장관님께서는 그 두 가지 사항(**요구**)을 성공적으로 잘 해나가셨습니다. 하지만 일과 가정 중에서 여성이 보다 먼저 해야 할 일은 무엇이라고 생각하시는지요? 아니면 두 가지를 병행할(**통합시키다**) 수 있는 다른 방법이 있을까요? 감사합니다.

클린턴 국무장관: 저는 모든 여성들이 자신에게 솔직해지는 게 중요하다고 생각합니다. 저의 많은 친구들은 다른 선택을 했습니다. 어떤 친구들은 전업 주부의 길을 택했습니다. 전문 직업인의 길을 택해 결혼도 하지 않은 친구들도 있습니다. 결혼을 했더라도 아이를 갖지 않는 친구들도 있습니다. 하지만 친구들 대부분은, 저를 포함해서, **결혼과 어머니 역할**, 그리고 직장 일에 균형을 두고 있습니다. 그리고

have balanced marriage, **motherhood**, and work. And that is the more common pattern in the United States now.

And for some women it is a difficult choice and there is no **formula**, because it depends so much on your husband so think hard about whether you have the same views on these important issues, whether you have an understanding about how to manage your time. Because some young women make a decision to postpone **childbearing**, some have their children early and then go back to work. I mean, there's many different ways of making this happen, but it is hard if you don't have a supportive family. And I think that is one of the keys to helping you make the decision.

But I also believe that society still makes it very hard for women to balance family and work. It's true in my country, where we don't have the kind of support for **childcare**—**quality** childcare, where we often don't have **flexible** work hours, where so many women who work full-time feel like they are not **fulfill**ing either their responsibilities as a mother or their responsibilities as a worker. They're so **torn** by it. And it would be—it would make it so much easier if there were more support generally from society and it wasn't just each person basically

그것이 오늘날 미국에서 보다 일반적인 형태입니다.

그런데 어떤 여성에게는 그것이 어려운 선택일 수 있고, 일정한 **법칙**이 있는 것도 아닙니다. 그것은 많은 부분이 남편에게 달려 있기 때문입니다. 그래서 진지하게 생각해야 합니다. 여러분이 이처럼 중요한 사안에 대해서 같은 시각을 갖고 있는지, 자신의 시간을 잘 관리하는 법에 대해 알고 있는지 말입니다. 어떤 여성들은 **출산**을 뒤로 미루기로 결정을 내리는가 하면, 다른 여성들은 아기를 일찍 낳고 나서 직장으로 복귀하기 때문입니다. 제가 드리고 싶은 말씀은, 선택을 할 수 있는 수많은 다른 길들이 있지만, 가족들이 협조해주지 않으면 힘들어진다는 것입니다. 저는 그것이 바로 여러분의 결정을 돕는 열쇠 중 하나라고 생각합니다.

하지만 저는 또한 사회가 아직은 여성들이 가사와 직업을 병행하는 것을 매우 어렵게 만들고 있다고 생각합니다. 미국에서는 그렇습니다. 우리에겐 육아를 위한, **양질의 육아**를 지원하는 제도 같은 게 없습니다. **탄력(적인)**근무제가 시행되지 않는 경우도 많고, 전일제로 일하는 수많은 여성들이 어머니로서의 책임과 직업인으로서의 책임 둘 다를 다하지(**〈의무 등을〉 다하다**) 못하고 있다고 느끼고 있습니다. 그들은 그 문제로 굉장히 괴로워하고 있습니다(**〈마음을〉 괴롭히다**). 그래서, 사회 전반적으로 보다 많은 지원이 이루어지고 기본적으로 여성 각자가 자신의 모든 일을 떠맡지 않는다면, 그런 어려움은 많이 줄어들 것입

on her own.

So I think we have to look for ways to create that support. If it's not created society-**wide**, then create it within a network of friends. Looking for ways to support each other is so **critical** as you start out trying to make this balance.

But I think the other piece of it is that, **at the end of the day**, you have to **live with yourself** and nobody else can tell you how you're going to feel. I know so many — because I just know so many people over the course of my lifetime who have made different choices. And the choice your friend makes may not be the best choice for you. The choice your mother made may not be the best choice for you. So try and be really honest with yourself and how you will feel.

I had to — when I had my daughter and I was working as a lawyer, nobody in this law firm where I worked, because I was the first woman to be there, they — nobody had ever coped with someone who was **pregnant** and about to have a baby. (Laughter.) Nobody — none of my male partners and other lawyers even wanted to talk about it. (Laughter.) They acted like if they didn't look at me it wouldn't necessarily be happening.

니다.

그러므로 저는 우리가 그러한 지원을 제공할 방법을 모색해야 한다고 생각합니다. 사회 **전체(의)**가 그런 지원을 하기가 어렵다면, 친구들 조직망을 이용해 지원을 해야 합니다. 서로가 지원해줄 방법을 강구하는 것은 일과 가정의 조화를 이루는 데 매우 중요(**중대한**)합니다.

하지만 그것을 다른 관점에서 생각해보면, **결국에는** 자기 스스로 그 상황을 이겨내야 합니다(**〈상황 등을〉 참다**). 그 누구도 여러분이 처한 상황을 진심으로 이해해줄 수는 없습니다. 저는 많이 알고 있습니다. 즉 저는 그동안 살아오며 아주 많은 사람들이 서로 다른 선택을 해왔다는 것을 잘 알고 있기 때문입니다. 여러분의 친구가 내린 선택이 여러분에게 최상의 선택이 될 수는 없습니다. 여러분의 어머니가 내린 선택이 여러분에게도 최선의 선택이 될 수는 없습니다. 그렇기 때문에 여러분 자신과 여러분이 느끼고 있는 것에 진솔해질 수 있게 노력하십시오.

저도 그래야 했습니다. 제가 딸을 가졌을 때 저는 변호사로 일하고 있었습니다. 제가 일하고 있던 법무법인에서는, 제가 그곳에서 일하는 첫 번째 여성이었기 때문에, 임신을 해서(**임신한**) 아이가 나올 때가 임박한 직원을 상대해본 사람이 아무도 없었습니다. 아무도, 저의 남자 파트너나 다른 변호사들도 그것에 관해서는 말조차 하지 않으려고 했습니다. 그들은 그들이 나를 쳐다보지 않으면 아무 일도 일어나지 않을 것처럼 행동했습니다.

So when I had Chelsea, in those days, we didn't have anything like **maternal leave**. Nobody was quite sure what to expect. And the day after I had her, one of the lawyers that I worked with called me up at the hospital and he said, "Well, when are you coming back to work?" And I said, "Well, I don't know. I think I'll take maternal leave." And he goes, "Well, what's that?" And I said, "Well, that means I'm going to stay home for a couple months and take care of my baby." "Oh," he said. "Oh, oh, okay."

But that shouldn't be—we should have a policy. There should be an **understanding** about how to support—the most important work that is done in any society is raising the next generation. There isn't any more important work. We shouldn't make it so hard for **bright, talented, educated** young women to be able to do their work and raise their family. And I hope that those of you who wish to make that choice and balance that have the support you need, both from your immediate family and from the larger society, so that you can do it and do it well. (Applause.)

Well, let me see. Back there. I try to pick the aisles because it's easier to get to, I guess. **Here we go**.

QUESTION: Good afternoon, Madame Secretary.

사랑 외에는 모두 배경 음악

그처럼 제가 첼시를 낳았을 때, 그 당시에는 **출산휴가** 같은 제도가 전혀 없었습니다. 무엇을 해야 할지 아무도 몰랐습니다. 그래서 제가 아기를 낳은 다음 날, 저와 같이 일하는 변호사 중 한 명이 병원으로 저한테 전화를 걸어서 저한테 물었습니다. "저, 언제 회사에 나올 거죠?" 그래서 제가 대답했습니다. "글쎄요, 잘 모르겠어요. 출산휴가를 쓸까 생각 중이에요." 그러자 그가 물었습니다. "뭐요? 그게 뭔데요?" 그래서 제가 대답했습니다. "집에서 두세 달 쉬면서 아기를 돌보겠다는 의미입니다." "아!" 그가 말했습니다. "아, 아, 좋습니다!"

하지만 그렇게 하지 말아야 합니다. 일정한 방침이 있어야 합니다. 지원 방식에 대한 이해가 있어야 합니다. 어떤 사회건 가장 중요한 것은 후손을 낳아 기르는 것입니다. 그보다 더 중요한 일은 없습니다. **영리하고**(영리한) **유능하고**(유능한) **교양 있는** 젊은 여성들이 직장을 다니면서 가사를 돌보는 것을 힘들게 만들어서는 안 됩니다. 그래서 저는 여러분 중에 그런 선택을 내려서 일과 가사를 병행하길 원하는 분들은 가족과 사회 전체로부터 여러분이 필요로 하는 지원을 받을 수 있기를 희망합니다. 여러분이 그렇게 할 수 있고 제대로 할 수 있게 말입니다.

자, 봅시다. 저기 뒤에요. 접근하기 쉬울 테니까 통로 쪽을 택하겠습니다. 네, 시작하세요(자, 시작이다).

질문: 안녕하십니까, 장관님. 이화여대와 한국에 오신 것을 환영

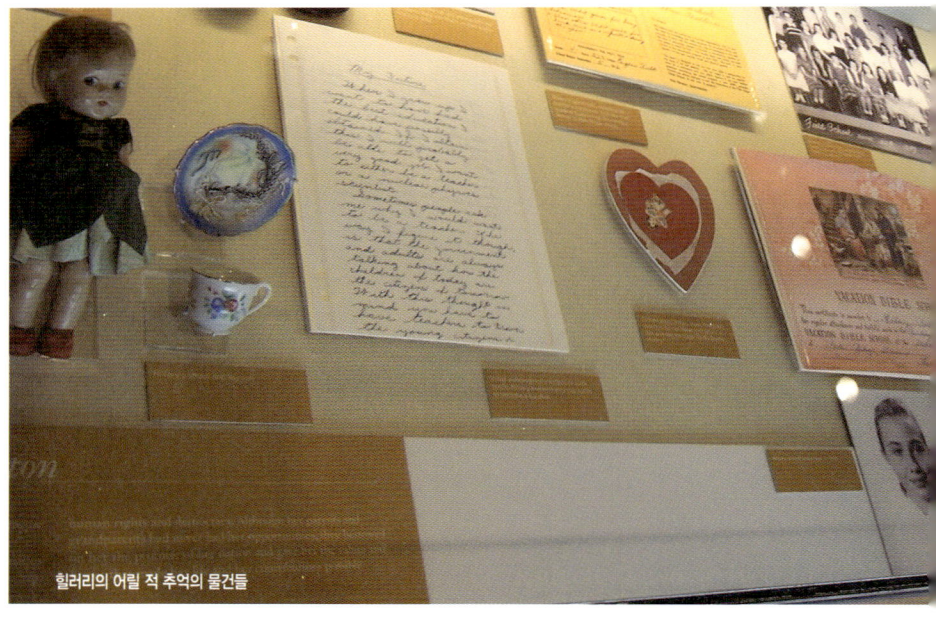

Welcome to Ewha and Korea. First of all, thanks for the speech and what you said about doing what you love. So I have a question related to love. (Laughter.) (Inaudible) was one of the major reasons (inaudible) husband (inaudible), then presidential (inaudible). How did you know your husband was (inaudible)? (Laughter and Applause.)

SECRETARY CLINTON: Yeah, I feel more like an advice columnist than Secretary of State today. How does anybody describe love? I mean, poets have spent **millennia** writing about love. Psychologists and authors of all sorts write about it. I think

젊은 시절의 힐러리

합니다. 먼저, 오늘 강연과 자신이 사랑하는 일을 하는 것에 대해 말씀해주셔서 감사합니다. 그래서 저는 사랑에 관한 질문을 드리려고 합니다. (들리지 않음) 주요 이유 중 하나였습니다 (들리지 않음) 남편은 (들리지 않음) 그리고 대통령 (들리지 않음). 장관님은 부군께서 (들리지 않음)라는 사실을 어떻게 아셨는지요?

클린턴 국무장관: 그래요, 오늘은 국무장관이 아니라 상담 칼럼니스트가 된 듯한 느낌이 듭니다. 그 누가 사랑에 대해 말로 제대로 설명할 수 있을까요? 시인들은 사랑에 대해 **수천년간** 글을 써왔습니다. 심리학자와 작가 같은 사람들은 사랑에 관한 글을 씁니다. 여러분이

if you can describe it, you may not fully be experiencing it because it is such a personal relationship. I'm very lucky because my husband is my best friend and he and I have been together for a very long time, longer than most of you have been alive.

We are — we have an endless conversation. We never get bored. We get deeply involved in all of the work that we do and we talk about it **constantly**. And I just feel very fortunate that I have a relationship that has been so meaningful to me over my adult life.

And I just wish all of you to have a positive experience, whatever you choose to pursue in life, because it makes life more interesting. It is something that gives real **texture** and color, and it's a learning experience. Let me **put** it that way. You learn a lot about yourself in a relationship as well as the other person. So it's no longer Valentine's Day. That was last week. But I think that personal relationships are really what is most important in life.

I had a friend, a wonderful woman scientist who was a **pioneering** woman physician and research **endocrinologist**. She worked for many years at Georgetown University in Washington, D.C. And she once said something that I've always **treasure**d. She said, in talking about her life, near the

사랑 외에는 모두 배경 음악

사랑을 표현할 수 있다고 해도, 사랑을 완벽하게 경험하고 있지는 않을 것입니다. 그것은 대인관계이기 때문입니다. 저는 아주 운이 좋습니다. 저의 남편은 저의 가장 좋은 친구이고, 그와 나는 아주 오래전부터, 여러분이 세상에 태어나기 전부터 함께 살아왔기 때문입니다.

우리는, 우리는 끊임없이 대화를 나누었습니다. 우리는 결코 지루해지지 않았습니다. 우리는 서로의 모든 일에 깊이 관여했고 그 일에 대해 **항상** 대화를 나누었습니다. 그래서 저는 제가 성인이 된 이후로 매우 뜻깊은 관계를 유지해올 수 있었던 것을 큰 행운이라고 생각합니다.

그래서 저는 여러분이 삶에서 어떤 것을 선택해서 추구하건 여러분 모두가 긍정적인 경험을 갖게 되기를 기원합니다. 그것이 삶을 보다 흥미롭게 해주기 때문입니다. 그것은 진정한 **특질**과 색깔을 부여하는 것이고, 일종의 학습 경험입니다. 저는 그것을 그렇게 표현하겠습니다(**표현하다**). 여러분은 관계 속에서 상대방뿐만 아니라 자기 자신에 대해서 많은 것을 배우고 있습니다. 그런데 밸런타인데이가 지나갔군요. 지난주였군요. 하지만 저는 인간관계가 삶에서 가장 중요하다고 생각합니다.

저에겐 친구가 한 명 있었는데, 뛰어난 여성 과학자로서 **선구적인** 의사이자 **내분비학자**였습니다. 그녀는 워싱턴 D. C.의 조지타운대학에서 오랫동안 근무했습니다. 그런데 저는 그녀가 이전에 저에게 해주었던 말을 가슴속에 늘 간직하고(**소중히 하다**) 있습니다. 임종이 가까워졌을 때 그녀는 자신의 삶을 들려주면서 주면서 이렇게 얘기했습니

end of her life, she said, "I've loved and been loved, and all the rest is background music." And so I think about that a lot. So I wish you a lot of music as a **foreground**. (Applause.)

QUESTION: Madame Secretary, last question.

SECRETARY CLINTON: Oh, the last question. What a **burden**. Okay, yes, can you give the microphone to this young woman in pink? Thank you.

QUESTION: Madame Secretary, thank you so much for giving me the last question. The question (inaudible) about your daughter, Chelsea Clinton. Actually, I saw your daughter when I was studying in United States, and I thought she was so smart and great and was so sure about you and your campaign at the time (inaudible) she is so like you. So I'm pretty sure that you (inaudible) her a lot. So can you just tell a little bit about how special Chelsea is to you?

SECRETARY CLINTON: Well, thank you. Well, we could be here for hours. One of the most wonderful things about being a mother is watching your child grow into an adult whom you like and admire. And that's the way I feel about my daughter. It's not only that I love her because I'm her mother and I'm very invested in her. I just really like her. I like being

다. "나는 사랑을 했고 사랑을 받아왔어. 그 나머지는 모두 배경 음악에 불과해." 저는 그 말을 많이 생각해보았습니다. 그래서 저는 여러분에게 **전경**(前景)으로서의 많은 음악이 함께하기를 기원합니다.

질문: 장관님, 마지막 질문입니다.

클린턴 국무장관: 오, 마지막 질문이라고요. **부담**이 됩니다. 좋아요. 여기 분홍색 옷을 입은 여학생에게 마이크를 전달해주시겠어요? 감사합니다.

질문: 장관님, 저에게 마지막 질문의 기회를 주셔서 대단히 감사합니다. 제 질문은 (들리지 않음) 따님이신 첼시 클린턴 양에 관한 것입니다. 실제로 저는 미국에서 공부할 때 첼시 양을 만난 적이 있습니다. 그녀는 무척 현명하고 근사했으며, 그 당시 장관님과 선거운동에 대해 확신을 갖고 있어서 (들리지 않음) 그녀는 장관님과 많이 닮았더군요. 그래서 저는 장관님도 그녀를 매우 (들리지 않음) 할 것이라고 생각합니다. 그래서 첼시 양이 장관님께 얼마나 특별한 존재인지를 살짝 들려주실 수 있으신지요?

클린턴 국무장관: 좋아요, 감사합니다. 몇 시간이고 이야기할 수 있을 것 같습니다. 어머니가 되어서 가장 보람 있는 일 중에 하나는 여러분이 원하고 바라는 대로 아이가 자라서 어른이 되는 것을 지켜보는 것입니다. 제 딸에 대해 제가 느끼는 것도 그렇습니다. 제가 단지 그녀의 엄마이기 때문에 그녀를 사랑하고 그녀한테 많은 공을 들인 것은 아닙니다. 저는 다만 그녀를 실제로 좋아하고 있을 뿐입니다. 저는 그녀

with her. I like talking to her. I enjoy hearing about what she's doing in her life.

And I was very touched when she decided to campaign so vigorously for my election because she's always been very supportive but very private and not wanting to get out and make public speeches and all of that. But she traveled with me during the campaign and she, I think, had two experiences. One, she realized how much ground there was to **cover** and how many people there were out there to see and talk to. And I think she also was surprised by what she saw as sort of **remnants** of gender **bias** in some of the encounters that we had in the campaign.

She was with me one day in New Hampshire when some young men jumped and **unfurl**ed a sign that said, "Iron my shirts" and were **yell**ing at me. She just had never experienced that. She thought that was ancient history, where you read about that in a textbook somewhere. And she was so surprised, because she'd gone to Stanford, she had gone to Oxford, and she had a very great educational experience and then a really challenging work experience.

So she wanted to help. And she said, look, I'll go (inaudible) and that's probably where you saw her out campaigning for me

와 함께 있는 게 좋습니다. 저는 그녀와 대화를 나누는 게 좋습니다. 저는 그녀가 자신의 삶을 어떻게 살아가고 있는지 듣는 것을 즐깁니다.

그래서 저는 그녀가 저의 선거운동에 적극적으로 참여하겠다고 했을 때 무척 감동했습니다. 그녀가 늘 저를 대단히 격려해주긴 했지만 그것은 개인적인 일이었고, 그녀는 밖에 나가서 대중 연설을 하거나 하는 따위의 적극적인 활동은 원하지 않았기 때문입니다. 하지만 그녀는 선거운동 기간 동안 저와 함께 전국을 돌았고, 제 생각에 그녀는 두 가지 경험을 얻었습니다. 첫째는, 얼마나 많은 지역을 우리가 가야 하고 (가다), 얼마나 많은 사람들을 만나서 대화를 나눠야 하는지를 깨달았습니다. 둘째는, 제 생각에 그녀는 선거운동을 하며 만난 사람들 중에서 일종의 여성에 대한 **편견의 잔재**를 발견하고 놀랐다는 점입니다.

그녀가 저와 함께 뉴햄프셔에서 유세를 펼치던 어느 날이었습니다. 몇몇 젊은이들이 뛰쳐나와 '내 셔츠를 다려라'라는 푯말을 펼쳐들고(〈기 등을〉 올리다) 저에게 고함을 질러댔습니다(고함치다). 그녀는 결코 그런 경험을 해본 적이 없었습니다. 그녀는 그것이 오래전 과거의 역사, 여러분이 교과서 같은 데서나 읽을 수 있는 것이라고 생각했습니다. 그래서 그녀는 매우 놀랐습니다. 그녀는 스탠포드와 옥스퍼드대를 나왔고, 매우 뛰어난 교육을 받은 경험을 갖고 있으며 실제로 힘든 업무를 처리한 경험이 있었기 때문입니다.

그렇게 그녀는 저를 돕기를 원했습니다. 그녀는 저에게 말했습니다. 보세요, 제가 가서 (들리지 않음) 그리고 아마도 여러분은 그녀가 전

at one of the more than 400 places that she campaigned for me around the country. And I was just so touched that she was willing to do that, because it's a sacrifice to be the child or the **relative** of someone in public life, because it's hard. And you have to avoid taking everything that happens personally. And it's a difficult experience.

So I just watched her just get better and better and better at what she did and how she communicated. And I'm just very fortunate because we are lucky enough to have a very supportive relationship. She and her dad and I spend a lot of time together, along with her friends. She's got a great group of friends.

And so for me, it's the most wonderful part of being a mother because you can see the result of this tiny baby that you were introduced to all those years ago turn into an extraordinary young woman. Because again, nobody gives you a instruction book about being a mother. And I remember one night when Chelsea was like a week or two old and she was just crying and crying and it was the worst feeling when you're a new mother and you can't get your baby to stop crying and you don't know what's causing it. And you think that it must be

국 방방곡곡에서 선거운동을 하던 400군데 중 한 곳에서 저를 위해 유세를 하던 그녀를 만났을 것입니다. 저는 그녀가 기꺼이 선거운동을 맡아주어서 매우 감동을 받았습니다. 공직자의 자식이나 **친척**이 감수해야 하는 희생이었기 때문이고, 어려운 일이었기 때문입니다. 그래서 여러분은 발생하는 모든 일을 개인적인 일로 받아들이는 것을 피해야 합니다. 그것은 힘든 경험이었습니다.

그래서 저는 자신이 하는 일과 의사소통을 하는 방식에 있어서 그녀가 점점 더 잘하고 있는 것을 지켜보았습니다. 그렇기에 저는 정말 운이 좋습니다. 적극적으로 응원해주는 가족이 있다는 것만으로도 행운이기 때문입니다. 그녀와 그녀의 아빠, 그리고 저는 그녀의 친구들과 함께 많은 시간을 보내고 있습니다. 그녀에겐 많은 좋은 친구들이 있습니다.

그래서 저에게는 그것이 어머니가 됨으로써 일어나는 가장 놀라운 일입니다. 오래전에 처음 얼굴을 내밀었던 이 연약한 아이가 자라서 훌륭한 젊은 여성으로 성장한 결과를 지켜볼 수 있기 때문입니다. 게다가 그 누구도 저에게 어머니가 되는 법이 적힌 안내서를 건네주지 않았기 때문이기도 합니다. 저는 첼시가 태어난 지 1, 2주 정도밖에 되지 않은 어느 밤을 기억합니다. 그녀가 계속 울어대서 최악의 상태였습니다. 그때 초보 엄마였고, 우는 아이를 달랠 줄도 몰랐고, 왜 우는지도 몰랐습니다. 긴급상황임이 분명하니 병원으로 달려가서 도움을 받아야 한다고 생각합니다. 그렇게 생각할 수밖에 없는 것은 그녀

something like an emergency, that you should run to the hospital and get help, and all it is she's a baby. And so I was **rock**ing her in the middle of the night and I said to her, I said, look, you've never been a baby before, and I've never been a mother before. We just have to **figure** this **out** together, and that's what we're still doing. Every new experience we're just figuring it out together.

And I just wish for all of you the most **joyous** and challenging and **exciting** opportunities ahead. It is a wonderful time to be a young woman in the first part of the 21st century. I know I'm having experiences and opportunities that my mother, who was born before women could vote in the United States, could never have dreamed of, and certainly neither of my grandmothers. And you are living lives that for many of you, your mothers and grandmothers could never have **envision**ed. So it is an extraordinary opportunity. It is also a responsibility. And I wish for each of you a life filled with purpose and meaning and joy. And thank you for letting me come talk to you today.

가 갓난아기이기 때문입니다. 그래서 저는 한밤중에 그녀를 요람에 태워 흔들며(**흔들다**) 말했습니다. "애야, 너는 이제껏 갓난아이였던 적이 없고, 나도 이제껏 엄마였던 적이 없단다." 우리는 힘을 모아 이것을 해결해나가야(**해결하다**) 합니다. 그것이 바로 우리가 지금도 하고 있는 일입니다. 새로운 일이 닥쳐올 때마다 우리는 힘을 모아 해결할 뿐입니다.

저는 여러분 모두에게 즐겁고(**즐거운**) 도전적이며 **활기찬** 기회가 펼쳐지기를 기원합니다. 21세기가 시작되는 지금이 젊은 여성들에게는 아주 좋은 시기입니다. 저는 미국 여성들에게 투표권이 없던 시절에 태어나신 저의 어머니는 결코 꿈꿀 수 없었던, 혹은 할머니 세대들 또한 절대로 상상도 하지 못했던 경험과 기회를 현재 누리며 살고 있다는 것을 알고 있습니다. 그리고 여러분은 여러분의 어머니나 할머니가 결코 상상하지(**상상하다**) 못했던 삶을 살고 있습니다. 굉장한 기회가 펼쳐져 있는 것입니다. 그것은 또한 책임이기도 합니다. 그래서 저는 여러분 모두가 목적과 의미, 그리고 기쁨으로 충만한 삶을 누리기를 기원합니다. 그리고 오늘 여러분과 대화를 나눌 수 있게 해주셔서 감사합니다.

미래를 향한 약속, 한미공조

[2009.2.20. 한미 외교장관 공동 기자회견]

The U.S. and South Korea
Working Together
on Regional and
Global Issues

한미 외교장관 공동 기자회견

힐러리 특강 | 2009년 2월 20일 행한 '한미 외교장관 공동 기자회견' 내용을 두 번째 강의의 텍스트로 삼았습니다. 수강생 여러분, 혹시 한국어로는 「대통령의 연인」이라고 번역된 영화를 보신 적이 있는지요? 원제로는 「The American President」라는 제목인데, 5분, 10분, 30분 단위로 스케줄을 쪼개서 쓰는 미국 대통령의 아주 바쁜 일정이 묘사됩니다. 국무장관인 저의 일정 또한 일국의 대통령 못지않게 아주 바쁘게 돌아가고 있습니다. '한미 외교장관 공동 기자회견'을 가졌던 그날만 해도, 저의 공식 일정은 모두 아홉 개였습니다. 아침에 한미연합사령부를 들른 후 외교통상부 청사에서 공동 기자회견을 하고 나서 청와대로 이동해 이명박 대통령과 오찬을 함께 한 후, 오후에는 한승수 국무총리와 면담, 그리고 이화여대에서 강연을 했고, 이어서 한국의 여성 언론인들을 만난 후, 주한 미대사관 직원들을 격려하고 나서, 이어서 숨 돌릴 틈도 없이 저녁 때 중국행 비행기에 몸을 실었지요. 수강생 여러분은 오늘 하루를 어떻게 보내고 계신지요? 적어도 영어 공부에 있어서만큼은, 여러분의 모든 스케줄이 영어 학습을 위해 재조정될 수 있기를 기원합니다.

"I hold great hopes for the future of our partnership."

FOREIGN MINISTER YU: (**Via interpreter**) — Good morning, everyone. I am **delighted** to welcome Secretary Clinton, who is here visiting Korea on her first overseas trip as the Secretary of State. Today, Secretary Clinton and I **shared the view** that the ROK-U.S. **alliance** is a **cornerstone** for peace and **stability** on the Korean Peninsula and in Northeast Asia and **reaffirm**ed its importance.

As such, in order to **aptly** address the new security environment and needs of the 21st century, our two sides agreed to work together to further develop our alliance into a future-oriented strategic alliance based on our common values of democracy, human rights, and the market economy. We also have a common view that alliance **readjustment** projects will lay an important **foundation** for the further development of our

저는 한미공조의 미래에
큰 희망을 갖고 있습니다.

미래를 향한 약속, 한미공조

　　유명환 외교통상부 장관 : (통역〈통역자〉으로〈-에 의하여〉) 여러분 반갑습니다(아주 기뻐하는). 취임 이후 첫 해외(로) 순방으로 한국을 방문하신 클린턴 국무장관께 다시 한번 환영의 뜻을 표합니다. 오늘 본인과 클린턴 국무장관은 한미**동맹**이 한반도와 동북아의 평화 **안정**의 **초석**이라는 데 의견을 같이하고(**함께하다**) 그 중요성을 재확인하였습니다(**다시 확인하다**).

　　이에 따라 21세기의 새로운 안보 환경과 수요에 능동적으로 대응해나갈 수(**적절히**) 있도록 양국은 한미동맹을 민주주의와 인권, 그리고 시장경제 등 공통의 가치를 바탕으로 미래지향적 전략동맹으로 심화·발전시켜나가기 위해 함께 노력하기로 하였습니다. 우리 두 사람은 또한 동맹 **재조정** 사업이 미래지향적 동맹 발전에 주요한 **토대**가 된다는 데 인식을 같이하고 동 사업의 성공적 **이행**을 위해 계속 협력해나가기로 하였습니다.

future-oriented alliance and agree to closely cooperate with each other for the successful **implementation** of these projects.

Secretary Clinton and I also had in-depth **discussion**s on North Korea and the North Korean nuclear issue. We reaffirmed that the Republic of Korea and the United States will not **tolerate** North Korea's nuclear ambitions under any circumstances. We also reaffirmed our **commitment** to **pursue** the complete and verifiable denuclearization of North Korea through the Six-Party Talks on the basis of close **coordination** between Korea and the U.S. And we agreed to strengthen **cooperation** with the other **participating** countries of the Six-Party Talks as well.

Secretary Clinton and I **concur**red that North Korea's recent behavior of **refusing** inter-Korean dialogue and attempting to heighten **tension**s is **impair**ing the stability on the Korean Peninsula and the Northeast Asian **region**. We **urge** North Korea to **halt** such **provocative** actions and **expeditiously resume** inter-Korean talks without any **precondition**s. Secretary Clinton and I agreed that our two countries should continue to work closely together to overcome the global financial crisis faced by the international community, and also to **prevent** trade **protectionism**. **In this regard**, our

본인과 클린턴 국무장관은 북한 및 북핵 문제에 대해서도 심도 있는 협의(**토의**)를 가졌습니다. 한미 양국은 여하한 경우에도 북한의 핵보유를 용인할(**허용하다**) 수 없으며 한미 간 긴밀한 **공조**를 기반으로 6자회담을 통해 완전하고 검증 가능한 북한 핵폐기를 추진해야(**추구하다**) 할 것임을 재확인(**약속**)하고, 6자회담 **참가**국들과의 **협력**을 더욱 강화해나가기로 하였습니다.

　　우리 두 사람은 최근 북한이 남북대화를 거부하고(**거부하다**) **긴장**을 고조시키는 움직임을 보이고 있는 것은 한반도 및 동북아 **지역**의 안정을 저해하는(**해치다**) 것이라는 데 인식을 같이하고(**의견이 일치하다**) 북한이 이러한 **도발적** 행위를 중단하고(**멈추다**) 조건(**전제조건**) 없이 남북대화에 **조속히** 응할(**다시 계속하다**) 것을 촉구하였습니다(**촉구하다**). 본인과 클린턴 국무장관은 국제 사회가 당면하고 있는 금융 위기를 극복하고(**막다**) **보호무역주의**에 대처하기 위해 한미 양국 간 계속 긴밀히 협력해나가기로 하였으며, **이와 관련** 오는(**다가오는**) 4월 런던에서 개최되는 G-20 금융**정상회의**의 성공적 개최를 위해 양국이 함께(**공동의**) 노력해(**노력하다**) 나가기로 했습니다.

two countries will **exert joint** efforts to ensure the success of the **upcoming** G-20 **Summit** meeting in London in April.

In addition, with regard to the Korea-U.S. Free Trade Agreement, we shared the view that the FTA will strengthen Korea-U.S. **ties overall** and agreed to work together to move forward on this matter. **Furthermore,** we agreed to continue our cooperation for the success of the **negotiation**s on climate change. The two of us shared the view that the stability and **reconstruction** of Afghanistan are **crucial** for the global peace and stability and agree to continue to work together to this end.

In this regard, our side explained our **intention**s for **additional** contributions to Afghanistan and the joint **assistant** projects being pursued by Korea and Japan. The U.S. side welcomed and expressed its **appreciation** for Korea's continued participation in the **combined efforts** of the international community. In addition, our side explained plans to **dispatch** a Navy **vessel** to **the waters** of Somalia where it will take part in the international efforts to ensure **maritime** safety and to counter terrorism.

Secretary Clinton and I are of the view that it would be **desirable** to hold a bilateral summit meeting at an early date in

또한(게다가) 한미 FTA와 관련해서는(-에 관해서는) 동 협정이 양국관계(유대) 전반(전면적인)을 강화시킬 것이라는데 인식을 같이 하고 진전을 위해 함께 노력해나가기로 하였습니다. 나아가(더구나) 기후변화 **협상**의 성공적 추진을 위해서도 한미 양국 간 협력을 계속해나가기로 하였습니다. 우리 두 사람은 또 아프가니스탄의 안정과 **재건**이 세계 평화와 안정에 기여한다(**중대한**)는데 공감하고 이를 위해 양국이 계속 협력해나가기로 하였습니다.

　이와 관련해 우리 측은 아프가니스탄에 대한 **추가적** 지원 방침과 한미 공동지원 사업추진 현황(**목적**)을 설명하였으며, 미국 측은 국제사회의 공동노력(**보조의**)에 대한 한국 측의 지속적인 **참여 노력**을 **평가**하고 환영하였습니다. 아울러 우리 측은 국제 해상(**바다 위의**)안전과 테러 대응(**대항하다**) 관련 국제공조 참여를 위한 소말리아 **해역** 군함 파견(**파견하다**)계획을 설명하였습니다.

　한편 본인과 클린턴 국무장관은 한미 동맹의 발전과 세계적 금융위기 대처 등 범세계적 주요 이슈에 대한 양국 간 협력을 보다 공고히

order to strengthen our cooperation on further developing our alliance and on major global issues such as the global financial crisis, and we agreed to work together on this. This Foreign Ministers' meeting has been a very meaningful **occasion**, where Korea and the U.S. have further strengthened our policy coordination and cooperation through **wide-ranging discussion**s on major issues and matters of interest. Thank you.

MODERATOR: (Via interpreter) Next, Secretary Clinton.

SECRETARY CLINTON: Thank you very much, Foreign Minister Yu, for your **hospitality** and for such a **productive**

백악관

하기 위해 가까운 기간 내에 한미 정상회담을 개최하는 것이 바람직하다(**바람직한**)는 데 의견을 같이하였으며, 이를 위해 함께 노력해나가기로 하였습니다. 끝으로 금번 외교장관 회담은 한미 양국 간 주요 현안과 관심사에 대한 **폭넓은** 협의(**토의**)를 통해 양국 간에 정책 조율과 공조를 일층 강화하는 의미있는 **계기**가 되었다고 봅니다. 감사합니다.

　　사회자: (통역으로) 다음은 클린턴 국무장관님이 말씀해주시겠습니다.
　　클린턴 국무장관: 유명환 외교통상부 장관님, 반갑게 맞아(**환대**) 주셔서 대단히 감사합니다. 그리고 오늘 이렇게 **생산적인** 회담을 갖게

meeting today.

I am very pleased to be back in the Republic of Korea on my first overseas visit as Secretary of State. I have very **fond** memories of the time I spent here as First Lady, and I **hold** great hopes for the future of our **partnership**. Because it is more than just a **regional** partnership; it is becoming a global strategic alliance that **rests upon** shared **commitment**s and common values—democracy, human rights, market economies, and the pursuit of peace. And it concerns more than simply the **dealing**s between our two nations. Our partnership has already begun to look **outward** at the wide **array** of challenges and opportunities we face around the world, and will do so **increasingly** in the years to come.

Let me begin with one of the most **pressing** of those challenges, the global financial crisis, which has hit both of our countries hard. We are **taking steps**, here in Korea as well as in the United States, to **spur growth**, create jobs, save family homes, and **improve** our financial **architecture**. And we are both **conscious** of our responsibility as members of the G-20 to help **coordinate** an effective global response.

Minister, you and I discussed a **path** forward toward a

된 데 감사드립니다.

　국무장관으로 저의 첫 해외 순방길에 한국을 다시 찾게 되어 무척 기쁩니다. 저는 영부인 때 이곳에서 보낸 아주 **정겨운** 추억을 갖고 있습니다. 그래서 저는 한미공조(**협력**)의 미래에 큰 희망을 **갖고 있습니다**. 그것은 단순한 **지역적인** 협력 그 이상의 것이기 때문입니다. 즉 그것은 공동 **책무**에 기반을 두고(-**에 기초를 두다**), 민주주의와 인권, 시장 경제, 그리고 평화 추구 등의 공동 가치에 기초를 둔 세계적인 전략 동맹이기 때문입니다. 또한 그것은 두 나라의 **관계** 그 이상입니다. 한미공조는 우리가 전 세계적으로 직면하고 있는 수많은(**다수**) 난제와 기회들을 이미 국제적으로(**해외에**) 다루고 있고, 앞으로 **더욱 더** 그렇게 할 것입니다.

　먼저 그 난제들 중에서 가장 **긴급한** 것 하나부터 말씀드려보면, 한미 양국을 맹렬하게 강타한 세계적인 금융 위기입니다. 미국에서뿐만 아니라 이곳 한국에서도 필요한 조치를 취하고(**조치를 취하다**) 있습니다. **성장**을 유발하고(**자극하다**), 일자리를 창출하고, 가정을 보호하고, 재무 **구조**를 개선하는(**개선하다**) 조치들입니다. 그리고 한미 양국은 세계적인 대응책을 효과적으로 조정하는(**조정하다**) 데 일조하는 G-20 회원의 책임감을 갖고(**의식하고 있는**) 있습니다.

　유명환 장관님과 저는 이러한 난제들을 공동으로 해결하는 방안

shared solution to these challenges, and we **look forward to** our Presidents' Meeting around the G-20 in London. We also talked about the way to work together to expand trade so that it benefits both of our countries, and I **appreciate** the **ongoing** commitment by the Republic of Korea to our **mission** in Afghanistan, to the protection of our **sea lanes** from **piracy**, and to the commitment to work together on global climate change. So we will **draw together** upon our partnership to address a range of issues. And it will be important that as we do so, we **rest upon** the very **firm** foundation of our alliance.

I want to take a moment to pay **tribute** to the **late Cardinal** Kim. He was a great spiritual leader not only for Korea and the people of Korea, but for the world. And I know that he will be remembered by Koreans and all who **care**d **about** democracy, human rights, and human **dignity**.

Now the Republic of Korea's **achievement** of democracy and prosperity stands in **stark contrast** to the **tyranny** and **poverty** across the **border** to the North. I **commend** the people of South Korea and your leaders for your **calm resolve** and **determination** in the face of the **provocative** and unhelpful **statements** and actions by the North. There is no issue on

(방침)에 대해 논의했습니다. 그리고 우리는 런던에서 열리는 G-20 금융경제정상회의에서 한미 정상회담을 가질 수 있기를 기대합니다(-을 기다리다). 우리는 또한 교역을 늘려서 양국 모두에게 이익이 되도록 하는 방법에 대해 함께 논의했습니다. 그리고 저는 한국의 아프가니스탄에서의 **임무 수행, 해적 행위**로부터 **해상로**를 지키는 임무, 그리고 세계의 기후변화에 공동 대처하기 위해 노력하는 임무 등 현재 진행 중인(진행하는) 책무에 대해 사의를 표합니다(감사하다). 그렇게 우리는 한미공조로 단결하여(단결하다) 많은 문제들을 처리해나갈 것입니다. 그렇게 함으로써, 중요한 것은 우리가 한미 동맹의 아주 **견고한** 토대 위에 존재할 수 있다(존재하다)는 것입니다.

김수환 **추기경**의 선종에(고〈故〉) 잠시 애도(존경을 나타내는 말)를 표하고자 합니다. 그분은 한국과 한국 국민들뿐만 아니라 세계의 위대한 영적 지도자였습니다. 한국 국민들은 그분을 기억할 것이며, 민주주의와 인권, 그리고 인간의 **존엄성**을 소중히 여기는(-에 관심을 가지다) 모든 사람들은 그분을 잊지 않을 것입니다.

오늘날 민주주의와 번영을 **성취**한 한국은 북한 내부(국경)의 **폭정** 및 **빈곤**과 완전히(완전한) **대조**적입니다. 저는 한국 국민과 지도자들이 북한의 도발적이며(도발적인) 도움이 안 되는 **언사**와 행동에 **침착한 해결책** 및 **결의**로 대응한 것을 높게 평가합니다(칭찬하다). 우리는 그 어떤 사안보다도 북한 문제에 있어서 더 일치단결돼(일치한) 있습니다. 우리는 한미공조를 유지해(유지하다) 함께 협력하고, 6자회담을 통해

which we are more **united** than North Korea. We **maintain** our joint resolve to work together and through the Six-Party Talks to bring about the complete and verifiable denuclearization of the Korean Peninsula.

We **firmly** believe that North Korea must **live up to** the commitments it made in the 2006 **Joint Statement** and other **agreement**s. North Korea is not going to get a different relationship with the United States while **insult**ing and refusing dialogue with the Republic of Korea. Achieving these goals will take hard work and strong leadership. **Assistant Secretary** Chris Hill, who has served as our chief **negotiator** in the Six-Party Talks, is here with me today, and he supplied a great deal of **dedication** in the years that he served in this position. And he has **graciously** agreed to continue serving our country by moving on to another challenging **assignment**.

So I am pleased to announce, after consulting with our partners in the Six-Party Talks, the **appointment** of Ambassador Stephen Bosworth as Special **Representative** for North Korea Policy. Ambassador Bosworth will be our senior official handling North Korea issues, reporting to me as well as to President Obama. And while President Obama obviously

서 한반도의 완전하고 검증 가능한 비핵화를 이룩할 것입니다.

우리는 북한이 2006년의 **공동성명**(북한의 핵 포기와 미·북 관계정상화 등을 주요 내용으로 하는 2005년의 9·19 공동성명을 잘못 얘기한 듯함. 그후 북한은 2006년 10월에 핵실험을 감행했음 – 역주)과 다른 합의(**협정**)에서의 약속사항을 반드시 이행해야 한다고(–에 따라 행동을 하다) **굳게** 믿고 있습니다. 북한이 한국을 비난하고(**모욕하다**) 한국과의 대화를 거부하는 한 미국과 새로운 관계를 맺지는 못할 것입니다. 이러한 목표를 이루기 위해서는 많은 노력과 강력한 지도력이 요구될 것입니다. 6자회담에서 미국 측 대표(**협상자**)로 일해온 크리스토퍼 힐 **차관보**가 오늘 이 자리에 저와 함께하고 있습니다. 그는 이 직무를 수행하며 그동안 많은 **헌신**을 했습니다. 그리고 그는 **감사하게도** 다른 도전적인 **직위**로 자리를 옮겨서 조국을 위해 계속 일하기로 했습니다.

그래서 저는 6자회담 당사국들과의 협의를 거친 후에, 스티븐 보즈워스 대사를 대북 특사(**대표자**)로 **임명**한 것을 발표할 수 있게 되어 기쁩니다. 보즈워스 대사는 북한 문제를 다루는 미국의 고위직(**상급자인**) 관료로서 오바마 대통령뿐만 아니라 저에게 보고할 것입니다. 그리고 오바마 대통령은 분명 오늘 이 자리에 동석하고 있지는 않지만, 저는 이 임명이 그에게 매우 중요하다는 것을 알고 있습니다.

외화벌이의 일환인 캄보디아의 평양 식당 공연

cannot be with us here today, I know that this appointment is of great importance to him.

North Korean behavior **present**s a number of important foreign policy challenges for the United States, the region, and the world. So we need a **capable** and **experienced diplomat** to lead our efforts to **stem** the **risk**s of North Korea's nuclear ambitions and the **proliferation** of **sensitive weapon**s technology, and its human rights and humanitarian challenges. Ambassador Bosworth is up to the **task** of working with our allies and **partner**s to **convince** North Korea to become a

　　북한의 행동은 미국과 동북아, 그리고 전 세계 외교 정책에 상당히 중대한 도전이 되고 있습니다(제공하다). 그래서 우리는 북한의 핵 개발 의욕의 **위험성**과 주의를 요하는(극히 신중을 요하는) **무기기술**의 **확산**을 방지하고(저지하다) 인권과 인도적 문제를 선도적으로 해결할 수 있는 유능하고(유능한) **노련한 외교관**이 필요합니다. 보즈워스 대사는 우리의 **동맹국** 및 **협력자**들과 함께 일하며 북한이 이웃 나라들에 **위협**을 주는 존재가 아니라 국제 사회의 건설적인 일원이 될 수 있도록 설득하는(설득하다) **임무**를 수행할 것입니다.

constructive part of the international community rather than a **threat** to its neighbors.

As our senior official handling North Korean issues, he will serve as our senior **emissary** for U.S. engagement with North Korea in close **consultation**. Special **Envoy** for the Six-Party Talks, Ambassador Sung Kim, will work closely with Ambassador Bosworth and continue to lead our **day-to-day** efforts, including maintaining **constant contact** with our allies and the Six-Party partners.

Ambassador Bosworth is **currently** the **Dean** of the Fletcher School of Law and Diplomacy at Tufts University. Having served as an ambassador three times, including to the Republic of Korea, he is an experienced envoy, able to **interact** with officials at the highest levels of foreign governments. And we believe his **involvement** will **facilitate** the high-level engagement with the North Koreans and our other partners.

Now, there is no doubt that Ambassador Bosworth will have his work cut out for him. But based on our very productive discussion today, both Minister Yu and myself will **stand with** our envoys and representatives as they begin once again to try to convince the North Koreans to begin a **process**

북한 문제를 다루는 고위직 관료로서 그는 북한과 긴밀한 **협의**를 수행해나가는 고위급 특사(**밀사**) 역할을 하게 될 것입니다. 6자회담의 특사(**사절**)인 성김 대사는 보즈워스 대사와 긴밀하게 협력해나가며, 우리의 동맹국 및 6자회담 당사국들과 지속적으로(**지속적인**) **접촉**하는 것을 포함해서 우리의 일상적인(**나날의**) 노력을 계속 선도해나갈 것입니다.

보즈워스 대사는 **현재** 터프츠 대학의 법학·외교 전문대학원인 플레처스쿨의 **학장**으로 재직 중입니다. 한국을 포함해서 대사직을 세 차례나 맡았던 그는 외국 정부의 고위급 간부들을 상대할(**상호 작용하다**) 수 있는 노련한 외교관입니다. 그래서 우리는 그가 합류(**포함**)함으로써 북한 및 다른 협력국과의 고위급 협의가 용이해질(**쉽게 하다**) 것이라고 생각합니다.

이제 보즈워스 대사가 자신이 맡은 직무로 그의 일을 중단할 것이라는 데는 의심의 여지가 없습니다. 하지만 금일의 생산적인 회담을 기초로 해서, 유명환 장관님과 저는 우리의 특사와 대표들과 함께할(**-와 일치하다**) 것이며, 그들은 북한을 다시 한번 설득하여 완전하고 검증 가능한 핵무기 **제거**를 위한 **절차**를 6자회담의 틀 안에서 시작할 수 있

within the Six-Party talks toward the complete and verifiable **elimination** of nuclear weapons.

So, Minister Yu, thank you once again, and thanks to your great country for our friendship and our partnership and for the continuing and increasing work that we will do together in the years ahead.

QUESTION: (Via interpreter) Hello, I am from CBS, (inaudible). First, my question goes to Mr. Yu. The North is showing movement to test-launch its missiles. Have there been discussions between the U.S. and Korea to — against this issue? If there have been, what have you discussed?

I'll also give a second question to Secretary Clinton. Do you think that the test missile issue should be included on the Six-Party Talks?

FOREIGN MINISTER YU: (Via interpreter) Yes, regarding the long-term missile issue, because North Korea is developing nuclear weapons, we do have some concerns. And regarding this, the U.S. and Korea have decided to work together based upon our **coordination**, also work with other related countries.

If North Korea should **launch** a missile, even if it is a **satellite**, we think that this is a clear **breach** of UN Security

도록 할 것입니다.

그러므로 유명환 장관님, 다시 한번 감사드립니다. 한미의 우정과 공조, 그리고 지속적으로 폭넓게 한미가 앞으로도 함께 협력할 수 있는 것에 대해 위대한 대한민국에 감사드립니다.

질문: (통역으로) 안녕하세요, CBS의, (들리지 않음) 먼저 유명환 장관님께 질문 드리겠는데요. 최근 북한이 미사일 발사 움직임을 보이는 것과 관련해서 이번 회담에서 한미 양국 간에 공동대응 방안에 대해서 논의가 있었는지, 논의가 있었다면 어떤 것들인지 구체적으로 말씀을 해주시고요.

관련해서 클린턴 장관께도 북한의 미사일 문제를 6자회담의 의제로 포함시킬 것을 생각하고 계시는지 답변해주시면 고맙겠습니다.

유명환 외교통상부장관: (통역으로) 먼저 북한의 장거리 미사일 문제에 대해서는 북한이 핵무기를 개발하고 있기 때문에, 역내의 안전 측면에서 큰 우려를 갖고 있습니다. 동 문제에 관련하여서는 한미 양국 간 긴밀한 **협조**를 기반으로 해서, 여타 관련국과도 협력을 계속해 나갈 생각입니다.

북한이 미사일을 실험 발사할(**발사하다**) 경우, 그것이 **인공위성**이라고 주장하더라도 그것은 유엔 안보리 **결의** 1718호에 대한 명백한

Council **Resolution** 1718. Thank you.

SECRETARY CLINTON: We are aware of press reports that North Korea may be preparing to conduct a missile test. We don't **comment** on **intelligence** matters, but it is clear that under the United Nations Security Council Resolution 1718, North Korea is required to **suspend** all activities related to its **ballistic** missile program. The North should **refrain** from **violating** this resolution and also from any and all provocative actions that could **harm** the Six-Party Talks and **aggravate** tensions in the region.

As we work together with our partners in the Six-Party process, we will be discussing what ways we can best approach North Korea so that we present a united front **with respect to** all of the issues that are of concern. But the most immediate issue is to continue the **disablement** of their nuclear **facilities** and to get a complete and verifiable agreement **as to** the end of their nuclear program.

MR. WOOD: Next question to Paul Richter of L.A. Times.

QUESTION: Yes. Minister Yu, Secretary Clinton spoke **candidly** yesterday about growing concerns that a **succession**

위반이라는 점을 상기시키고자 합니다. 감사합니다.

클린턴 국무장관: 우리는 북한이 미사일 실험 준비를 하고 있다는 보도를 들었습니다. 기밀(**정보**)사항에 대해서는 논평하지(**논평하다**) 않겠습니다. 하지만 유엔 안보리 결의 1781호에 따라서, 북한이 **탄도(의)**미사일 프로그램과 관련된 모든 활동을 중단해야(**중단하다**) 한다는 것은 분명합니다. 북한은 이 결의안을 위반하지(**어기다**) 말아야(**그만두다**) 하며, 6자회담을 해치고(**해치다**) 동북아에 긴장을 조성하는(**악화시키다**) 모든 도발적 행위를 삼가야 합니다.

우리는 6자회담에서 공조자로 함께 일하며, 관련된 모든 사안에 대해(**-에 관하여**) 일치단결된 입장을 보일 수 있는 최상의 대북 접근 방식을 논의할 것입니다. 하지만 가장 시급한 문제는 북한 핵**시설**의 불능화(**무능하게 함**)를 계속 진행해 북한 핵 프로그램의 폐기를 위한(**-에 관해서**) 완전하고 검증 가능한 합의를 하는 것입니다.

우드 미 국무부 대변인: 다음 질문은 로스앤젤레스타임스의 폴 리히터 기자입니다.

질문: 네, 유명환 장관님께 드리는 질문입니다. 클린턴 국무장관이 어제 북한의 후계 구도(**계승**)에 대한 위기가 평양과의 관계에 새로

평양의 아파트

crisis in the North will cause new difficulties in dealing with Pyongyang. I wonder if you share that view.

And Secretary Clinton, do have any concern now that the topic that you candidly raised yesterday might provoke a negative **reaction** from the North?

FOREIGN MINISTER YU: (Via interpreter) Regarding Korean relations and the North Korean issue, I'd like to say that this is one of the top **priorities** that we have between Korea and the U.S., and we have much interest in this. Therefore, we **have our eye on** the situation.

아리랑 마스게임

운 어려움을 야기할 것이라는 우려가 점점 커지고 있다는 발언을 **솔직하게** 했습니다. 장관님은 그 견해에 동의하시는지요?

그리고 클린턴 국무장관님, 장관님이 어제 솔직하게 제기한 주제가 북한으로부터 부정적인 **반응**을 유발할 수도 있다는 우려를 현재 갖고 계시지는 않으신지요?

유명환 외교통상부 장관: 우선 남북관계 그리고 북한 정세는 한미 간에 가장 중요한 관심사(**우선 사항**)의 하나이므로, 긴밀히 협력을 하고 있습니다. 따라서 우리는 지금 북한의 상황을 예의 주시하고 있다(-을 **눈여겨보다**)는 점만 말씀드리겠습니다.

MODERATOR: Next is (inaudible) from Yonhap News.

QUESTION: (Via interpreter) Hello, I am (inaudible) from Yonhap. My question is to Secretary Clinton. First of all, regarding the assistance to Afghanistan, do you wish that Korea would join board to provide military assistance, or do you think it's enough that Korea can take part on **civilian** (inaudible) by **expand**ing maybe police forces? Also, yesterday you **voice**d your concerns over the succession crisis in North Korea. Do you have any—is there any particular **intention** behind that kind of expression of concern at this kind of time, and do you have any concerns regarding his health—that is, Kim Jong-il?

SECRETARY CLINTON: With respect to Afghanistan, we know that the Korean Government understands the importance of **stabilizing** and reconstructing Afghanistan - that we all have a **vital interest** in bringing peace to that region. And we're very pleased that the ROK and Japan together have announced some joint projects as well as the Korean Government's commitment to police training and other important work. We will continue to consult with the Korean Government as we go forward with our policy **review**.

With respect to your second question, there is a **broad**

사회자: 다음은 연합뉴스 (들리지 않음) 기자입니다.

질문: (통역으로) 안녕하십니까. 연합뉴스 (들리지 않음) 기자입니다. 힐러리 클린턴 국무장관께 질문 드리겠습니다. 우선 아프가니스탄 지원과 관련해서 한국도 군사적 지원에 동참하기를 원하시는지, 아니면 기존의 PRT를 통한 **민간(의)** (들리지 않음), 경찰 중심의 지원 확대로도(**확대하다**) 충분하다고 보시는지 궁금하고요. 아울러서 어제 한국으로 오시면서 북한 지도부 후계 구도에 대한 우려를 표명하셨습니다(**말로 나타내다**). 이렇게 민감한 시점에 그런 발언을 한 **의도**가 있으신지, 또 김정일 국방위원장의 건강이나 후계자와 관련된 구체적인 정보를 가지고 말씀하신 것인지 묻고 싶습니다.

클린턴 국무장관: 아프가니스탄과 관련해서 우리는 한국 정부가 아프가니스탄의 **안정**과 재건의 중요성을 잘 이해하고 있다는 것을 알고 있습니다. 우리 모두 그 지역에 평화를 가져오는 데 **극히 중요한 역할**을 맡고 있습니다. 그래서 우리는 한국 정부가 추진하는 경찰 훈련 및 다른 주요 업무뿐만 아니라 한국과 일본이 함께 공동 프로젝트를 발표한 것에 대해 매우 기쁘게 생각합니다. 우리는 앞으로 정책 **검토**를 하면서 한국 정부와 계속 협의해나갈 것입니다.

두 번째 질문에 대해서는, 유명환 장관님이 말씀하셨듯이, 우리

range of issues, as Minister Yu said, that we are always **follow**ing. But it is clear as we meet here today we are dealing with the government that exists right now. And we intend to **reach** out together with our partners in the Six-Party Talks to **engage** that government and to look for ways that we can bring them back into discussion through the Six-Party process. So it's very clear that, as Minister Yu said, when you are thinking about the future **dealings** with a government that doesn't have any clear succession—they don't have a vice president, they don't have a prime minister—that it is something you have to think about. But for the purposes of what we are planning today, it is to **deal with** the government that exists, the leadership that exists, and to look for ways to **involve** them in the Six-Party Talks once again.

MR. WOOD: Last question to Wyatt Andrews of CBS News.

QUESTION: Madame Secretary, I'm going to repeat Paul's question. Do you have any concerns your candid discussion yesterday about a possible succession situation in North Korea might provoke an additional response from the North Korean Government?

는 항상 많은(**광범위한**) 문제들을 주시하고(**지켜보다**) 있습니다. 하지만 분명한 것은, 우리가 오늘 여기서 회담을 갖고 있는 것처럼 우리는 지금 현재 존재하고 있는 북한 정부와 상대하고 있습니다. 그리고 우리는 북한을 끌어들여서(**끌어들이다**) 그들을 6자회담 과정의 협의의 장으로 다시 데려오는 방안을 찾으려고 6자회담 당사국들과 함께 노력하고(**노력하다**) 있습니다. 그러므로 아주 분명한 사실은, 유명환 장관님이 말씀하셨듯이, 분명한 후계 구도가 없고 부통령과 국무총리도 없는 정권과 차후 **교섭**을 할 때는 그런 것들을 생각해봐야 합니다. 하지만 현재 우리가 계획하고 있는 목표는 현존하는 정부 및 현존하는 지도자들과 상대하는(**−와 관계하다**) 것이고, 그들이 6자회담에 다시 집중시키게(**열중시키다**) 하는 방법을 찾는 것입니다.

우드 미 국무부 대변인: 마지막 질문은 CBS의 와이어트 앤드루스 기자입니다.

질문: 클린턴 장관님, 저는 폴 기자가 했던 질문을 다시 한번 드리겠습니다. 북한에서 발생할 수 있는 후계 구도 상황에 대해 장관님이 어제 하신 솔직한 발언이 북한 정권으로부터 특별한 반응을 유발할지도 모른다는 우려는 없으신지요?

SECRETARY CLINTON: No, I do not, because I think that all one has to do is read the **press**. The open press is filled with such conversations. This is not some kind of a **classified** matter that is not being discussed in many circles.

But for me, as we look at planning and **contingency** planning, we are taking everything into **account**. But we deal with the government that's **in place** right now, and that government is being asked to re-engage with the Six-Party Talks to **fulfill** the **obligation**s that they **enter**ed **into**, and we expect them to do so. And at the same time, we are calling on the Government of North Korea to **refrain** from the kind of provocative and unhelpful war of words that it has been engaged in because that is not very fruitful. So clearly, we are looking to the existing leadership to be responsive to our desire to have them engage with the Six-Party Talks again.

MODERATOR: With that, we'd like to **conclude** the joint conference between the Ministers. Thank you very much for your **participation**.

클린턴 국무장관: 그렇지 않습니다. 저는 해야 하는 것은 모두 **언론**에 보도되어 있다고 생각합니다. 그런 내용들은 언론에 이미 공개되어 있습니다. 이것은 많은 곳에서 논의되고 있지 않는 일종의 기밀(기밀 취급으로 지정된) 사항이 아닙니다.

하지만 저로서는, 우리가 입안을 하고 비상사태(뜻하지 않은 사건)에 대한 계획을 세울 때엔 모든 사항을 **고려해야** 합니다. 하지만 우리는 현존하는(제자리에) 북한 정부를 상대하고 있습니다. 그리고 북한 정부에게 6자회담에 다시 복귀하여 그들이 착수해야〈교섭 등을〉 **시작하다)** 하는 **의무**를 이행하라고(이행하다) 요구하고 있으며, 우리는 그들이 그렇게 하기를 기대하고 있습니다. 동시에 우리는 북한 정부에게 그들이 지금까지 해오던 도발적이고도 도움이 안 되는 호전적인 언사들은 아무 쓸모가 없는 것들이니 중지할 것(그만두다)을 요청하고 있습니다. 그래서 분명하게, 우리는 현 북한 지도자들이 6자회담에 복귀하라는 우리의 요청을 받아들여줄 것을 기대하고 있습니다.

사회자: 이것으로서, 외교장관 공동 기자회견을 **마치겠습니다**. **참석**해주셔서 대단히 감사합니다.

힘들수록
낙천주의자가 되라

[2009.2.2. 국무장관 취임식 연설]

Swearing-in
Ceremony

국무장관 취임식 선서를 하는 힐러리

힐러리 특강 | 세 번째 강의는 2009년 2월 2일 거행된 저의 국무장관 취임식 연설문으로 진행하겠습니다. 중간에 '국무부 7층'이라는 표현이 나오는데요, 국무부 청사가 해리 트루먼 빌딩으로 불리기 시작한 것은 2000년부터의 일입니다. '해리 트루먼 빌딩'이란 제33대 대통령 이름에서 따온 겁니다. 트루먼 대통령 당시, 일본에 두 차례 원자폭탄을 투하했고, 이스라엘이 건국되었고, 한국전쟁이 발발했습니다. 미국의 외교를 국제주의로 나아가게 한 트루먼 대통령의 공적을 기리기 위해 그렇게 이름을 붙인 건데요, 지금 생각해보면 그 법안을 빌 클린턴 대통령이 서명한 게 감회가 새롭습니다. 저는 또 그 빌딩에서 근무를 하게 되었고요…. "Not every reader is a leader, but every leader is a reader"(모든 독서가가 다 리더가 되는 건 아니다. 그러나 모든 리더는 반드시 독서가가 되어야 한다) 해리 트루먼 대통령이 남긴 명언입니다. 수강생 여러분 모두 영어 원서를 열심히 독서하시어, 여러분의 영어 실력이 일취월장하시기를 기원합니다.

"*"As difficult as the times are, I am an optimist."*

Thank you all very much. Thank you. It is an **overwhelming** honor to be **sworn** in to **assume** this position on behalf of our country. I thank my dear friend, Vice President Biden, and I thank President Obama for investing the **trust** and **confidence** in me during a particularly challenging time in our nation's history. I look out and see so many friends and **colleague**s. I particularly want to thank the **Speaker** and the **Majority Leader**, Speaker Pelosi and Leader Reid for being here and for providing the leadership that you both are doing in the Congress.

I also want to thank my colleagues in government and my former partners in the Congress. I am very grateful to all **the members of the House** who are here today, and particularly those with whom I served over eight wonderful years who

힘들수록 낙천주의자가 되라

상황이 어려울수록,
저는 낙천주의자가 됩니다.

대단히 감사합니다. 감사합니다. 조국을 위해 복무하는 국무장관 취임(**취임하다**) 선서를 하게(**선서하다**) 되어 굉장히(**압도적인**) 영광입니다. 저의 소중한 친구인 바이든 부통령께 감사드립니다. 그리고 미국 역사상 특히 어려운 시기에 오바마 대통령이 저에게 **신뢰**와 **확신**을 주신(**주다**) 데 대해 감사드립니다. 자세히 살펴보면, 아주 많은 친구와 **동료** 분들이 계십니다. 저는 특히 의장님과 원내대표님, 이 자리에 참석해주시고 두 분 모두 의회에서 리더십을 보여주고 계신 펠로시 하원**의장**님과 레이드 **원내대표**님께 감사드립니다.

또한 행정부의 동료들과 의회에서 협력해주시던 분들께도 감사드리고자 합니다. 오늘 참석해주신 모든 **의원**님들께 감사드립니다. 특히 제가 지난 8년 동안 뉴욕 주 **의원**으로 복무하는 데 함께 해주신 분들께 감사드립니다. 그리고 여러분 모두에게 감사드립니다.

represent New York. And I'm very grateful to all of you.

And to my friends in the Senate, I see the faces of people with whom I have **share**d so much, and I am deeply grateful to **each and every** one of you. But I have to **single out** the **Chairman** of **the Foreign Relations Committee** who, after all, **presid**ed **over** my **confirmation**, for which I am very grateful, Senator Kerry. And I **look forward** to work**ing** with all of you, particularly the **appropriator**s who are here this afternoon. We have a lot of work to do and it is such important work that lies ahead. I also want to thank two wonderful friends of mine, governors, Governor Corzine from New Jersey, and Governor O'Malley from Maryland who are here.

And I am **particularly** honored to have four of my **predecessor**s with us today. I have sought their advice and their **counsel** and I have to **publicly** thank each and every one of them. With us today, Secretary Kissinger and Secretary Baker and Secretary Eagleburger and, **of course**, my dear friend and fellow Wellesley **alum** Secretary Albright. And I also want to thank Secretary Rice and Secretary Powell and Secretary Shultz, with whom I had a wonderful visit just last week when he came to the seventh floor, and Secretary Haig—all of the

그리고 상원의 동료들에 대해서는, 저와 함께 많은 일을 해오신 (**함께하다**) 분들의 얼굴이 보입니다. 여러분 한 분 한 분(**각자 모두**)에게 깊은 감사의 말씀을 드립니다. 하지만 저는 **상원외교위원회 위원장**님을 거명하지(**선발하다**) 않을 수 없습니다. 결국 저의 인준(**비준**)을 주재하신(**주재하다**) 데 대해 케리 상원의원님께 매우 감사드립니다. 그리고 저는 앞으로 여러분 모두와, 특히 지금 이곳에 계신 예산심의 의원님(**예산 승인자**)들과 함께 일할 수 있기를 기대합니다(**기대하다**). 우리는 해야 할 일이 많으며, 아주 중요한 일들이 기다리고 있습니다. 또한 저는 저의 훌륭한 친구인, 뉴저지의 코진 주지사와 이 자리에 참석해주신 메릴랜드의 오말리 주지사님께 감사드립니다.

그리고 특히(**당연히**) 저는 네 분의 전직(**전임자**) 장관님께서 오늘 참석해주신 것을 영광으로 생각합니다. 저는 그분들에게서 충고와 **조언**을 구해왔으며, 그분들에게 **공식적으로** 감사드립니다. 오늘 참석해주신, 키신저 장관님, 베이커 장관님, 이글버거 장관님, 그리고 저의 절친한 후원자이자 웰즐리 대 선배(**동창생**)이신 올브라이트 장관님께도 감사드립니다. 아울러 라이스 장관님과 파월 장관님, 국무부(7층: 국무부가 들어서 있는 워싱턴 D.C.의 해리 트루먼 빌딩 7층에는 장관실을 비롯해 국무부 최고위직 집무실이 있음 – 역주)를 찾아주셔서 지난주에 반갑게 뵐 수 있었던 슐츠 장관님, 그리고 헤이그 장관님께 감사드립니다. 전직 국무장관님들은 모

former secretaries of state who have been so **generous** with their time. And I think I can **predict** I will be asking for advice as we **move forward**.

Because this **ceremony take**s **place** at a real **hinge** of history time, there is so much that lies ahead in terms of challenges, but also opportunities. When I came into this building for the first time a week **or so** ago now, I told the **assembled** State Department employees, and then repeated it again at **USAID**, that we are all on the same team, and it is America's team. And we have, in the leadership of President Obama, someone who wants us to reach out to the world, to do so without **illusions**, understanding that the difficulties we face will not be wished away, but meeting them **forthrightly** and smartly, and that we want to seize the opportunities that exist as well.

I talked in my confirmation **hearing**s about smart power. Well, smart power **relies on** smart people, and we have an **abundance** of them in this building and at USAID. But I've also told my **teammate**s in the State family that we're going to have to be smarter about how we do what we must for our country. There are many ways that we can improve on what we do on a daily basis. And I want to work with my friends in

두 재임 기간 중에 많은 결실을(풍부한) 맺으셨습니다. 그래서 저는 우리가 일을 해나가면서(전진하다) 자문을 구할 것이라고 미리 말씀드립니다(미리 말하다).

이 취임식(의식)이 역사적으로 중요한(중심점) 시기에 거행되고(개최되다) 있기에, 많은 난제들이 앞을 가로막고 있지만 기회 또한 많습니다. 제가 1주일 전쯤에(-정도) 이곳에 처음 왔을 때, 모여 있는(집합된) 국무부 직원들에게 말했고 **국제개발처**에도 다시 한번 말했습니다. 우리는 모두 같은 팀이며, 그 팀은 미국의 팀이라고 말입니다. 그래서 우리가 전 세계로 뻗어나가기를 희망하고 있는 오바마 대통령의 리더십 아래, 우리는 **착오** 없이 그렇게 해야만 합니다. 우리가 직면하고 있는 난제들이 사라지기를 바라지 말고 그것들을 솔직하고(솔직하게) 현명하게 해결하고, 우리가 또한 실재하고 있는 기회를 붙잡기를 원하고 있다는 것을 이해하면서 말입니다.

저는 저의 인준 **청문회** 때 스마트 파워에 대해 말씀드렸습니다. 그런데 스마트 파워는 현명한 사람들의 손에 달려 있으며(의지하다), 이곳과 국제개발처에는 그런 분들이 많이(많음) 있습니다. 저는 또한 국무부에 근무하는 **팀 동료들**에게, 우리가 조국을 위해 해야만 하는 것을 어떻게 할 것인가에 대해 좀 더 현명해져야만 한다고 말씀드렸습니다. 하루 일과에서 우리가 하는 일들을 향상시킬 수 있는 방법들이 많이 있습니다. 그래서 저는 정부를 위하여 의회에서 일하는 저의 동

포토맥 강

Congress on behalf of our Administration to really look for those **efficiencies** and those changes that will make what we do more effective, more **cost-effective**, so that we can be out there around the world **delivering** America's message, **certainly** doing all we must to protect and defend our security, but also advancing our interests and **further**ing our values.

So for me, this has been an amazing personal journey. As Joe **laughingly reference**d, neither one of us thought that we would be standing here together, doing what we are now doing together. Life has a funny way of **unfold**ing and politics is even

포토맥 강변에 있는 한국전 참전 용사 기념상

료들이 우리가 보다 효율적으로 그리고 **비용**도 줄이며 일을 하게 되는 그러한 **효율**성과 변화들을 진정으로 찾아서, 전 세계에 미국의 메시지를 보낼(**전하다**) 수 있고, 우리의 안보를 보호하고 방어해야만 하는 모든 일들을 **확실히** 할 수 있을 뿐만 아니라, 우리의 권익을 끌어올리고 우리의 가치를 증진시킬(**진전시키다**) 수 있기를 희망합니다.

저로서는 이번이 개인적으로 놀라운 여행이었습니다. 조 부통령이 **웃으며** 언급했듯이(**참조문으로 인용하다**), 우리 중 그 누구도 우리가 여기에 함께 있으며, 우리가 현재 함께하고 있는 일들을 하게 될 줄은 몰랐습니다. 인생은 재미나게 전개되고(**전개하다**) 있으며, 정치는 더욱

stranger. So we are joined in this **incredible** mission on behalf of our President and our country. And it's one where it's not only those of us holding positions, whether elected or appointed, must **perform** to the very best of our ability. We're asking everyone in our country to think about how each of you can make a contribution so that we ensure that America's future is even brighter than our storied past.

I'm excited by seeing so many **familiar** faces. There are friends in this **audience** who have known me my entire life. And there is the next generation, you know, my niece and my two nephews who are here. I get up every morning thinking about what I must do to make this world of ours safer and more prosperous and to make our country all that it can be. As difficult as the times are, I am an optimist. I believe that we can do what we **set our minds to** do. And so it is the power of our ideals and the **intelligence** and **dedication** of our people.

I could not be standing here before you today without all of you, but in particular, the three people who stand with me on this stage. It's literally true I wouldn't be here without my mother. And so I—I'm especially delighted that she can be with me. And to my daughter, who I am just **burst**ing with

묘합니다. 그래서 우리는 대통령과 조국을 위해 일하는 이 **엄청난** 임무에 합류하게 되었습니다. 그것은 우리가 선출되었건 임명되었건 단지 직책을 차지하고만 있는 게 아니라 우리가 최선을 다해 임무를 완수해야(이행하다) 하는 것입니다. 우리는 미국의 모든 분들에게, 여러분 각자가 어떻게 기여를 해서 미국의 미래를 우리의 지나온 과거보다 훨씬 더 좋게 만들 수 있을지 숙고해줄 것을 요청하고 있습니다.

　낯익은 얼굴들을 아주 많이 대할 수 있어서 매우 기쁩니다. 여러분들(청중) 중에는 평생을 사귀어온 친구들이 있습니다. 그리고 다음 세대인 저의 조카딸과 두 조카가 참석해주었습니다. 저는 매일 아침, 우리의 세상을 보다 안전하고 보다 풍요롭게 만들기 위해 제가 무엇을 해야만 할까, 그리고 조국을 그렇게 만들기 위해서는 무엇을 해야 할까 생각하며 잠자리에서 일어납니다. 상황이 어려울수록, 저는 낙천주의자가 됩니다. 저는 하려고 전념을 기울이는(-에 **전념하다**) 것은 우리가 할 수 있다고 생각합니다. 그러므로 그것은 우리가 갖고 있는 이상의 힘이며, 우리 국민이 갖고 있는 **지성**과 **헌신**입니다.

　여러분 모두가 계시지 않았다면 저는 오늘 이 자리에 설 수 없었을 것입니다. 그런데 특히, 이 단상에는 저와 함께 세 분이 계십니다. 말 그대로 정말, 어머니가 계시지 않았더라면 저는 이곳에 있을 수 없었을 것입니다. 그래서 저는, 저는 어머님이 참석해주셔서 특히 기쁩니다. 그리고 제 딸은, 제가 어머니로서의(어머니의) 자부심으로 한껏

힐러리 클린턴

maternal pride over, but who I look to also for advice and, frankly, for some cultural cues that I might otherwise miss.

And finally, to my husband, who understands so well the **awesome** responsibilities resting on the shoulders of President Obama and Vice President Biden and all of us who serve with them. I am so grateful to him for a lifetime of all kinds of experiences — which have given me a — which have given me an extraordinary **richness** that I am absolutely **beholden** to and grateful for.

So now, let me thank Gladys and her **crackerjack protocol** operation that **put** this **together**. We had to **schedule**

힐러리가 클린턴과 함께 살았던 집

충만해(**충만하다**) 있지만, 제가 다른 것으로 놓칠 수도 있는 몇몇 문화적 **단서**들에 대해 솔직하게 조언을 구하기도 합니다.

끝으로, 저의 남편은 오바마 대통령과 바이든 부통령 그리고 그들을 위해 일하는 우리 모두의 어깨에 걸려 있는 **무거운** 책임감을 아주 잘 알고 있습니다. 저는 그가 평생 쌓아온 여러 경험에 대해 굉장히 감사하고 있습니다. 그 경험은 저를 참으로 풍부하게(**풍부**) 해주어서, 저는 많은 은혜를 입고 있으며(**은혜를 입고 있는**) 감사해하고 있습니다.

그리고 글래디스(의전을 책임지고 있는 글래디스 볼루다를 일컬음 - 역주)와 이 의식을 진행한(**구성하다**) 그녀의 뛰어난(**훌륭한**) **의전** 활동에 감사드립

it around two schedules that were hard to **mesh**: Vice President Biden and Chelsea Clinton. (Laughter.) When we finally got a time when both of them could be in the same place, we **rush**ed to **fil**l it. So if you're **wonder**ing why you didn't get an invitation until Thursday, Friday, Saturday or Sunday, it's because we just had to **make sure** that we had the main people here.

But I do want to **greet** all of you **individually**, and obviously, my family wants to say hello as well. So we**'re hard at** work already, and we're working hard with a great team of people here in this building and at USAID. And we're looking forward to **fulfill**ing the **excitement** and the promise that the Obama Administration represents here at home and around the world.

Thank you all very, very much.

니다. 우리는 바이든 부통령과 첼시 클린턴 같은 서로 맞물리기가**(맞물리다)** 어려운 두 개의 **일정**을 넣어야 했습니다. 그들 둘 다 같은 장소에 있는 것으로 마침내 시간을 잡았을 때, 우리는 서둘러**(서두르다)** 행사를 치렀습니다**(이행하다)**. 그러므로 여러분이 왜 목요일, 금요일, 토요일, 혹은 일요일까지도 초대를 받지 못했는지를 의아하게 여기신다면**(의아하게 여기다)**, 그것은 우리가 주요 인사들을 이곳에서 만날 수 있다는 것을 확실하게**(확인하다)** 해야만 했기 때문입니다.

하지만 저는 여러분 한 분 한 분**(개별적으로)** 모두에게 인사를**(인사하다)** 드리고 싶습니다. 그리고 분명히 저희 가족도 인사드리길 원하고 있을 겁니다. 그렇게 우리는 이미 이곳과 국제개발처에 계신 분들과 훌륭한 팀을 이루어 열심히 일하고**(열심히 –하다)** 있습니다. 그래서 우리는 오바마 정부가 이곳에서 미국과 전 세계에 보여주고 있는 기대감**(흥분)**과 약속을 완수해내기를**(완수하다)** 기대하고 있습니다.

대단히, 대단히 감사합니다.

임무와 자원의 조화
[2009.1.23. 국제개발처 연설]

U.S. Understands and
Supports Development
Assistance

국제개발처 연설식에서 활짝 웃는 힐러리

힐러리 특강 | 2009년 1월 23일 행한 저의 국제개발처 연설을 네 번째 텍스트로 삼겠습니다. 수강생 여러분들도 '이라크 전쟁' 하면 국제개발처의 전후 복구사업이 먼저 떠오르실 겁니다. 이처럼 국무부 산하의 국제개발처는 비군사적인 원조 프로그램을 수행하는 기관입니다. 국제개발처의 임무 수행에 있어서 가장 중요한 것 중에 하나가 재원의 투명한 집행입니다. 돈이 있는 곳에 비리가 있게 마련이라며, 한국의 독자 여러분들도 정치권의 각종 분배 사업을 불신하는 분들이 많이 계신 것으로 알고 있습니다. 그래서 해당 책임자들이 임무와 자원을 확실하게 조화시키는 게 반드시 필요한데요, 이것은 영어 학습에 있어서도 마찬가지입니다. 영어를 정복하겠다는 임무와 영어 학습의 각종 자원들이 적절한 조화를 이루었을 때, 최상의 학습목표가 달성되기 때문입니다. 영어 학습뿐만 아니라 수강생 여러분이 현재 떠맡고 계신 각종 임무들이 갖고 계신 자원과 적절한 조화를 이루고 있는지 한번 되돌아보시길 기원합니다.

"My goal is to make sure we match the mission and the resources."

Thank you. Thank you very, very much. Thank you, Dr. Hill, for not only that very warm **introduction**, but for your **description**. That really does briefly **encapsulate** the work that USAID does with the help of all of you. And Mr. Zamora, thank you for reminding me of our time in Egypt. And I was looking out here when Dr. Hill said that I perhaps have seen some of you in other places, from Nicaragua to Egypt to Indonesia and lots of places in between. And I wanted to come here today with a very simple message: I believe in development, and I believe **with all my heart** that it truly is an equal partner, **along with** defense and diplomacy, in the **furtherance** of America's national security.

I don't think it is at all **unexpected** to look at the feelings that people have toward our country in **sub**-Saharan Africa, and

임무와 자원의 조화

저의 목표는 우리가 임무와 자원을
확실하게 조화시키는 것입니다.

    감사합니다. 대단히 감사합니다. 따뜻하게 **소개**해주시고 말씀(기술)해주신 힐 박사님께 감사드립니다. 그 말씀은 미국 국제개발처가 여러분 모두의 도움으로 수행하고 있는 직무를 간략하게 잘 요약한(**요약하다**) 것입니다. 그리고 자모라 님, 이집트에서 우리가 함께했던 시간을 상기시켜주셔서 감사합니다. 그리고 힐 박사님이 말씀하실 때 저는 니카라과, 이집트, 인도네시아, 그리고 그 중간의 많은 곳에서 아마 여러분 중 몇몇을 만났을 것이라는 사실에 주의를 기울이고 있었습니다. 그래서 저는 오늘 이곳에서 아주 간단한 메시지를 전하고자 합니다. 저는 개발을 믿고 있으며, 개발은 미국의 국가 안보를 **증진**하는 데 있어 국방 및 외교**와 함께** 참으로 동등한 파트너 역할을 하고 있다는 것을 **진심으로** 믿고 있습니다.

    저는 사하라 이남(**-의 아래의**) 아프리카에서 사람들이 미국에 대해 갖고 있는 느낌들을 살펴보는 것은 전혀 **뜻밖의** 일이 아니라고 생

to see the positive attitudes toward the United States because of the work that is being done through **PEPFAR**, through the Malaria **Initiative; tangible** results that make a difference in people's lives, linked to the heart and the **enthusiasm** of the American people, has been a **critical element** of our being able to **further** our national interests and **exemplify** our values. As we **look toward** the future, it is essential that the role of USAID and our other foreign assistance programs be strengthened and be adequately **fund**ed and be **coordinated** in a way that makes **abundantly** clear that the United States understands and supports development assistance.

Now, there are many new missions that many of you have **undertaken** in the last several years: the reconstruction and **stabilization** missions, the kinds of **post-conflict** missions, the role working **hand-in-hand** with our military colleagues. And **in every instance where** we look at what the United States is doing abroad, we will find someone, maybe from this very room or colleagues of yours across the world, who is there. **Time and again**, when I speak to my friends **over** at the Defense Department, they will **confess** that they very often have to **turn to** you to determine how best to spend the money

각합니다. '에이즈 퇴치를 위한 대통령 비상계획'과 '말라리아 구상(독창력)'을 통해 이루어지고 있는 사업들로 인해 미국을 향한 긍정적인 태도들을 대할 수 있는 것도 말입니다. 사람들이 생활에서 효과가 나타나고 있는 **실질적인** 결과들은 미국 국민들의 애정 및 열정(**열의**)과 연결되어서, 우리의 국익을 증진시키고(**증진하다**) 우리의 가치를 구현할(**구현하다**) 수 있는 **중요한 요소**가 되어왔습니다. 우리가 미래로 향할 때(**-쪽을 향하다**), 미국이 개발 원조를 이해하고 지원하고 있다는 것을 **아주** 명백하게 하는 방법으로 국제개발처와 다른 해외 원조 프로그램들이 강화되고 적절히 투자되고(**투자하다**) 조정되어야(**조정하다**) 하는 것은 반드시 필요한 일입니다.

여러분 대부분은 지난 몇 년간 수행해(**떠맡다**)오던 많은 새로운 임무가 있습니다. 즉 재건 및 **안정화** 임무, 우리 군대와 손잡고(**손에 손을 잡은**) 수행하는 전(**투**)후(**뒤의**) 사업과 같은 것들입니다. 그리고 미국이 해외에서 일을 하는 것을 우리가 보게 되는 모든 경우에(**-하는 경우에는**), 아마도 바로 이 방에 있었거나 혹은 세계의 다른 곳에 있던 동료들이 그곳에 있는 것을 보게 될 수 있을 것입니다. 제가 **몇 번이고** 국방부에 근무하는 동료들에게 이야기를 하면, 그들은 개발과 재건, 그리고 안정화를 위해 그들에게 주어진 예산을 사용하는 최상의 방법을 결정하기 위해 여러분에게 아주 자주 문의해야(**문의하다**)만 한다는 것을 고백할(**고백하다**) 것입니다. 개발 **임무**를 생각하고 있지만 근본적인

they've been given for development, reconstruction, and stabilization. Our diplomats who believe in the development mission, but whose primary goal is to **serve** our diplomatic **function**, will also make clear that they **look to** you to be partners in how we advance America's role in the world.

What I'm hoping to do as your Secretary of State is to work with USAID to provide the kind of leadership and support that will give you the **tool**s you **desperately** need in order to fulfill the missions we are asking you to **perform**. We are asking you to do more and more with less, and my goal is to make sure we **match** the mission and the **resources**. It will be very difficult for us to expect you to perform at the very high level of **professionalism** that we will expect, without providing you the resources to do the job we ask you to do.

As I said yesterday in the State Department, we are going to work toward **robust** diplomacy. And I **challenge**d my colleagues in the State Department to think more **broadly**, more deeply, outside the **proverbial** box, to let us know the ideas you have that will make what you do more **effective** for us. And I offer the same challenge to all of you here at USAID.

임무와 자원의 조화

목적이 외교 **직무**를 위해 일해야(**일하다**) 하는 데 있는 외교관들은, 또한 어떻게 우리가 세계적으로 미국의 역할을 증진시키고 있는지 여러분에게 협력자가 되어주기를 분명히 기대할(**기대하다**) 것입니다.

제가 국무장관으로서 하기를 원하는 것은 국제개발처와 함께 일하며 우리가 여러분에게 **이행**할 것을 요구하고 있는 임무들을 완수하기 위해 여러분이 **필사적으로** 찾고 있는 방안(**방편**)들을 여러분에게 건네주는, 일종의 리더십과 지원을 제공해주는 것입니다. 우리는 여러분에게 보다 적은 것으로 보다 많은 일을 할 것을 요구하고 있습니다. 저의 목표는 우리가 임무와 자원을 확실하게 조화시키는(**조화시키다**) 것입니다. 우리가 여러분에게 하기를 요하는 일을 수행하는 데 필요한 **자원**을 여러분에게 공급해주지 않는다면, 우리가 기대하고 있는 최고 수준의 **전문가**(**기질**)적인 임무 수행을 우리가 여러분에게 기대하는 것은 매우 어려울 것입니다.

제가 어제 국무부에서 말씀드렸듯이, 우리는 **강건한** 외교를 펼쳐 나갈 것입니다. 그리고 저는 국무부의 동료들에게 보다 **넓게**, 보다 깊게, 관용적인(**속담의**) 틀로 외부를 생각해서, 우리를 위해 여러분이 하고 있는 일을 보다 효율적으로(**효과적인**) 만들어줄 수 있는 의견을 우리에게 알려달라고 요구했습니다(**-하도록 요구하다**). 그래서 저는 이곳 국제개발처에 계신 모든 분들에게 똑같은 요구를 드립니다. 저는 여러

I know that for some of you, this has been not just a career, but a labor of love, and that sometimes it hasn't been easy, but that you have **stay**ed **with** this mission because of your conviction of its importance. But I am asking you now to help us help you to be more effective.

I'm going to demand a lot. I don't think we have a choice. We have, with President Obama, someone who **believes in** development and diplomacy. Coming to the State Department yesterday sent a very strong **signal**. A few of you may even know, as I mentioned in my **testimony** before the Foreign Relations Committee, that the President's late mother was an expert in **microfinance** and worked in Indonesia. I have been involved in microfinance since 1983, when I first met Muhammad Yunus and had Muhammad come to see us in Arkansas so that we could use the lessons from the Grameen Bank in our own country. I was actually looking forward to being on a **panel** with the President's mother in Beijing on microfinance.

So his understanding and commitment to these important human issues **run**s very deep. But we must be the best we can be to **merit** his support. It's not going to be given freely; we

분 중 일부는 단지 직업으로서가 아니라, 좋아서 하는 일이라는 것을 알고 있습니다. 그런데 때때로 그것은 쉽지가 않으며, 여러분은 이 일의 중요성에 대한 확신 때문에 이 일을 계속해온(**계속하다**) 것으로 저는 알고 있습니다. 하지만 저는 오늘 여러분에게, 여러분이 보다 효율적으로 할 수 있도록 우리를 도와달라고 요구하는 바입니다.

저는 많은 것을 요구할 것입니다. 우리에겐 선택의 여지가 없다고 생각합니다. 우리에겐 개발과 외교의 가치를 인정하는(**가치를 인정하다**) 오바마 대통령이 있습니다. 대통령이 어제 국무부를 방문한 것은 아주 강력한 **신호**를 전달해주는 것이었습니다. 여러분 중 몇몇은 알고 계시겠지만, 제가 외교위원회의 청문회(**증언**)에서 언급했듯이, 대통령의 돌아가신 어머니는 빈민에 대한 소액대출사업(**소액 금융**)의 전문가였으며 인도네시아에서 일하셨습니다. 저는 1983년(무하마드 유누스가 방글라데시에 그래민 은행을 창설한 해임 – 역주)부터 소액대출사업에 관여해왔습니다. 그때 저는 무하마드 유누스를 처음 만났으며, 그를 아칸소(그 당시 빌 클린턴이 아칸소 주지사로 있었음 – 역주)로 초청하여, 우리 미국에서 그래민 은행(가난한 이들에게 담보 없이 돈을 빌려주는 은행 – 역주)에 대한 강의를 들을 수 있었습니다. 저는 사실 베이징에서 소액대출사업에 대해 대통령의 어머니와 함께 토론(**토론자단**)을 나눌 수 있기를 기대하고 있었습니다.

그래서 이들 중요한 인간적인 문제들에 대한 대통령의 이해와 책임은 매우 깊어졌습니다(**어떤 상태로 되다**). 하지만 우리는 대통령의 지원을 받을 수(**–할 만하다**) 있도록 최고가 되어야 합니다. 그것은 거저

have to **demonstrate** how prepared we are to perform.

It will also not surprise you to learn that we have to **regain** some **credibility** in order to regain the **authorities** and the resources that have **drift**ed elsewhere. It is, as I said publicly in my testimony, ironic that our very best young military leaders—**captain**s and **major**s and **lieutenant colonel**s—are given **unfetter**ed resources through the Commander's Emergency Response Program to spend as they see fit to build a school, to open a health clinic, to pave a road, and our diplomats and our development experts have to go through miles of **paperwork** to spend ten cents. It is not a **sensible** approach.

Much of the **migration** of the **authority** and the resources to the Defense Department **came about** because they were able to move, and move **aggressively** and **agilely**, to fulfill a purpose or a **need**. We are going to have to **streamline** our **operations**. We're going to have to be smart about smart power. As I said yesterday, smart power requires smart people. We've got the smart people. We just need the smart **procedure**s that will enable the smart people to do the work that we expect you to do.

임무와 자원의 조화

주어지는 게 아닙니다. 우리가 수행해야 하는 일을 어떻게 준비했는지를 우리는 증명해야(증명하다) 합니다.

　다른 곳으로 표류하던(표류하다) 공공사업과 자원들을 되찾기(되찾다) 위해는 우리가 신뢰성을 어느 정도 회복해야 한다는 것을 여러분이 아는 것 또한 당연한 일입니다. 제가 청문회 때 공개적으로 말씀드렸듯이 대위, 소령, 중령들과 같은 우리의 아주 뛰어난 젊은 군 지휘관들은 CERP 프로그램(주둔지 동맹군에게 전쟁복구 자금을 배분하는 프로그램 – 역주)을 통해 자유로운 재원을 조달받아서, 그들이 보기에 학교를 짓거나 병원을 열거나 길을 포장하기에 적당한 곳에 사용합니다. 그런데 우리 외교관과 국제개발처 전문가들은 10센트를 쓰기 위해 몇 마일의 문서 업무를 해야만 합니다. 그것은 현명한 방법이 아닙니다.

　권한과 자원들이 국방부로 많이 이전(이동)되는 일이 발생했는데(발생하다), 이동할 수 있었기 때문에 그렇게 된 것입니다. 그것들은 목적과 의무를 완수하기 위해 적극적으로 민첩하게 이동하고 있습니다. 우리는 사업 운영을 능률적으로 해야(능률적으로 하다) 할 것입니다. 우리는 스마트 파워에 대해서 현명해져야 할 것입니다. 제가 어제 말씀 드렸듯이, 스마트 파워는 현명한 사람들을 필요로 합니다. 우리는 현명한 인재들을 확보하고 있습니다. 우리는 단지 우리가 여러분이 하기를 기대하는 일을 '현명한 인재'들이 할 수 있게 해주는 '현명한 진행'이 필요할 뿐입니다.

I know there is a very vigorous debate within the development community about how we should be organized, what form that organization should take, where in the government we should be situated. Well, having served for eight years in the Senate, **the last** thing we want is a **never-ending** debate about **process**. What we need to **figure out** how to do is to **set forth** a clear **path** using what we already have, and **find**ing what else additionally we need in terms of authorities and resources. And I'm going to be **task**ing your leadership with the responsibility of asking every one of you, "How do we do what you do better? How do we **eliminate redundancy**? How do we streamline procedures? How do we better target missions and then resource them?" And I **invite** you to provide that kind of **feedback**.

Maybe because I have been in the **public eye** and in the political world for what seems like a very long time now I **welcome** debate and I **am respectful of dissent**, and then I expect everybody, once we've made a decision, to work as **hard** as you can to get the job done. But I want to know from

저는 우리가 어떻게 조직되어야 하고, 그 조직은 어떤 형태를 취해야 하며, 정부 내에서 우리는 어떤 위치를 차지해야 하는가에 대한 매우 활발한 토론이 국제개발처 내에서 오가고 있다는 것을 알고 있습니다. 그런데 상원에서 8년간 복무하면서, 우리가 가장 하고 싶지 않았던(결코 –할 것 같지 않은) 일이 바로 **진행**에 대한 **끝없는** 토론이었습니다. 일을 하는 방법을 찾는(해결하다) 데 있어 우리에게 필요한 것은 우리가 이미 가지고 있는 것을 활용하고, 공공사업과 자원의 측면에서 우리가 부가적으로 필요로 하는 다른 것들을 마련하는(마련하다) 명백한 방법(방침)을 보여주어야(보이다) 한다는 것입니다. 그래서 저는 여러분 모두에게 다음과 같은 질문을 드리며 여러분의 리더십에 책임감을 부여하고자(–에게 일을 과하다) 합니다. "여러분이 더 잘하는 것을 우리가 어떻게 하는가? 우리는 불필요한 **여분**을 어떻게 없앨(없애다) 것인가? 우리는 절차를 어떻게 능률적으로 할 것인가? 우리는 목표로 주어진 임무를 어떻게 하면 더 잘 해내고, 자원 활용의 책임을 어떻게 하면 더 잘할 수 있을까?" 답변(의견)을 준비해주실 것을 여러분께 당부드립니다(요청하다).

아마도 제가 지금은 아주 오래전 일처럼 보이지만 **세인의 이목**을 받아왔거나 정치 세계에 있기에, 저는 토론을 기꺼이 받아들이고(기꺼이 받아들이다) 이견(의견 차이)을 존중합니다(–을 존중하다). 그리고 저는 일단 결정되고 나면 모든 사람이 가능한 한 열심히(열심인) 일해서 그 일을 완수하기를 기대합니다. 하지만 저는 국제개발처가 다시 한번 개

you what we need to do to make sure that USAID **assume**s once again the global leadership role you **deserve** it to have in the **delivery** of development assistance.

You know, on a personal **note**, I feel so passionately about this because, of course, it is part of my DNA. You know, I **start**ed **out** as an **advocate**. The first time I ever **appear**ed before the Senate, which was before some of you were born, was as a **nominee** from President Carter to serve on the Legal Services Corporation. I was privileged, with my first job out of law school, to go to work for the Children's Defense Fund. And in so many different **setting**s, in Arkansas and **nationally**, my **heart** has been with work here **at home** to help those who need a helping hand. As First Lady, that heart was **expand**ed, because I was able to see the work you do, and to see the results with my own eyes, and to travel a lot of miles to support you and your predecessors in the important work of **literally embody**ing American values.

So I take this work very personally. I was quite honored upon leaving the White House to have a **plaque put up** in the lobby recognizing my work. And if anybody knows where that plaque is—you know, I'd just love to see it again.

발원조의 **전달**에 있어서 여러분이 가질 수 있는(-할 만하다) 세계적인 리더십 역할을 확실하게 떠맡을(**떠맡다**) 수 있게 하는 데 우리가 무엇을 해야 하는지를 여러분으로부터 말씀을 듣고자 합니다.

그런데 개인적인 언급(**의사 표명**)인데요, 물론 저의 기질 때문에 저는 이 일에 매우 열정적입니다. 저는 **변호사**로 시작했습니다(-을 시작하다). 제가 상원에 처음 모습을 나타낸(**모습을 나타내다**) 것은 여러분 중 일부는 태어나기도 전이었는데, 카터 대통령의 추천을(**추천된 사람**) 받아 법률봉사단에 근무하게 된 때(1979년의 일임 - 역주)입니다. 저는 로스쿨을 졸업한 뒤 첫 번째 직업으로, 영광스럽게도 어린이보호재단에서 일하게 되었습니다. 그리고 매우 다른 여러 **환경** 속에서, 아칸소 주와 **전국적으로**, 저의 **관심**은 도움의 손길을 필요로 하는 사람들을 돕는 일을 제가 사는 곳에서(**자기가 사는 곳에서**) 하는 것이었습니다. 영부인일 때, 그 관심은 확대되었습니다(**확대하다**). 여러분이 하는 일을 볼 수 있었기 때문입니다. 저의 눈으로 직접 그 결과들을 볼 수 있었고, 말 그대로(**글자 뜻대로**) 미국의 가치를 구현하는(**구현하다**) 중요한 일을 하는 여러분과 여러분의 선배들을 돕기 위해 수만 리를 다닐 수 있었기 때문입니다.

그래서 저는 이 일을 매우 개인적으로 것으로 받아들이고 있습니다. 제가 백악관을 떠날 때 저의 과업을 알 수 있게 현관에 **기념명판**을 게시해(**게시하다**)주어서 정말 영광이었습니다. 그 명판이 어디 있는지 아는 분이 계시면, 그걸 다시 한번 보고 싶습니다.

So this will be a lot of hard work. But you know, one of my **all-time** favorite movies, A League of Their Own, has this great **scene** where the Geena Davis character has decided, you know, her husband's come home from the war, he was **injur**ed, they're in the playoffs, and she just goes to Tom Hanks, the **broken-down, drunken** coach—that's not an **analogy**, I'm just describing his role—and says, "You know, I've got to go home. I just can't do this anymore. It is just too hard." And Tom Hanks says, "Well, it's supposed to be hard. If it weren't hard, anybody could do it."

And that's how I see your role. You go to places that are difficult and dangerous. You **encounter peril**, but you make a difference. And now what we have to do together is figure out how to **magnify** that difference and how to produce results that **justify** the American taxpayers' investment in development during a very difficult time for our fellow citizens. You know, if you don't know somebody who's lost their job yet, you will. And we have some challenging days ahead.

And President Obama is **work**ing very hard with his economic team to move us forward. But we have to be able to

그런데 이 일에는 많은 어려움이 따를 것입니다. 하지만 제가 가장(**전례 없는**) 좋아하는 영화 중 하나인 「그들만의 리그」에는 주인공 지나 데이비스가 결심을 하는 유명한 **장면**이 있습니다. 전쟁터에서 돌아온 그녀의 남편은 부상을 당해(**상처를 입히다**) 있었고, 그들은 플레이오프 중이었습니다. 그래서 그녀는 망가진(**건강을 해친**) **술고래(의)** 코치인 톰 행크스를 찾아갑니다. 그것이 우리와 비슷한 것(**비슷함**)은 아닙니다. 저는 단지 그의 역할을 묘사하고 있는 것입니다. 그녀가 말합니다. "집에 돌아가야 합니다. 야구를 더 이상 못하겠어요. 힘들어 죽겠거든요." 그러자 톰 행크스가 말합니다. "어려울 수밖에 없어. 어렵지 않다면 누구라도 할 수 있거든."

그것이 바로 제가 여러분의 역할을 이해하는 방식입니다. 여러분은 어렵고 위험한 곳으로 갑니다. 여러분은 **위험**과 마주치지만(**마주치다**), 효과를 거둘 것입니다. 그러므로 우리가 함께 해야만 하는 것은 그 효과를 확대하고(**확대하다**) 우리의 친애하는 국민을 위해서 이토록 어려운 시기에 우리 납세자들의 세금이 개발 사업에 정당하게 사용되고 있다는 것을 증명하는(**-의 정당함을 증명하다**) 결과를 낳을 수 있는 방법을 찾는 것입니다. 직업을 아직 잃지 않은 누군가를 알지 못하고 있다면, 여러분은 알게 될 것입니다. 앞으로 좀 더 도전적인 시기가 닥쳐올 것입니다.

그래서 오바마 대통령은 우리를 앞으로 전진시키기 위해서 그의 경제 팀과 아주 열심히 노력하고(**노력하다**) 있습니다. 그런데 우리도

make the case. You have to be able to make it to your sister who's worried about paying her car **payment**s, to your son who got out of college and the jobs dried up, to your husband who is worried his job is going to **disappear**. You've got to be able to make the case that what you do for America is important, even in these **tough** times.

I believe we can make that case. But it can't be just a speech from me. It has to be the **accumulate**d efforts of every one of you that will enable me to make the case, not just to our Congress and not just to the White House, but to the American people.

So I'm ready to **roll up** my **sleeve**s and **get to** work with you. And I look forward to the days, weeks, months, and years ahead. Thank you all and God bless you.

그 상황을 만들어낼 수 있어야만 합니다. 여러분은 자동차 할부금(**지불 금액**) 납부를 걱정하는 여러분의 누이를 위해 열심히 노력해야 합니다. 대학을 나왔으나 일자리가 말라버린 여러분의 아들을 위해, 일자리가 사라져버리지(**사라지다**) 않을까 걱정하는 여러분의 남편을 위해 열심히 노력해야 합니다. 여러분은 이 어려운(**곤란한**) 시기에도 여러분이 미국을 위해 하는 일이 중요하게 작용할 수 있는 상황을 만들어낼 수 있어야 합니다.

저는 여러분이 그런 상황을 만들어낼 수 있다고 생각합니다. 하지만 그것은 단지 저의 연설만으로는 이룰 수 없는 것입니다. 그것은 단지 우리 의회와 백악관을 위해서가 아니라 우리 국민을 위해서 저에게 그러한 상황을 만들게 해주는 여러분 모두의 노력이 축적되어야(**축적하다**) 이룰 수 있는 것입니다.

그래서 저는 **소매**를 걷어붙이고(**말아 올리다**) 여러분과 함께 시작할(**일에 착수하다**) 준비가 되어 있습니다. 그리고 저는 앞으로 펼쳐질 날들과 주들과 달들과, 그리고 해들을 기대합니다. 대단히 감사합니다. 하나님의 축복이 있으시길 기원합니다.

외교가 대외 정책의 선두

[2009.1.13. 상원 외교위원회 인준청문회 연설]

Statement before
the Senate Foreign
Relations Committee

인준청문회 연설을 위해 차에서 내리는 영화배우 같은 힐러리

힐러리 특강 | 이번 특강은 2009년 1월 13일 개최된 상원 외교위원회 인준청문회 연설을 텍스트로 삼았습니다. 그 인준청문회는 제가 국무장관에 임명되기 위해서 거쳐야 할 통과의례 절차였는데요. 저는 그 자리에서 앞으로 미국의 대외 정책 기조는 '스마트 파워'가 될 것이라고 천명하였습니다. '스마트 파워'란 하드 파워와 소프트 파워를 결합한 총체적 권력을 뜻합니다. 물론 혼란이 있을 수도 있습니다. 강력한 군대로 밀어붙이는 하드 파워에서 부드러운 스마트 파워로 변환되는 것으로 생각할 수도 있지만, 진실은 그게 아니고, 하드 파워 일변도에서 탈피하여 하드 파워와 소프트 파워를 경우에 따라서 적절히 구사하겠다는 게 '스마트 파워'의 진실임을 밝힙니다. 문자 그대로 '소프트 파워'만 쓰겠다면 제가 '소프트 파워'를 천명했지, 하드 파워와 소프트 파워를 아우르는 '스마트 파워'라는 용어를 쓰지는 않았을 것이기 때문입니다. 그래서 언어라는 게 이토록 무서운 것입니다. 어떤 용어를 쓰느냐에 따라서 그 의미가 완전히 달라지기 때문입니다. 수강생 여러분께서는 영어를 잘 정복하시어, 부디 국제 사회의 선구자가 될 수 있기를 기원합니다.

> "With smart power, diplomacy will be the vanguard of foreign policy."

Thank you, Senator Schumer, for your **generous** introduction, and even more for your support and our partnership over so many years. You are a valued and trusted colleague, a friend, and a **tribute** to the people of New York whom you have served with such **distinction** throughout your career.

Mr. Chairman, I **offer** my congratulations as you **take on** this new role. You certainly have traveled quite a distance from that day in 1971 when you **testified** here as a young Vietnam veteran. You have never **falter**ed in your care and concern for our nation, its foreign policy or its future, and America is **in good hands** with you leading this committee.

스마트 파워에서는 외교가
대외 정책의 선두에 설 것입니다.

외교가 대외 정책의 선두

슈머 상원의원님, 소개를 잘해(**관대한**)주시고, 지지해주셨을 뿐만 아니라 오랜 세월 이어져온 우리의 협력에 대해 감사드립니다. 의원님은 소중하고 책임 있는 동료이자 친구입니다. 또한 의정활동을 통해 훌륭하게(**탁월**) 복무해온 뉴욕 주민들에게는 **찬사**를 받았습니다(뉴욕 주 상원의원임 – 역주).

위원장님, 저는 위원장님(존 케리 위원장을 가리킴 – 역주)께서 외교위원회에서 새로운 역할을 맡은(**떠맡다**) 것에 축하의 말씀을 드립니다(**표현하다**). 위원장님은 이곳에서 베트남의 젊은 퇴역 군인으로 증언했던(**증언하다**) 1971년 그날로부터 참으로 아주 먼 길을 오셨습니다(존 케리는 1971년 외교위원회 청문회에 베트남전 참전 증인으로 출석한 적이 있음 – 역주). 위원장님은 조국에 대한 염려와 관심, 그리고 외교 정책이나 미국의 미래에 대해서는 한 번도 주저한(**주저하다**) 적이 없으셨습니다. 그래서 미국은 외교위원회를 이끌고 계시는 위원장님의 **유능한 지도하**에 있는 것입니다.

Senator Lugar, I **look forward to** working with you on **a wide range of** issues, especially those of greatest concern to you, including the Nunn-Lugar **initiative**

And Senator Voinovich, I want to **commend** you for your service to the people of Ohio and ask for your help in the next two years on the **management** issues you **champion**.

It is an honor and a privilege to be here this morning as President-elect Obama's **nominee** for Secretary of State. I am deeply grateful for the trust — and **keenly aware of** the responsibility — that the President-elect has **place**d in me to serve our country and our people at a time of such **grave** dangers, and great possibilities. If **confirme**d, I will accept the duties of the office with gratitude, humility, and firm determination to **represent** the United States as energetically and faithfully as I can.

At the same time I must confess that sitting across the table from so many colleagues brings me sadness too. I love the Senate. And if you confirm me for this new role, it will be hard

외교가 대외 정책의 선두

루거 상원의원님, 저는 의원님과 함께 일하기를 기대하고 있습니다(-을 고대하다). **광범위한** 쟁점들, 특히 넌-루거 **법안**(샘 넌 의원과 리처드 루거 의원이 1991년에 제출한 법안으로, 미국이 자금 및 장비, 기술 등을 제공해 옛 소련의 핵무기를 해체하는 내용을 담고 있음 - 역주)을 포함해서 의원님이 굉장히 관심을 갖고 있는 것에 대해서 말입니다.

보이노비치 상원의원님, 저는 의원님이 오하이오 주민들에게 봉사해온 것에 대해 찬사를(**칭찬하다**) 드리고 싶습니다. 또 의원님이 **옹호한** 쟁점들을 **처리**하는 데 앞으로 2년간 의원님의 도움을 구하고 싶습니다.

오늘 아침 오바마 대통령 당선자의 국무장관 지명자(**지명된 사람**)로 이 자리에 있는 것은 영광이며 명예입니다. 저는 그 신뢰에 대해 깊이 감사드립니다. 그리고 오바마 대통령 당선자가 **중대한** 위기의 순간이면서도 좋은 기회이기도 한 이 시기에 저를 조국과 우리 국민들을 위해 봉사하도록 임명하신(**임명하다**) 것에 대해 깊은(**열심히**) 책임의식을 느낍니다(**의식하고 있는**). 만약 인준된다면(-을 승인하다), 저는 감사와 더불어 겸허하고 단호한 마음으로 이 직을 수락할 것입니다. 미국을 대표하여(**대표하다**) 제가 할 수 있는 열정과 성의를 다함으로써 말입니다.

동시에, 이 탁자 너머에 앉아 계시는 아주 많은 동료들은 제게 슬픔을 안겨주셨다고 말할 수 있습니다. 저는 상원의원직에 애착을 갖고 있습니다. 그래서 만약 여러분이 이 새로운 직에 저를 인준하시면, 많

to say good-bye to so many members, Republicans and Democrats, whom I have come to know, admire, and respect deeply, and to the institution where I have been so proud to serve on behalf of the people of New York for the past eight years.

But I assure you that I will be in frequent **consultation** and conversation with the members of this committee, with the House Foreign Affairs Committee, the **appropriations committees**, and with Congress **as a whole**. And I look forward to working with my good friend, Vice President-elect Biden, who has been a valued colleague in the Senate and valued chairman of this committee.

For me, consultation is not a **catch-word**. It is a commitment. The President-elect and I believe that we must return to the **time-honored** principle of **bipartisanship** in our foreign policy — an approach that past Presidents of both parties, as well as members of this committee, have **subscribe**d to and that has served our nation well. I look forward to working with all of you to **renew** America's leadership through diplomacy that **enhance**s our security, **advance**s our interests, and **reflect**s our values

Today, nine years into a new century, Americans know that

은 의원님들과 공화당 의원님들께 작별인사를 고하기가 힘들 것입니다. 또 제가 알고 지내왔으며 지지하고 깊이 존경해왔던 민주당 의원님들과도 말입니다. 또한 제가 지난 8년 동안 뉴욕 주민들을 위해서 일해 온 것에 대해 굉장히 자랑스럽게 생각하고 있는 의회에도 말입니다.

하지만 분명히 말씀드리면, 저는 외교위원회의 의원님께 자주 **자문**을 구하고 대화를 할 것입니다. 또 외교위원회와 **세출위원회**, 그리고 의회의 모든(**전체로서**) 분들과도 말입니다. 또한 저의 친밀한 동료인 바이든 부통령 당선자와 함께 일하기를 기대하고 있습니다. 그분은 상원에서 귀중한 동료이며 또 외교위원회의 귀중한 위원장이기도 했습니다.

저에게는 자문이 **슬로건**이 아닙니다. 자문은 일종의 책임입니다. 대통령 당선자와 저는 외교 정책이 **유서 깊은 초당파 정신**으로 돌아가야 한다는 주의를 갖고 있습니다. 이는 과거 양당의 대통령들이 했던 접근 방법일 뿐만 아니라 외교위원회의 의원들이 동의했고(**동의하다**) 조국에 복무해왔던 방법이기도 합니다. 저는 여러분 모두와 미국의 리더십을 회복하기(**회복하다**) 위해 함께 일하는 것을 기대하고 있습니다. 우리의 안보를 증진시키고(**증진시키다**) 국익을 향상시키며(**향상시키다**) 이 나라의 가치를 반영하는(**반영하다**) 외교를 통해서 말입니다.

오늘날 새로운 세기에 들어선 이후로 9년을 보내면서, 미국 국민

our nation and our world face great **peril**s: from ongoing wars in Iraq and Afghanistan, to the continuing threat posed by terrorist **extremist**s, to the spread of weapons of **mass destruction**; from the dangers of climate change to **pandemic** disease; from financial **meltdown** to worldwide poverty.

The seventy days since the presidential election offer fresh **evidence** of the **urgency** of these challenges. New **conflict** in Gaza; terrorist attacks in Mumbai; mass killings and **rape**s in the Congo; cholera in Zimbabwe; reports of record high greenhouse gasses and **rapidly melt**ing **glacier**s; and even an ancient form of terror—**piracy**—**assert**ing **itself** in modern form off the Horn of Africa.

Always, and especially **in the crucible** of these global challenges, our **overriding** duty is to protect and advance America's security, interests, and values: First, we must keep our people, our nation, and our allies secure. Second, we must promote economic growth and shared prosperity at home and abroad. Finally, we must **strengthen** America's position of global leadership—ensuring that we remain a positive force in the world, whether in working to preserve the health of our

들은 국가와 이 세계가 엄청난 **위험**과 맞서고 있다는 것을 알고 있습니다. 지금도 진행되고 있는 이라크와 아프가니스탄에서의 전쟁에서부터 과격파(**과격론자**) 테러리스트들에 의해 제기된 계속되는 위협과 **대량살상** 무기의 확산, 기후변화와 유행(**유행하는**)병, 그리고 경제 **폭락**과 전 세계의 빈곤에 이르기까지 말입니다.

대통령 선거 후 70일 동안 지금의 난국에 대한 **절박함**을 나타내는 추가 **흔적**이 있었습니다. 가자에서의 새로운 **분쟁**과 테러리스트들의 뭄바이 공격, 대량학살과 콩고에서의 **강간**과 짐바브웨이에서의 콜레라, 온실가스가 기록적으로 높다는 보고와 **빠르게** 녹아내리고(**녹다**) 있는 **빙하**, 그리고 고대의 테러 형식인 **해적행위**가 현대에도 아프리카 뿔 지역(아프리카 북동부를 가리킴. 이곳의 지형이 코뿔소의 뿔과 같이 인도양으로 튀어나와 있는 데서 유래한 이름임 - 역주)의 앞바다에서 그대로 나타나고(**드러나다**) 있는 것에 이르기까지 말입니다.

항상, 이러한 세계적 난제의 **모진 시련 속**에 특히, 우리의 **우선적인** 의무는 미국의 안보와 국익과 가치를 다음과 같이 보호하고 향상시키는 것입니다. 첫째, 우리는 우리 국민과 조국, 그리고 우리의 동맹국들을 안전하게 지켜야 합니다. 둘째, 우리는 경제 성장을 증진시키고 국내외에서 번영을 공유해야 합니다. 마지막으로, 우리는 세계적 리더십을 갖춘 미국의 입지를 강화시켜야(**강화하다**) 합니다. 우리가 세계에서 긍정적인 힘을 여전히 유지하는 것을 확실하게 하면서 말입니다. 또 지구의 건강을 유지하고, 우리 자신에게 도움이 되는 소외(**가장자리**)계

planet or expanding dignity and opportunity for people on the **margin**s whose progress and prosperity will add to our own.

Our world has **undergo**ne an **extraordinary transformation** in the last two decades. In 1989, a wall fell and old barriers began to **crumble** after 40 years of a Cold War that had influenced every aspect of our foreign policy. By 1999, the rise of more democratic and open societies, the expanding reach of world markets, and the **explosion** of information technology had made "**globalization**" the word of the day. For most people, it had **primarily** an economic **connotation**, but in fact, we were already living in a profoundly **interdependent** world in which old rules and **boundaries** no longer held **fast**—**one** in which both the promise and the peril of the 21st century could not be **contain**ed by national borders or **vast** distances.

Economic growth has **lift**ed more people out of poverty faster than at any time in history, but economic crises can sweep across the globe even more quickly. A coalition of nations stopped **ethnic cleansing** in the Balkans, but the conflict in the Middle East continues to **inflame** tensions from Asia to Africa. Non-state actors fight poverty, improve health, and expand education in the poorest parts of the world, while

층의 발전과 번영을 위한 존중 및 기회를 확대시키면서 말입니다.

우리가 사는 세상은 지난 20년 동안 엄청나게(**엄청난**) 변했습니다 (**변화를 겪다**). 1989년에는 장벽이 무너졌고, 오랜 장벽은 40년의 냉전 후에 무너지기(**무너지다**) 시작했습니다. 여러 국면에서 우리의 외교 정책에 영향을 미치면서 말입니다. 1999년경에는 더 민주적이고 개방적인 사회의 부상으로 세계 시장이 팽창하였으며, 정보기술의 **폭발적인 증가**는 '세계화'라는 현대어를 만들어내기도 했습니다. 대부분의 사람들에게는 세계화가 **주로** 경제적인 것을 **내포**하는 것이었지만, 사실 우리는 이미 서로가 많이 (**서로**) **의존하는** 세계에 살고 있습니다. 낡은 규제와 **한계**라는 **속임수**는 더 이상 통하지 않게 되었습니다. 21세기라는 희망과 위험은 국가 간의 경계나 먼(**광대한**) 거리에 의해 제한될(**억제하다**) 수 없게 되었습니다.

경제 성장으로 역사상 그 어느 때보다도 더 많은 사람들이 가난으로부터 벗어났지만(**제거하다**), 경제 위기는 더욱 더 빠르게 세계로 휘몰아칠 수 있습니다. 국가들 간의 연합은 발칸 국가에서의 **인종 청소**를 멈추게 했지만, 중동에서의 싸움은 계속적으로 긴장감을 부추겨(**부추기다**) 아시아에서 아프리카까지 번지고 있습니다. 비국가행위자(국가가 아닌 소규모 집단, 다국적 기업, 개인, 비정부기구, 국제조직 등을 말함 - 역주)들은 가난과 싸우고, 보건 수준을 향상시키며, 세계에서 가장 가난한 지역에

라파예트 광장에서 바라본 백악관과 워싱턴 기념탑

other non-state actors **traffic** in drugs, children, and women and kill **innocent** civilians across the globe.

Now, in 2009, the clear lesson of the last twenty years is that we must both combat the threats and seize the opportunities of our interdependence. And to be effective in doing so we must build a world with more partners and fewer adversaries.

America cannot solve the most **pressing** problems **on our own**, and the world cannot solve them without America. The best way to advance America's interest in reducing global threats and seizing global opportunities is to **design** and **implement** global solutions. This isn't a philosophical point.

백악관 앞에서 한국의 평화를 위해 한 미국인이 1인 시위를 하고 있다

　교육을 확장시키는가 하면, 또 다른 비국가행위자들은 마약과 아동과 여성들을 팔고(**거래하다**) 전 세계의 **무고한** 시민들을 죽이고 있습니다.

　2009년 현재, 지난 20년간의 세월에서 얻은 분명한 교훈은 우리는 **위협**으로부터 싸워야(**싸우다**) 할 뿐 아니라 **상호 의존**하는 기회를 잡아야만(**붙잡다**) 한다는 것입니다. 이 기회를 효과적으로 잡기 위해서 우리는 더 많은 친구와 더 적은 적들과 함께 하나의 세계를 구축해나가야 합니다.

　미국은 아주 **절박한** 문제를 **혼자**서 해결할 수 없으며, 세계도 미국 없이는 문제를 풀 수 없습니다. 세계의 위협을 줄이고 세계의 기회를 잡으면서 미국의 국익을 높이는 최상의 방법은 세계적인 해결점을 계획하고(**계획하다**) 실행해(**실행하다**)나가야 하는 것입니다.

This is our reality.

The President-Elect and I believe that foreign policy must be based on a marriage of principles and **pragmatism**, not **rigid** ideology. On facts and evidence, not emotion or **prejudice**. Our security, our **vitality**, and our ability to lead in today's world oblige us to **recognize** the **overwhelming** fact of our interdependence.

I believe that American leadership has been wanting, but is still wanted. We must use what has been called "smart power," the full range of tools **at our disposal** — diplomatic, economic, military, political, **legal**, and cultural — picking the right tool, or combination of tools, for each situation. With smart power, diplomacy will **be the vanguard of** foreign policy. This is not a **radical** idea. The ancient Roman poet Terence, who was born a slave and rose to become one of the great voices of his time, **declare**d that "in every **endeavor**, the **seemly** course for wise men is to try **persuasion** first." The same truth **bind**s wise women as well.

The President-Elect has made it clear that in the Obama Administration there will be **no doubt** about the **leading** role of diplomacy. One need only look to North Korea, Iran, the

대통령 당선자와 저는 외교 정책은 경직된(**엄격한**) 이데올로기가 아니라 원칙과 **실용주의**의 결합을 바탕으로 해야 한다고 생각합니다. 감정이나 **편견**이 아닌 사실과 증거를 바탕으로 말입니다. 우리의 안보 및 **활력**, 그리고 현재의 세계에서 선도할 수 있는 능력은 우리가 상호 의존해야 한다는 이 **저항할 수 없는** 현실을 **인식**하지 않으면 안 됩니다.

저는 미국의 리더십이 부족했으며 지금도 부족하다고 생각합니다. 우리는 '스마트 파워'라는 것을 이용해야 합니다. 그것은 외교, 경제, 군사, 정치, **법률(의)**, 그리고 문화 등 이용할 수 있는(**아무의 뜻대로 되는**) 모든 수단 가운데 상황에 따라 최선의 수단을 선택하거나 몇 개의 수단을 복합적으로 선택하는 것을 말합니다. 스마트 파워에서는 외교가 대외 정책의 선두에 설(**-의 선두에 서다**) 것입니다. 스마트 파워는 **급진적인** 개념이 아닙니다. 고대 로마의 시인 테렌스는 노예로 태어났지만, 그가 살던 시대에 위대한 대변자 중에 한 사람으로 성공한 사람이었습니다. 그는 다음과 같이 말했습니다(**-선언하다**). "모든 일(**시도**)에 있어 현자에게 **어울리는** 방법은 먼저 **설득**하려고 시도하는 것이다." 이 같은 진리는 현명한 여성들에게도 해당됩니다(**구속력이 있다**).

대통령 당선자는 오바마 정부에서는 외교의 **주된** 역할에 대해 **확실하게** 할 것임을 분명히 했습니다. 북한, 이란, 중동, 그리고 발칸 국가들을 지켜보면 됩니다. 강건하고(**강건한**) 지적인 외교가 절대적으로

Middle East, and the Balkans to **appreciate** the absolute necessity of **tough-minded**, intelligent diplomacy—and the failures that result when that kind of diplomatic effort is **absent**. And one need only consider the **assortment** of problems we must **tackle** in 2009—from fighting terrorism to climate change to global financial crises—to understand the importance of **cooperative engagement**.

I assure you that, if I am confirmed, the State Department will be **firing on all cylinders** to provide **forward-thinking**, sustained diplomacy in every part of the world; **apply**ing pressure and **exert**ing **leverage**; **cooperating** with our military partners and other **agencies** of government; partnering effectively with NGOs, the private sector, and international organizations; using modern technologies for public **outreach**; **empower**ing negotiators who can protect our interests while understanding those of our negotiating partners. There will be thousands of separate **interaction**s, all strategically **link**ed and **coordinate**d to defend American security and **prosperity**. Diplomacy is hard work; but when we work hard, diplomacy can work, and not just to **defuse** tensions, but to achieve results that advance our security, interests and values.

필요하다는 것을 인식하고(**인식하다**), 그러한 외교적 노력이 결여됐을 (**결여된**) 때 초래된 결과를 이해하려면 말입니다. 그리고 2009년에 우리가 다루었던(**달려들다**) **각종**(**구색**) 문제들을 참작하면 됩니다. 테러와의 싸움에서부터 기후변화 및 세계적인 경제 위기, 그리고 **협력적인 동맹**의 중요성을 이해하는 문제들에 이르기까지 말입니다.

분명한 것은 만약 제가 인준된다면, 국무부는 장래를 대비하고(**장래에 대비한**) 세계 어느 곳에서도 지속적인 외교를 하기 위해 풀가동된다(**풀가동하고 있다**)는 것입니다. 압력과 **지레의 힘**도 가하고(**힘을 가하다**), 우리의 군사적 동맹국 및 다른 **기관**들과 함께 협력하면서(**협력하다**) 말입니다. 또 실제로 NGO들과 민간 부문, 그리고 국제기구들과도 짝을 이루며 말입니다. 또 공공 구제활동(**빈곤자 단체의 원조 계획**)을 위해 현대 기술을 이용하고, 국익을 지키는 협상자들에게 권한을 주고(**-에게 권한을 주다**), 한편으로 협상의 파트너들을 이해하면서 말입니다. 수많은 상호 교류(**상호 작용**)가 미국의 안보와 **번영**을 지키기 위해서 전략적으로 모두 연결되고(**연결되다**) 통합될(**통합하다**) 것입니다. 외교는 어려운 일이지만, 우리가 열심히 한다면 외교는 잘 되어갈 수 있으며, 긴장을 완화시킬(**긴장을 완화하다**) 뿐 아니라 미국의 안보 및 국익, 그리고 가치를 진전시키는 결과를 이끌어낼 수 있습니다

Secretary Gates has been particularly **eloquent** in **articulating** the importance of diplomacy **in pursuit of** our national security and foreign policy objectives. As he notes, it's not often that a Secretary of Defense makes the case for adding resources to the State Department and elevating the role of **the diplomatic corps**. Thankfully, Secretary Gates is more concerned about having a unified, **agile**, and effective U.S. strategy than in spending our precious time and energy on **petty turf** wars. As he has **state**d, "our civilian **institution**s of diplomacy and development have been **chronically undermanned** and **underfund**ed for far too long," both **relative** to military **spending** and to "the responsibilities and challenges our nation has around the world." And **to** that, I **say,** "Amen!"

President-elect Obama has **emphasize**d that the State Department must be fully empowered and funded to **confront multi-dimensional** challenges—from working with allies to **thwart** terrorism, to spreading health and prosperity **in place of** human **suffering**. I will speak **in** greater **detail** about that in a **moment**.

외교가 대외 정책의 선두

　게이츠 장관(로버트 게이츠 국방부 장관 - 역주)은 우리의 국익과 외교 정책의 목표를 추구하는(추구하여) 외교의 중요성을 논리 정연하게 말하는(논리 정연한) 데 매우 설득력을 가지고 있습니다(설득력 있는). 우리의 국익과 외교 정책의 목표를 추구하는(추구하여) 중요성 말입니다. 그가 지적한 것처럼, 국방부 장관이 국무부에 자원을 추가해달라고 하거나 **외교단**의 역할을 향상시켜달라는 사례를 만든다는 것은 자주 있는 것이 아닙니다. 감사하게도, 게이츠 장관은 미국이 일치단결하고 기민하며(몸이 재빠른) 전투적인 전략을 갖고 있는지에 관심을 더 갖고 있습니다. 우리의 소중한 시간과 정력을 **사소한**(잘 아는) **지역** 싸움에 소비하는 것보다는 말입니다. 그분이 언급하신(말하다) 것처럼, "우리의 외교 및 개발의 민간 기구(제도)는 너무 오랫동안 **만성적으로** 일손도 부족했고(인원이 부족한) 자금도 모자랐습니다(충분한 자금을 공급하지 못하다)." 그 이유는 군비(軍備) **지출**과 "미국이 전 세계에 갖고 있는 책임감 및 난제들"과 관련이 있습니다(관련이 있는). 저도 "동감!"(-에 동의하다)입니다.

　오바마 대통령 당선자는 여러(다) **차원의 난제**에 직면하기(-에 직면하다) 위해서는 국무부에 권한을 전적으로 부여하고 자금이 전적으로 주어져야 한다고 역설했습니다(역설하다). 동맹국들과 함께 일하며 테러를 방지하고(좌절시키다), 인간의 **고통 대신에** 건강과 번영을 펼치면서 말입니다. 저는 그 **중요성**에 대해 보다 더 **상세히** 말씀드리겠습니다.

We should also use the United Nations and other international institutions whenever **appropriate** and possible. Both Democratic and Republican presidents have understood for decades that these institutions, when they work well, **enhance** our influence. And when they don't work well—as in the cases of Darfur and the farce of Sudan's election to the former UN Commission on Human Rights, for example—we should work with **likeminded** friends to make sure that these institutions reflect the values that **motivate**d their creation in the first place.

We will lead with diplomacy because it's the smart approach. But we also know that military force will sometimes be necessary, and we will **rely on** it to protect our people and our interests when and where needed, as a last resort.

All the while, we must remember that to promote our interests around the world, America must be an **exemplar** of our values. Senator Isakson **made the point** to me the other day that our nation must lead by example rather than **edict**. Our history has shown that we are most effective when we see the harmony between our interests abroad and our values at home. And I **take** great **comfort in** knowing that our first Secretary of State, Thomas Jefferson, also subscribed to that view,

우리는 또한 UN과 다른 국제기구들을 이용해야 합니다. 적합하고(**적합한**) 가능하다고 하면 언제라도 말입니다. 민주당뿐 아니라 공화당에서 선출된 대통령들도 수년 동안 이러한 기관들이 잘돼 갈 때 우리의 영향력이 향상되었다(**향상하다**)는 것을 알고 있습니다. 그리고 잘되지 않았을 때는 예를 들어 다르푸르 사건과 수단의 **어처구니없는**(**일**) 선거, 그리고 인권에 대한 예전의 유엔회의에서처럼, 우리는 이런 기구들이 창설 당시에 지니고 있던 가치들을 반드시 구현할 수 있도록 (**-에게 동기를 주다**) **같은 마음의** 동지들과 힘을 합해야 합니다.

외교는 현명한 접근 방법이기 때문에 이를 주도적으로 해나갈 것이지만, 때로는 군사력이 필요하다는 사실을 알고 있습니다. 미국 국민과 국익을 지키기 위해서는 필요할 경우 최후의 **수단**으로 군사력에 의존하게(**의지하다**) 될 것입니다.

그러면서(**그러는 동안**) 우리는 전 세계에 국익을 증진하기 위해서는 미국이 가치의 본보기(**모범**)가 되어야 한다는 사실을 기억해야만 합니다. 아이잭슨 상원의원이 일전에 저에게 미국은 **명령**보다는 모범으로 이끌어야 한다고 말씀하셨습니다(**의견을 말하다**). 우리의 역사는 해외에서의 국익과 국내에서의 가치가 조화를 이루었을 때 가장 효과적이었음을 보여주었습니다. 저는 초대 국무장관 토머스 제퍼슨 또한 여러 세기를 거쳐 우리에게 상기시켜주는 다음과 같은 의견에 동의했다는 것을 알고 위안을 얻었습니다(**-으로 위안을 얻다**). "한 국가의 이익

reminding us across the centuries: "The interests of a nation, when well understood, will be found to **coincide with** their moral duties."

So while our democracy continues to inspire people around the world, we know that its influence is greatest when we **live up to** its teachings ourselves. Senator Lugar, I'm going to borrow your words here, because you have made this point so **eloquently**: You once said that "the United States cannot feed every person, lift every person out of poverty, cure every disease, or stop every conflict. But our power and status have **confer**red upon us a **tremendous** responsibility to humanity."

Of course, we must be realistic about achieving our goals. Even under the best of circumstances, our nation cannot solve every problem or meet every global need. We don't have unlimited time, treasure, or manpower. And we certainly don't face the best of circumstances today, with our economy faltering and our budget deficits growing.

So to fulfill our responsibility to our children, to protect and defend our nation while honoring our values, we have to establish **priorities**. Now, I'm **not** trying to **mince words** here. As my colleagues in the Senate know, "establishing priorities"

을 이해하는 순간, 도덕적인 의무가 동시에 일어나는(동시에 일어나다) 것을 발견하게 될 것이다."라는 의견 말입니다.

민주주의는 계속 전 세계 사람들을 고무시키는 동시에, 민주주의의 영향력은 우리가 그 가르침을 실천할(실천하다) 때 가장 커집니다. 루거 상원의원님, 여기서 의원님의 말씀을 인용하고자 합니다. 의원님이 이 점을 아주 설득력 있게(웅변으로) 말씀하셨기 때문입니다. 의원님은 예전에 다음과 같이 말씀하셨습니다. "미국은 모든 사람들을 먹여 살릴 수 없고, 모든 사람들을 가난에서 벗어나게 해줄 수 없고, 모든 병을 치유해줄 수 없으며, 모든 분쟁을 멈추게 할 수는 없습니다. 하지만 우리의 힘과 지위는 우리에게 인류에 대한 **엄청난** 책임을 부여해(베풀다) 왔습니다."

물론 우리는 목적을 달성하는 데 현실적이어야 합니다. 최고의 환경에 있을지라도, 미국은 모든 문제를 풀 수 없으며 전 세계의 요구를 충족시킬 수 없습니다. 우리는 시간 및 재화, 그리고 인적 자원이 무한하지 않습니다. 우리는 지금 정말 최고의 환경에 처해 있지 않습니다. 경제는 비틀거리고 재정 적자가 늘어나고 있습니다.

그래서 우리의 아이들을 위한 책임을 완수하고 조국을 보호하고 지키기 위해서, 우리의 가치를 존중하는 동시에, 우리는 당면 과제(**우선 사항**)부터 수립해나가야 합니다. 이제 여기서 단도직입적으로 말씀드리겠습니다(**단도직입적으로 말하다**). 상원에 있는 제 동료들도 알듯

means making tough choices. Because those choices are so important to the American people, we must be **disciplined** in **evaluating** them — **weigh**ing the costs and **consequence**s of our action or inaction; **gauging** the **probability** of success; and insisting on **measurable** results.

Right after I was nominated a friend told me: "The world has so many problems. You've got your work **cut out** for you." Well, I agree that the problems are many and they are big. But I don't get up every morning thinking only about the threats and dangers we face. With every challenge comes an opportunity to find promise and possibility **in the face of adversity** and complexity. Today's world **calls forth** the optimism and **can-do** spirit that has **mark**ed our progress for more than two centuries.

Too often we see the **ills** that **plague** us more clearly than the possibilities in front of us. We see threats that must be thwarted; wrongs that must be righted; conflicts that must be **calm**ed. But not the partnerships that can be promoted; the rights that can be **reinforce**d; the innovations that can be **foster**ed; the people who can be empowered.

이, '당면 과제를 수립하는 것'은 선택하기가 힘듭니다. 왜냐하면 그러한 선택들이 미국 국민에게 무척 중요하기 때문입니다. 우리는 선택을 평가하는(**평가하다**) 데 단련되어야(**단련하다**) 합니다. 우리가 결정하거나 결정을 하지 않음에 대한 비용과 **결과**를 숙고하고(**숙고하다**), 성공의 **가능**성을 측정하며(**측정하다**), **중요한** 결과를 놓고서는 강력하게 주장해야만 합니다.

제가 임명된 직후 한 친구가 제게 말했습니다. "세계는 정말 문제가 많아. 너는 스스로를 포기하고서(**포기하다**) 일해야 해." 그 말에 동의합니다. 문제가 많고 중대하다는 것을요. 하지만 저는 매일 아침 일어날 때 우리가 직면하고 있는 위협과 위험에 대해서만 생각하지 않습니다. 모든 역경으로 인해 희망과 가능성을 발견할 기회가 생겼기 때문입니다. **역경**이나 어려움은 아랑곳하지 않으면서(**-에도 아랑곳없이**) 말입니다. 지금 세계는 낙관론과 할 수 있다는(**할 수 있는**) 정신을 요구하고(**조언을 청하다**) 있습니다. 200년이 넘는 기간 동안 우리의 진보를 특징지었던(**특징짓다**) 정신 말입니다.

너무 자주 우리는 **재난**을 경험하고 있습니다. 우리 앞에 놓인 희망보다는 우리를 더 확실하게 괴롭히는(**괴롭히다**) 재난 말입니다. 우리는 반드시 좌절시켜야 하는 위협을 경험하고 있습니다. 반드시 고쳐야 하는 잘못들과 반드시 진정시켜야(**진정시키다**) 하는 싸움을 경험하고 있습니다. 하지만 협력이 없다면 진척될 수 없습니다. 강화시켜야(**강화시키다**) 하는 정의와 품어야(**품다**) 하는 혁신과 권한을 주어야 하는

After all, it is the real possibility of progress—of that better life, **free from** fear and want and discord—that offers our most **compelling** message to the rest of the world.

I've had the chance to **lay out** and **submit** my views on a broad array of issues in written **response**s to questions from the committee, so in this **statement** I will **outline** some of the major challenges we face and some of the major opportunities we see.

First, President-Elect Obama is **commit**ted to responsibly ending the war in Iraq and **employ**ing a broad strategy in Afghanistan that reduces threats to our safety and enhances the prospect of stability and peace.

Right now, our men and women in uniform, our diplomats, and our **aid worker**s are risking their lives in those two countries. They have done everything we have asked of them **and more**. But, over time we have seen that our larger interests will be best served by safely and responsibly **withdraw**ing our troops from Iraq, supporting a **transition** to full Iraqi responsibility for their **sovereign** nation, rebuilding our **overtax**ed military, and **reach**ing **out** to other nations to help

사람들이 없다면 진척될 수 없습니다.

결국 진보에는 진정한 가능성이 있습니다. 보다 나은 삶이라는 가능성과 두려움과 곤궁과 내분(**분쟁**)이 **없는** 가능성 말입니다. 가장 강력한 메시지를 세계의 사람들에게 주는 가능성 말입니다.

저는 줄줄이 놓여 있는 광범위한 문제들에 대해 제 의견을 기획하여(**계획하다**) 내놓을(**제출하다**) 기회가 있었습니다. 위원회로부터 현안에 대해 서면으로 (응)답하는 것이었습니다. 그래서 이번 **발언**에서, 저는 우리가 직면하고 있는 몇 가지 주요 난제들과 우리가 발견한 주요한 기회 몇 가지에 대한 개요를 말씀드리겠습니다(**개요를 말하다**).

첫째, 오바마 대통령 당선자는 이라크에서 전쟁을 책임지고 종식시킬 것이며 아프가니스탄에서 광범위한 전략을 사용하겠다고(**사용하다**) 약속했습니다(**입장을 분명히 하다**). 우리의 안전에 대한 위협을 줄이고 안정과 평화의 전망을 높이면서 말입니다.

바로 지금 군복을 입은 우리 병사들과 외교관, 그리고 (**국제**)**구호대원**들이 그 두 나라에서 위험을 무릅쓰고 있습니다. 그들은 우리가 요구했던 여러 가지 것들을(**그 외 여러 가지로**) 해왔습니다. 하지만 시간이 지나면서 우리는 안전하고 책임 있게 이라크에서 철군하는(**철수하다**) 데 최대한 임하는 것이 우리에게 더 큰 국익이 된다는 것을 알았습니다. 이라크 국민들이 **주권**(이 있는)국가 건설의 책임을 이행하는 **과도기**를 지원하고, 우리의 지나친(-에 **지나치게 과세하다**) 군비 지출을 다시 수립하고, 다른 국가들이 그 지역의 안정화를 돕고 테러와의 싸

stabilize the region and to employ a broader **arsenal** of tools to fight terrorism.

Equally important will be a **comprehensive** plan using all **elements** of our power—diplomacy, development, and defense—to work with those in Afghanistan and Pakistan who want to **root out** al-Qaeda, the Taliban, and other violent extremists who threaten them as well as us in what President-Elect Obama has called the central front in the fight against terrorism. We need to **deepen** our **engagement** with these and other countries in the region and **pursue** policies that improve the lives of the Afghan and Pakistani people.

As we focus on Iraq, Pakistan and Afghanistan, we must also **actively** pursue a strategy of smart power in the Middle East that addresses the security needs of Israel and the legitimate political and economic **aspiration**s of the Palestinians; that effectively challenges Iran to end its nuclear weapons program and sponsorship of terror, and persuades both Iran and Syria to **abandon** their dangerous behavior and become **constructive** regional actors; that strengthens our relationships with Egypt, Jordan, Saudi Arabia, other Arab states, with Turkey, and with our partners in the Gulf to involve

움에 보다 광범위한 군사적(**군수품의 비축**) 도구를 사용하도록 손을 내밀면서(**내밀다**) 말입니다.

외교와 개발, 그리고 국방과 같은 우리가 갖고 있는 힘의 모든 (**활동**)**영역**을 사용하는 **광범위한** 계획은 똑같이 중요할 것입니다. 알카에다와 탈레반, 그리고 다른 과격 급진주의자들을 근절하기를(**근절하다**) 원하는 아프가니스탄과 파키스탄 국민들과 함께 일하기 위해서입니다. 급진주의자들은 오바마 대통령 당선자가 테러리즘과의 싸움을 위한 중심 전선이라고 지칭했던 우리뿐만 아니라 두 나라 국민들까지도 위협하고 있습니다. 우리는 그 지역에서 이들 국가 및 다른 국가들과의 **동맹**을 공고히 하고(**깊게 하다**) 아프가니스탄과 파키스탄 국민들의 삶을 향상시키는 정책을 수행해야(**수행하다**) 합니다.

우리는 이라크, 파키스탄, 그리고 아프가니스탄에 초점을 맞추면서, 중동 문제에 '스마트 외교' 전략을 **적극적으로** 수행해나가야 합니다. 이스라엘의 안보 요구와 팔레스타인의 합법적인 정치적·경제적 목표(**염원**) **달성**에 대처하면서 말입니다. 이란에게 핵 프로그램과 테러의 후원을 종식하도록 실질적으로 요구하며 이란과 시리아가 위험한 행동을 버리고(**버리다**) 지역의 **건설적인** 행위자가 되라고 설득하면서 말입니다. 또한 이집트, 요르단, 사우디아라비아, 그리고 다른 아랍 국가들과 관계를 강화하고, 또 터키와 걸프전에서 그 지역의 영구한 평화를 확보하기 위해 참가한 파트너들과도 관계를 강화하면서 말입니다.

them in securing a lasting peace in the region.

As **intractable** as the Middle East's problems may seem—and many Presidents, including my husband, have spent years trying to help work out a resolution—we cannot give up on peace. The President-Elect and I understand and are deeply **sympathetic to** Israel's desire to defend itself under the current conditions, and to be free of **shelling** by Hamas rockets.

However, we have also been reminded of the **tragic** humanitarian costs of conflict in the Middle East, and **pain**ed by the **suffering** of Palestinian and Israeli civilians. This must only increase our determination to seek a just and lasting peace agreement that brings real security to Israel; **normal** and **positive** relations with its neighbors; and independence, economic progress, and security to the Palestinians in their own state.

We will **exert every effort** to support the work of Israelis and Palestinians who seek that result. It is **critical** not only to the parties involved but to our **profound** interests in **undermining** the forces of **alienation** and **violent extremism** across our world.

Terrorism remains a serious threat and we must have a comprehensive strategy, **leveraging** intelligence, diplomacy,

중동 문제가 다루기 매우 힘들어(**다루기 힘든**) 보일지라도, 제 남편을 포함한 많은 지도자들은 그 문제를 해결하기 위해 노력해왔습니다. 우리는 평화를 포기할 수 없습니다. 대통령 당선자와 저는 이스라엘의 바람에 깊이 공감하고(**공감을 나타내는**) 있습니다. 현 상태에서 이스라엘을 지키고, 하마스의 로켓에 의한 **포격**을 없애기 위해서 말입니다.

하지만 우리는 또한 중동의 분쟁으로 인한 인류의 **비극적인** 희생을 기억하고 있으며, 팔레스타인과 이스라엘 국민들의 고통으로 인해 괴로워했습니다(**괴로워하다**). 우리는 올바르고 영구적인 평화 협정을 얻기 위해서 결단을 빨리 내려야 합니다. 이스라엘에 진정한 안보를 가져다주기 위해서 말입니다. 또 이웃 국가들과의 정상적이고도(**정상적인**) 긍정적인(**적극적인**) 관계, 즉 독립 및 경제적 발달, 그리고 팔레스타인 국민들의 안전을 위해서입니다.

우리는 결과를 모색하고 있는 이스라엘과 팔레스타인의 노력을 지원하기 위해 전력을 다할 것입니다(**전력을 다하다**). 이것은 관련이 있는 양당뿐만 아니라 전 세계에 있는 **이간** 세력 및 과격(**격렬한**) 극단주의(**과격주의**)를 약화시키는(**몰래 손상시키다**) 우리의 **심오한** 국익에도 **중대한** 것입니다.

테러는 여전히 심각한 위협입니다. 우리는 광범위한 전략과 지레의 힘을 이용한(**지레의 힘을 도입하다**) 지혜 및 외교술, 그리고 알카에다

and military **assets** to defeat al-Qaeda and like-minded terrorists by rooting out their networks and **dry**ing **up** support for their violent and **nihilistic** extremism. The gravest threat that America faces is the danger that weapons of mass destruction will fall into the hands of terrorists. To ensure our future security, we must **curb** the biological, chemical, or cyber—while we **take the lead** in working with others to reduce current nuclear **stockpile**s and prevent the development and use of dangerous new **weaponry**.

Therefore, while defending against the threat of terrorism, we will also seize the **parallel** opportunity to get America back in the business of engaging other nations to **reduce** stockpiles of nuclear weapons. We will work with Russia to secure their **agreement** to extend essential **monitoring** and **verification provisions** of the **START Treaty** before it **expire**s in December 2009, and we will work toward agreements for further reductions in nuclear weapons. We will also work with Russia to take U.S. and Russian missiles off **hair-trigger alert**, act with **urgency** to prevent **proliferation** in North Korea and Iran, secure loose nuclear weapons and materials, and **shut down** the market for selling them—as Senator Lugar has done for so

와 이와 비슷한 테러리스트들을 척결하기 위한 군 **정보기관**을 세워야 합니다. 그들의 네트워크를 뿌리 뽑고 그들의 폭력적이며 무정부적인 **(무정부주의의)** 급진주의의 힘을 빼면서**(고갈하다)** 말입니다. 미국이 직면하고 있는 가장 중대한 위협은 대량살상 무기가 테러리스트들의 수중으로 들어가는 위험입니다. 미래의 안보를 확실하게 하기 위해 우리는 생물학적·화학적 혹은 사이버상의 테러를 줄여야**(억제하다)** 합니다. 동시에 현재의 핵무기 **비축량**을 줄이고, 새로운 위험 **무기의 제조** 개발과 사용을 막기 위해서 다른 국가들과 함께하는 데 앞장서야 합니다**(앞장서다)**.

따라서 우리는 테러의 위협을 막으면서도 미국이 다른 국가들의 핵무기 감축**(줄이다)**을 유도하는 일을 다시 하는 것과 같은**(유사한)** 기회를 잡을 것입니다. 우리는 러시아와 **협정**을 확고하게 하기 위해 함께 일할 것입니다. 근본적인 **감시**와 **전략무기감축회담 협정**의 **검증 조항**을 2009년 12월 만료되기**(만료되다)** 전까지 발전시켜나가기 위해서 말입니다. 또한 우리는 앞으로 그 이상의 핵무기 감축 협정을 위해서도 함께 일할 것입니다. 우리는 또한 러시아와 함께 미국 및 러시아 미사일의 **즉각(의)** 대응**(경계)** 체제를 제거하고, 북한과 이란의 **핵 확산**을 하루빨리**(긴급)** 막고, 느슨한 핵무기의 안전을 확보하며, 핵무기를 파는 시장을 폐쇄할**(폐쇄하다)** 것입니다. 루거 상원의원이 여러 해 동안 해왔던 것처럼 말입니다. **핵확산금지조약**은 핵 확산을 금지하는 정부의 **초석**입니다. 미국은 그러한 정부를 경제적으로 지원하는**(경제적**

many years. The **Non Proliferation Treaty** is the **cornerstone** of the nonproliferation **regime**, and the United States must **exercise** the leadership needed to **shore up** the regime. So, we will work with this committee and the Senate toward **ratification** of the Comprehensive Test Ban Treaty and **reviving** negotiations on a **verifiable Fissile** Material **Cutoff** Treaty.

Today's security threats cannot be addressed in **isolation**. Smart power requires reaching out to both friends and adversaries, to **bolster** old **alliance**s and to **forge** new ones.

That means strengthening the alliances that have **stood the test** of time—especially with our NATO partners and our **allies** in Asia. Our alliance with Japan is a cornerstone of American policy in Asia, essential to maintaining peace and prosperity in the Asia-Pacific region, and based on shared values and **mutual** interests. We also have crucial economic and security partnerships with South Korea, Australia, and other friends in **ASEAN**. We will build on our economic and political partnership with India, the world's most populous democracy and a nation with growing influence in the world.

Our traditional relationships of confidence and trust with

으로 지원하다) 리더십을 발휘해야(발휘하다) 합니다. 그래서 우리는 광범위한 핵실험금지조약의 **비준**을 위해 외교위원회 및 상원과 함께 일할 것이며 검증 가능한 핵(**분열의**)물질생산금지(**차단**)조약의 협상을 다시 재개할(**되살아나게 하다**) 것입니다.

현재의 안보 위협을 따로 **분리**시켜서 처리할 수는 없습니다. 스마트 파워는 우방국들뿐 아니라 적들에게도 뻗어나가야 합니다. 오랜 **동맹국**들과의 관계를 강화시키고(**강화하다**) 새로운 동맹국들과도 서서히 관계를 맺어나가기(**서서히 나아가다**) 위해서 말입니다.

동맹국과의 관계를 강화한다는 것은 지금의 시련을 견딘다(**시련에 견디다**)는 의미입니다. 특히 나토의 파트너들 및 아시아의 **동맹국**들과 함께 말입니다. 일본과의 동맹 관계는 아시아에서 미국의 정책에 대한 초석입니다. 아시아태평양 지역에서 평화와 번영을 유지하는 데 필수적이며 가치와 상호(**서로의**) 이익을 나누는 토대인 것입니다. 우리는 또한 중대한 경제적·안보 협력을 대한민국과 오스트레일리아, 그리고 **아세안** 지역에 있는 다른 우방국들과도 함께 해나갈 것입니다. 우리는 경제적·정치적 협력을 구축해나갈 것입니다. 세계에서 가장 인구가 많은 민주주의 국가이자 세계에서 점점 영향력이 커지고 있는 인도와 말입니다.

유럽과 전통적으로 이어온 신뢰 관계는 더욱 심화될 것입니다.

Europe will be deepened. **Disagreements** are **inevitable**, even among the closest friends, but on most global issues we have no more trusted allies. The new administration will have a chance to reach out across the Atlantic to leaders in France, Germany, the United Kingdom, and others across the continent, including the new democracies. When America and Europe work together, global objectives are well within our means.

President-Elect Obama and I seek a future of cooperative engagement with the Russian government on matters of strategic importance, while **stand**ing **up** strongly **for** American values and international **norm**s. China is a critically important actor in a changing global landscape. We want a positive and cooperative relationship with China, one where we deepen and strengthen our ties on a number of issues, and **candidly** address differences where they **persist**.

But this a not **one-way** effort—much of what we will do depends on the choices China makes about its future at home and abroad. With both Russia and China, we should work together on **vital** security and economic issues like terrorism, proliferation, climate change, and reforming financial markets.

The world is now in the **cross current**s of the most severe

외교가 대외 정책의 선두

긴밀한 친구 관계에서도 이견(**불일치**)은 불가피한(**피할 수 없는**) 것이긴 하지만, 세계적인 문제와 관련해서는 유럽만큼 믿을 만한 동맹국은 없습니다. 새 정부는 대서양을 넘어서 프랑스와 독일, 그리고 영국의 지도자들과도 손잡을 것입니다. 또 대륙을 넘어 다른 국가들과, 새로운 민주국가들과도 함께 말입니다. 미국과 유럽이 함께 해나갈 때, 세계의 목표들은 우리의 상황에 맞게 이루어지게 될 것입니다.

대통령 당선자와 저는 러시아 정부와 전략적으로 중요한 사안에 대한 협력적인 동맹의 미래를 찾고 있습니다. 동시에 미국의 가치와 국제적인 **규범**을 강하게 지지하면서(**옹호하다**) 말입니다. 중국은 변하는 세계 지형에서 결정적으로 중요한 행위자입니다. 우리는 중국과 긍정적이고 협력적인 관계를 원합니다. 수많은 문제에 대해 우리의 유대를 심화하고 강화하는 관계이자 그들이 주장하는 차이점에 대해 **솔직하게 말하는**(**주장하다**) 관계 말입니다.

하지만 이러한 노력은 **일방통행**(**의**)으로 되는 게 아닙니다. 우리가 하게 될 많은 일은 중국이 국내외에서 자국의 미래에 대하여 어떤 선택을 하느냐에 달려 있습니다. 우리는 러시아뿐 아니라 중국과도 **중대한** 안보와 경제적 문제에 대해 협력해서 일해야 합니다. 테러와 핵 확산, 그리고 기후변화 같은 문제와 금융시장을 개혁해나가면서 말입니다.

세계는 지금 **대공황** 이후 가장 심각한 경제 **불황**이라는 상태에

global economic **contraction** since **the Great Depression**. The history of that crisis teaches us the **consequence**s of diplomatic failures and **uncoordinated** reactions. Yet history alone is an **insufficient guide**; the world has changed too much. We have already seen that this crisis extends beyond the housing and banking sectors, and our solutions will have to be as wide in **scope** as the causes themselves, **taking into account** the complexities of the global economy, the **geopolitics** involved, and the **likelihood** of continued political and economic **repercussions** from the damage already done.

But here again, as we work to repair the damage, we can find new ways of working together. For too long, we have merely talked about the need to engage **emerging powers** in global economic **governance**; the time to **take action** is upon us. The recent G-20 meeting was a first step, but developing patterns of **sustained** engagement will take hard work and careful negotiation. We know that emerging markets like China, India, Brazil, South Africa, and Indonesia are feeling the effects of the current crisis. We all stand to benefit in both the short and long term if they are **part** of the solution, and become partners in maintaining global economic stability.

역류해 있습니다. 그러한 경제 위기의 역사는 우리에게 외교적 실패와 **통합되지 않은** 반작용에 대한 **중요성**을 가르쳐주고 있습니다. 하지만 역사의 가르침(지침)만으로는 부족합니다(**부족한**). 세계는 너무나 많이 변했습니다. 우리는 이미 이러한 금융 위기가 주택 및 금융 부문을 넘어서서 확장되고 있다는 것을 알고 있습니다. 우리의 해결책은 세계 경제의 복잡성과 **지정학적** 관련성을 참작하는(**참작하다**) 원인 자체만큼 **범위**가 상당히 넓어질 것입니다. 그리고 이미 입은 손실로 인해 생긴 계속되는 정치·경제적 **반격**의 **가능성**까지 참작하면 말입니다.

하지만 여기서 다시 그 손실을 보상하기 위해 일할 때, 우리는 협력해서 일하는 새로운 방법을 찾을 수 있습니다. 너무나 오랫동안, 우리는 세계 경제를 **지배**하려면 **신흥 강국**들과 경쟁할 필요가 있다는 것을 단지 이야기만 해왔습니다. 조치를 취해야(**조처를 취하다**) 할 시기는 우리에게 달려 있습니다. 최근 열린 G-20 회담이 첫 걸음입니다. 하지만 **지속적인** 협력을 발전시키는 방식은 노력을 하고 신중하게 협상하는 것입니다. 우리는 중국, 인도, 브라질, 남아프리카, 그리고 인도네시아와 같은 신흥 시장들이 현재의 경제 위기에 영향을 받고 있다는 것을 알고 있습니다. 우리는 모두 만약 그 신흥 국가들이 해결책의 중요한 **요소**라면 단기간이나 장기간 내에 혜택을 받을 것이며, 세계 경제의 안정을 지속시키는 파트너가 될 것입니다.

In our efforts to return to economic growth here in the United States, we have an especially critical need to work more closely with Canada, our largest trading partner, and Mexico, our third largest. Canada and Mexico are also our biggest suppliers of imported energy. More broadly, we must build a deeper partnership with Mexico to address the shared danger **arising from drug-trafficking** and the challenges of our border, an effort begun this week with a meeting between President-elect Obama and President Calderon.

Throughout our **hemisphere** we have opportunities to enhance cooperation to meet **common** economic, security and environmental **objective**s that **affect** us all. We will return to a policy of **vigorous** engagement throughout Latin America, seeking deeper **understanding** and broader engagement with nations from the **Caribbean** to Central to South America. Not only do we share common political, economic and strategic interests with our friends to the south, our relationship is also enhanced by many shared ancestral and cultural **legacies**. We are looking forward to working on many issues during the Summit of **the Americas** in April and **taking up** the President-Elect's call for a new energy partnership of the Americas built

이곳 미국에서 경제 성장을 다시 회복하기 위해서, 우리는 최대 무역 파트너인 캐나다와 더 긴밀하게 일하는 게 특히 더 필요합니다. 그리고 우리의 세 번째로 큰 시장인 멕시코와도 말입니다. 캐나다와 멕시코는 또한 우리가 수입하는 에너지의 최대 공급처입니다. 보다 넓게, 우리는 멕시코와 심도 있는 협력 관계를 구축해야 합니다. **마약 거래**에서 생기는 (생기다) 공동의 위험과 국경에서의 난제를 처리하기 위해서 말입니다. 노력은 이번 주 대통령 당선자와 칼데론 대통령과의 만남으로 시작됐습니다.

세계의 반(반구의) 정도 국가에서 우리는 협력을 높일 수 있는 기회를 가지게 되었습니다. 우리 모두에게 영향을 주는(영향을 주다) **공통의** 경제적 목표 및 안보, 그리고 환경적 **목표**에 대처하기 위해서 말입니다. 우리는 라틴아메리카 전체에 대한 활발한(강력한) 개입 정책으로 다시 돌아갈 것입니다. 카리브(해의)에서 남아메리카 중앙의 국가들과 더 깊은 협정(협약) 및 더 광범위한 개입을 추구하면서 말입니다. 우리는 공통의 정치적·경제적·전략적 관계를 발전도상국의 우방국들과 함께할 뿐 아니라 우리의 관계는 많이 공유하고 있는 혈통적·문화적 **유산**에 의해서도 향상되고 있습니다. 우리는 4월의 **아메리카** 정상 회담에서 많은 문제들이 논의되는 동시에, 새로운 에너지 협력을 위한 대통령 당선자의 요구를 채택하면서(채택하다) 미국의 새로운 에너지 협력에 참여하고 있는 기술과 재생에너지의 새로운 투자를 두루 확립

around the shared technology and new investments in renewable energy.

In Africa, the foreign policy objectives of the Obama administration are rooted in security, political, economic, and humanitarian interests, including: combating al Qaeda's efforts to seek **safe haven**s in failed states in the Horn of Africa; helping African nations to **conserve** their natural resources and **reap** fair benefits from them; stopping war in Congo; ending **autocracy** in Zimbabwe and human **devastation** in Darfur; supporting African democracies like South Africa and Ghana—which just had its second change of power in democratic elections; and working **aggressively** to reach the Millennium Development Goals in health, education, and economic opportunity.

Many **significant** problems we face challenge not just the United States, but all nations and peoples. You, Mr. Chairman, were among the first, **in** a growing **chorus** from both parties, to recognize that climate change is an **unambiguous** security threat. At the extreme it threatens our very **existence**, but well before that point, it could very well **incite** new wars of an old kind—over basic resources like food, water, and **arable land**. The world **is in need of** an urgent, coordinated response to

할 수 있기를 기대하고 있습니다.

　아프리카에서, 오바마 정부의 외교 정책의 목표는 안보, 정치, 경제, 그리고 다음과 같은 인도주의적 관심에 뿌리를 두고 있습니다. 즉, 아프리카 뿔 지역의 실패한 정부에 은신처(**안전대피소**)를 찾으려는 알카에다의 노력과 싸우는 한편, 아프리카 국가들이 그들의 천연자원을 보존하고(**보존하다**) 그들로부터 공정한 이익을 얻으려는(**획득하다**) 것을 도울 것입니다. 또 콩고에서의 전쟁을 중지시키고 짐바브웨의 **독재(정치)**와 다르푸르에서의 인종 **학살**을 종식시킬 것입니다. 남아프리카나 가나와 같은 민주주의를 지원함으로써 민주주의 선거에서 권력의 두 번째 변화를 가져오게 하고, 건강과 교육, 그리고 경제적 기회에서 천년개발사업에 도달하기 위해 **적극적으로** 일할 것입니다.

　우리가 처하고 있는 많은 **중요한** 문제들은 미국에서만 직면한 것이 아니라 모든 국가와 민족들에게도 직면한 것입니다. 위원장님은 양당에서 **이구동성으로** 목소리를 높이고 있는 기후변화가 안보의 분명한(**명백한**) 강적이라는 사실을 인정하는 사람 중에 최초입니다. 그 극단적인 행위는 우리의 **생존**까지도 위협하고 있습니다만 바로 그 점보다는, 기후변화는 옛날 방식의 새로운 전쟁을 실제로 부추길 수(**부추기다**) 있습니다. 음식이나 물, 그리고 **경작지** 같은 기본 자원을 능가하면서 말입니다. 세계는 기후변화에 긴급하고 통합된 답을 필요로 하고(-

climate change and, as President—Elect Obama has said, America must be a leader in developing and **implement**ing it. We can lead abroad through **participation** in international efforts like the **upcoming** UN Copenhagen Climate Conference and a Global Energy Forum. We can lead at home by pursuing an energy policy that reduces our **carbon emissions** while reducing our dependence on foreign oil and gas—which will benefit the fight against climate change and enhance our economy and security.

The great statesman and general George Marshall **note**d **that** our **grave**st enemies are often not nations or **doctrine**s, but "hunger, poverty, **desperation**, and **chaos**." To create more friends and fewer enemies, we can't just win wars. We must find common **ground** and common purpose with other peoples and nations so that together we can **overcome hatred**, violence, **lawlessness**, and despair.

The Obama administration recognizes that, even when we cannot fully agree with some governments, we share a bond of humanity with their people. By investing in that common humanity we advance our common security because we **pave**

을 필요로 하다) 있습니다. 오바마 당선자가 말했듯이, 미국은 기후변화를 개발하고 실행하는(이행하다) 데 선도자가 되어야 합니다. 우리는 **다가오는** UN의 코펜하겐 기후변화협약과 세계에너지포럼 같은 국제적 노력에 **참가**함으로써 해외에서 이끌 수 있습니다. 우리는 에너지 정책을 추구하면서 국내에서도 이끌 수 있습니다. **탄소 배출**을 줄이는 동시에 외국에서의 석유와 가스의 의존도를 줄이면서 말입니다. 이것은 기후변화에 맞서면서 우리의 경제와 안보를 향상시키는 데 있어 이점으로 작용할 것입니다.

훌륭한 정치가이자 장군인 조지 마셜(1980-1959; 군 장교로 복무 후 육군참모총장을 거쳐 국무부장관과 국방부장관을 역임함 - 역주)은 우리의 **중대한** 적은 대체로 국가나 이념(교리)이 아니라 '기아, 가난, **절망**, 그리고 **무질서**'라는 데 주목했습니다(**주목하다**). 더 많은 친구들을 만들고 적들은 더 적게 만든다고 해서, 우리가 단지 전쟁에서 이기는 게 아닙니다. 우리는 공통의 **의견**과 공통의 목적을 다른 사람 및 다른 국가들과 찾아야 합니다. 우리가 **증오**를 극복하고 폭력과 **무법**, 그리고 절망을 극복하는(극복하다) 데 함께하기 위해서 말입니다.

오바마 정부는 우리가 몇몇 국가의 정부들과 완전하게 맞지 않을지라도, 우리가 그들 국민들과 인류애가 있는 유대를 나누고 있다는 것을 인정하고 있습니다. 그 공통의 인류애에 헌신함으로써 우리는 공통의 안전을 증진시킬 수 있습니다. 우리는 보다 더 평화롭고 번영하

the way for a more peaceful, prosperous world.

Mr. Chairman, you were one of the first to **underscore** the importance of our **involvement** in the global AIDS fight. And you have worked very hard on this issue for many years. Now, thanks to a **variety** of efforts—including President Bush's Emergency Plan for AIDS Relief as well as the work of NGOs and **foundations**—the United States enjoys widespread support in public opinion polls in many African countries. This is true even among Muslim populations in Tanzania and Kenya, where America is seen as a leader in the fight against AIDS, malaria, and **TB**.

We have an opportunity to build on this success by partnering with NGOs to help expand the **infrastructure** of health clinics in Africa so that more people can have access to life-saving drugs, fewer mothers **transmit** HIV to their children, and fewer lives are lost.

And we can **generate** even more **goodwill** through other kinds of social investment, by working effectively with international organizations and NGO partners to build schools and **train** teachers, and by ensuring that children are free from hunger and **exploitation** so that they can attend those schools

는 세계로 갈 수 있기(-에의 길을 열다) 때문입니다.

위원장님, 위원장님은 세계 에이즈퇴치사업(관련)의 중요성을 강조한(강조하다) 최초의 사람 중 한 분이십니다. 위원장님은 이 문제를 놓고 수년 동안 아주 열심히 하셨습니다. 이제 NGO와 **재단**들의 업적은 물론 부시 대통령의 '에이즈 퇴치를 위한 비상계획'을 포함한 여러 가지(가지각색의 것) 노력 덕분에 미국은 아프리카의 많은 국가에서 여론의 대폭적인 지지를 얻고 있습니다. 이런 지지는 탄자니아와 케냐의 회교 국가에서도 마찬가지입니다. 그곳에서 미국은 에이즈와 말라리아, 그리고 **결핵** 퇴치 운동의 주창자로 여겨지고 있습니다.

우리는 NGO들과 파트너로 성공적으로 할 수 있는 기회를 가지고 있습니다. 아프리카에서 진료소의 **토대**를 확장하여 더 많은 사람들이 생명을 얻을 수 있는 약을 구할 수 있게 하고 여성들이 에이즈 바이러스를 아이들에게 더 적게 옮길(**옮기다**) 수 있게 하며, 인명 손실을 줄일 수 있도록 하기 위해서 말입니다.

우리는 여러 사회적 투자를 통해 보다 많은 **친선**을 쌓을(**형성하다**) 수 있습니다. 국제기구 및 NGO 파트너들과 함께 실제로 일함으로써 학교를 세우고 교사들을 양성하고(**양성하다**), 아이들이 기아와 **착취**에서 벗어나 학교에도 가고 미래를 위해 자신들의 꿈을 추구할 수 있도록 하기 위해서 말입니다. 그렇기 때문에 오바마 당선자는 전 세계의

남북전쟁을 묘사한 동상

and pursue their dreams for the future. This is why the President-Elect supports a Global Education Fund to **bolster secular education** around the world.

I want to take a moment to emphasize the importance of a **"bottom-up" approach** to ensuring that America remains a positive force in the world. The President-elect and I believe in this strongly. Investing in our common humanity through social development is not **marginal** to our foreign policy but **integral** to accomplishing our goals.

Today more than two billion people worldwide live on less

변화를 역설하는 오바마

보통 교육을 강화시키기(**강화하다**) 위해 세계교육기금을 지원하고 있습니다.

저는 잠시 **기초적(인) 입문**의 중요성을 강조하고 싶습니다. 미국이 세계에서 실제적인 힘을 계속 확보하기 위해서 말입니다. 대통령 당선자와 저는 이것의 중요성을 굳게 믿고 있습니다. 사회 개발을 통해서 만인의 인도주의를 추구하는 것은 우리의 외교 정책에서 **이차적인** 게 아니라 우리의 목적을 달성하는 데 있어 **필수 요소**입니다.

오늘날 전 세계 20억이 넘는 사람들이 하루에 2달러도 안 되는

than $2 a day. They are facing rising food prices and widespread hunger. Calls for expanding civil and political rights in countries plagued by mass hunger and disease will **fall on deaf ears** unless democracy actually delivers **material** benefits that improve people's lives while **weed**ing **out** the corruption that too often stands in the way of progress.

Our foreign policy must reflect our deep commitment to the cause of making human rights a reality for millions of **oppressed** people around the world. Of particular concern to me is the **plight** of women and girls, who **comprise** the majority of the world's unhealthy, **unschooled**, unfed, and **unpaid**. If half of the world's population remains **vulnerable** to economic, political, legal, and social **marginalization**, our hope of advancing democracy and prosperity will remain in serious **jeopardy**. We still have a long way to go and the United States must remain an unambiguous and **unequivocal** voice in support of women's rights in every country, every region, on every continent.

As a personal **aside**, I want to **mention** that President-elect Obama's mother, Ann Dunham, was a **pioneer** in microfinance in Indonesia. In my own work on microfinance around the

돈으로 살아가고 있습니다. 그들은 치솟는 식비와 널리 퍼져 있는 기아에 허덕이고 있습니다. 시민의 권리와 정치적 권리를 확장시키는 요구는 대량적인 기아와 질병으로 힘들어 하는 국가에서는 실제로 **구체적(인)** 혜택을 주지 않는 한 민주 정치가 묵살될(**무시되다**) 것입니다. 사람들의 삶을 개선하고 동시에 너무 자주 진보에 방해가 되는 부패를 없애는(**없애다**) 혜택 말입니다.

우리의 외교 정책에는 인간의 권리를 전 세계의 **학대받는** 많은 사람들을 위해 실현하는 데 필요한 대의에 대한 강한 책임이 반영되어야 합니다. 제가 특히 관심을 갖는 것은 여성과 아동들의 **어려운 처지**입니다. 세계의 대다수 여성과 아동들이 건강하지 못하고 정식 교육도 받지 못하고(**정식 교육을 받지 않은**), 잘 먹지도 못하며, **돈도 제대로 받지 못하고 있습니다(-으로 이루어져 있다)**. 만약 전 세계 인구의 반절이 여전히 경제적·정치적·법적·사회적으로 **취약한** 주변부(**주변화**) 사람들이라면, 민주주의와 번영으로 나아가는 우리의 희망은 여전히 상당한 **위험**의 상태에 있을 것입니다. 우리는 가야 할 길이 멉니다. 미국이 여전히 모든 국가와 모든 지역, 그리고 모든 대륙에 있는 여성들의 권리를 옹호하려면 명백하고 **명료한** 목소리를 내야 합니다.

개인적 **여담**으로, 저는 오바마 대통령 당선자의 어머니인 앤 던햄에 대해 말씀드리고자(**말하다**) 합니다. 그녀는 인도네시아에서 소액대출 사업의 **선구자**이셨습니다. 전 세계 소액대출에 대한 제 개인적인

world—from Bangladesh to Chile to Vietnam to South Africa and many other countries — I've seen **firsthand** how small loans given to poor women to start small businesses can raise standards of living and **transform** local economies. President-elect Obama's mother had planned to attend a microfinance forum at the Beijing women's conference in 1995 that I participated in. Unfortunately, she was very ill and couldn't travel and sadly **pass**ed **away** a few months later. But I think it's fair to say that her work in international development, the care and concern she showed for women and for poor people around the world, **matter**ed greatly to her son, and certainly has **inform**ed his views and his vision. We will be honored to carry on Ann Dunham's work in the months and years ahead.

I've discussed a few of our top priorities and I know we'll address many more in the question-and-answer **session**. But I **suspect that** even this brief **overview** offers a **glimpse** of the **daunting**, and **crucial**, challenges we face, as well as the opportunities before us. President-elect Obama and I **pledge** to work closely with this Committee and the Congress to **forge** a **bipartisan, integrated, results-oriented sustainable** foreign policy that will restore American leadership to confront these

업무로 방글라데시에서부터 칠레, 베트남, 남아프리카, 그리고 많은 여러 국가들을 다니면서, 저는 소액대출이 가난한 여성들에게 어떻게 주어지고 소규모 사업이 생활 수준을 어떻게 끌어올려서 지방 경제를 변화시키는지(**바꾸다**) **직접(의)** 보았습니다. 대통령 당선자의 어머니는 1995년 베이징여성대회에서 개최한 소액대출 포럼에 참석하기로 되어 있었습니다. 그런데 저는 참석했지만 불행하게도, 그녀는 몸이 굉장히 아파서 참석할 수가 없었습니다. 그녀는 슬프게도 몇 개월 후에 세상을 떠나셨습니다(**죽다**). 하지만 국제개발에서 일한 그녀가 여성들과 전 세계 가난한 사람들을 위해 보여준 관심과 염려는 그녀의 아들에게 매우 중요했으며(**중요하다**), 그 아들이 사물을 보는 방식과 비전을 확실히 갖게 된 것(**불어넣다**)은 당연한 일이었습니다. 우리는 앤 던햄의 업적을 앞으로도 계속 수행하게 된 것을 영광스럽게 여길 것입니다.

저는 몇 가지 최우선 사항에 대해 말씀드렸으며, 이 질의응답 시간(**개정 기간**)을 통해 더 많은 것을 해결해야 한다는 것을 알고 있습니다. 하지만 저는 이 간단한 개요(**개관**)가 우리 앞에 놓인 기회뿐만 아니라 우리가 직면하고 있는 어렵고(**어려운**) **중대한** 역경을 맛보기(**흘끗 보기**)로만 보여주는 게 아닌가 하는 생각이 듭니다(**-이 아닌가 의심하다**). 오바마 대통령 당선자와 저는 외교위원회 및 의회와 함께 열심히 일하겠다고 약속했습니다(**약속하다**). 우리 시대의 역경에 맞서서 국익을 위해 봉사하고 우리의 가치를 증진시키는 미국의 리더십을 회복하는 **초**

challenges, serve our interests, and advance our values.

Ensuring that our State Department is **function**ing at its best will be absolutely essential to America's success. This is a top priority of mine, of my colleagues' on the national security team, and of the President-elect's. He believes strongly that we need to invest in our civilian capacity to **conduct** vigorous American diplomacy, provide the kind of foreign assistance I've mentioned, reach out to the world, and operate effectively **alongside** our military.

I realize that the entire State Department **bureaucracy** in Thomas Jefferson's day **consist**ed **of** a chief clerk, three **regular** clerks, and a messenger—and his entire budget was $56,000 a year. But over the past 219 years the world, and the times, have certainly changed. Now the department consists of foreign service officers, the civil service, and locally engaged staff working at **Foggy Bottom**, in offices across our country, and at some 260 **post**s around the world. And today, USAID **carries out** a critical development mission that is essential to representing our values across the globe.

These public servants are too often unsung heroes. They

당적(인)이고, 통합(된)적이며, 결과(중심의) 지향적이고도 지속 가능한 (계속할 수 있는) 대외 정책을 도모하기(세우다) 위해서입니다.

국무부가 최대 역할을(역할을 다하다) 확실히 하는 것은 미국이 성공하는 데 절대적으로 중요한 것입니다. 이것은 저에게도, 국가안보 팀에 있는 저의 동료들에게도, 그리고 대통령 당선자에게도 최우선 사항입니다. 그는 우리가 시민들의 능력에 투자해야 한다는 것을 강력하게 믿고 있습니다. 강력한 미국 외교를 하며(처리하다), 제가 언급했던 대외원조 방식을 내놓으며 세계와 손을 잡고, 그리고 우리 군대와도 함께(나란히) 실전에 동원돼서 활약할 수 있게 하기 위해서 말입니다.

저는 토머스 제퍼슨 시대에는 국무부 **관료** 전원이 담당직원 한 명에 세 명의 **정규(의)**직 직원과 한 명의 전달자로 구성되어 있다(되다)는 것을 알고 있습니다. 그리고 그의 예산은 1년에 5만 6,000달러가 전부였습니다. 하지만 219년이 지난 세상은, 그리고 시대는 완전히 바뀌었습니다. 지금 **국무부**의 전국 사무실에는 외무 공무원들과 행정 사무원과 지방 담당직원들이 있으며, 전 세계에 260개 **입지**가 있습니다. 그리고 현재, 미국 국제개발처는 중요한 개발 임무를 수행하고(수행하다) 있습니다. 전 세계에 우리의 가치를 구현하는 데 가장 중요한 임무를 하면서 말입니다.

이러한 공무원들은 이상적인 인물에 대해 너무 자주 큰소리로 말

are in the trenches putting our policies and values to work in an increasingly complicated and dangerous world. Many risk their lives, and some lose their lives, in service to our nation. And they need and deserve the resources, training, and support to succeed.

I know this committee, and I hope the American public, understand that right now foreign service officers, civil service **professional**s, and development **expert**s are doing work essential to our nation's strength — whether helping American businesses **make inroads in** new markets; being on the other end of the phone at a United States embassy when an American citizen needs help beyond our shores; doing the **delicate** work of diplomacy and development with foreign governments that leads to **arms control** and trade agreements, peace treaties and post-conflict reconstruction, greater human rights and empowerment, broader cultural understanding and stronger alliances.

The State Department is a large, multi-dimensional organization. But it is not a **placid** or **idle** bureaucracy, as some would like to paint it. It is an **outpost** for American values that protects our citizens and safeguards our democratic institutions in times both **turbulent** and **tame**. State Department

합니다. 그들은 우리의 정책과 가치를 추구하며 전선에서 근무하고 있습니다. 점점 더 복잡하고 위험한 세계에서 일하면서 말입니다. 많은 사람들이 자신의 목숨을 걸고 있으며, 어떤 이들은 국가를 위해 복무하다 생명을 잃기도 했습니다. 그래서 그들은 목적을 달성하기 위해 물자와 교육, 그리고 지원을 받아야 하며 받을 자격이 있는 것입니다.

저는 외교위원회를 알고 있습니다. 저는 미국의 국민들이 지금 바로 외무부 공무원들과 행정 사무원과 **전문가**들, 그리고 개발 **전문가**들이 미국의 힘에 중요한 일을 하고 있다는 것을 알기를 바랍니다. 미국 기업이 새로운 시장을 개척하는 것(-을 먹어 들어가다)을 돕거나, 미국 시민이 해외에서 도움이 필요할 때 미 대사관에서 거는 전화에 응대해주거나, **군축**과 무역 협정, 평화조약과 전후 재건사업, 보다 많은 인권과 권한 부여, 그리고 보다 넓은 문화적 이해와 보다 강한 동맹국들을 이끄는 외국 정부들과 함께 외교 및 개발의 (처리하기) **어려운** 업무를 하든지에 상관없이 말입니다.

국무부는 크고 다차원적인 기구입니다. 하지만 평온하거나(**평온한**) **한가한** 관료들은 없습니다. 어떤 사람은 이곳을 장식하고 싶다고 말할 정도입니다. 소란스럽기도(**소란스러운**) 하고 단조롭기도(**단조로운**) 한 세월 동안 국무부는 우리 국민들을 보호하고(**지키다**) 우리의 민주주의 제도를 지키는 미국의 가치를 위한 **전초 부대**입니다. 국무부 직원

217

employees also offer a **lifeline** of hope and help—often the only lifeline—for people in foreign lands who are oppressed, **silence**d, and **marginalize**d.

Whether they are an economic officer in a large embassy, or an aid worker in the field, or a clerk in a distant **consulate** or a country officer working late in Washington, they do their work so that we may all live in peace and security. We must not **shortchange** them, or ourselves, by denying them the resources they need.

One of my first priorities is to make sure that the State Department and USAID have the resources they need, and I will be back to make the case to Congress for full **funding** of the President's budget request. At the same time, I will work just as hard to make sure that we manage those resources **prudently** so that we fulfill our mission efficiently and effectively.

In **concluding**, I hope you will **indulge** me one **final observation**. Like most Americans, I never had the chance to travel widely outside our country as a child or young adult. Most of my early professional career was as a lawyer and **advocate** for children and who found themselves on society's

(고용인)들은 또한 희망과 도움의 **생명선**을 제공하기도 합니다. 가끔 이국땅에서 학대받고 묵살당하고(**억누르다**) 무시당하는(**무시하다**) 사람들에게 있어 유일한 생명선 말입니다.

그들이 넓은 대사관에 있는 경제 관료이건, 전쟁터에 있는 국제구조원이건, 아니면 멀리 **영사관**에 있는 직원이건 워싱턴에서 늦게까지 일하고 있는 공무원이건, 그들은 자신의 일을 합니다. 우리가 평화와 안정 속에서 살도록 말입니다. 우리는 그들이 필요로 하는 자원을 거절함으로써, 그들이나 우리 자신을 속이지(**속이다**) 말아야 합니다.

제가 가장 중요한 당면 과제로 여기는 것 중 하나가 국무부와 국제개발처가 그들이 필요로 하는 자원을 반드시 가질 수 있게 하는 것입니다. 저는 의회에 제도를 만들기 위해서 돌아올 것입니다. 대통령의 예산 요청에 대한 충분한 **자금 조달**을 위해서 말입니다. 동시에 저는 우리가 이 자원을 반드시 아주 **신중하게** 관리하기 위해 정말 열심히 일할 것입니다. 그래서 우리가 우리의 임무를 능률적이고도 실질적으로 성취하기 위해서 말입니다.

끝으로(**말하다**), 여러분이 저를 **마지막**(의) **감시**자로 받아주실(**받아주다**) 것을 희망합니다. 대부분의 미국인들처럼, 어린 시절이나 젊었을 때, 저는 멀리 나라 밖을 다닐 기회가 없었습니다. 저는 초기에 직업의 대부분을 변호사이자, 아동 및 이곳 국내의 사회 소외계층의 권익을 대변하는 **옹호자**로 보냈습니다. 하지만 저의 남편이 대통령직을

margins here at home. But during the eight years of my husband's presidency, and then in my eight years as a Senator, I have been **privilege**d to travel **on behalf of** the United States to more than 80 countries.

I've had the opportunity to get to know many world leaders. As a member of the Senate **Armed Services Committee** I've spent time with our military **commander**s, as well as our **brave** troops serving in Iraq and Afghanistan, and I have **immerse**d **myself** in an array of military issues. I've spent many hours with American and non-American aid workers, businessmen and women, religious leaders, teachers, doctors, nurses, students, volunteers and others who have made it their mission to help people across the world. I have also learned **invaluable** lessons from countless ordinary citizens in foreign capitals, small towns, and **rural** villages whose lives offered a glimpse into a world far **remove**d **from** what many of us experience on a daily basis here in America.

In recent years, as other nations have risen to **compete** for military, economic, and political influence, some have **argue**d **that** we have reached the end of the "American moment" in world history. I disagree. Yes, the **conventional paradigm**s

수행하는 8년과 상원의원으로 복무하는 동안 영광스럽게도(**특권을 주다**) 미국을 **위하여** 80개가 넘는 국가를 다녀올 수 있었습니다.

저는 많은 세계 지도자들과 알게 될 기회를 가졌습니다. 상원 **군사위원회**의 의원으로서 저는 군 **지휘관**들과 시간을 보냈습니다. 또한 이라크와 아프가니스탄에서 복무하는 **용감한** 군인들과 함께 보내기도 했습니다. 저는 줄지어 있는 군 문제들에 **몰두하게**(하다) 되었습니다. 저는 많은 시간을 미국인 및 미국인이 아닌 국제 구조원들, 사업가, 여성들, 종교 지도자들, 교사들, 의사들, 간호사들, 학생들, 자원봉사자들, 그리고 이것을 사명으로 여기는 사람들과 함께 전 세계 사람들을 돕기 위해서 보냈습니다. 저는 또한 셀 수 없을 정도로 많은 보통 시민들로부터 **매우 귀중한** 교훈을 얻었습니다. 외국의 수도에서, 조그마한 도시에서, 그리고 **시골**(의) 마을에서 말입니다. 그들은 생활을 통해 자신들의 세상을 잠시 보여주었습니다. 이곳 미국의 많은 사람이 일상에서 경험하는 것들을 아주 벗어난(**벗다**) 세상 말입니다.

최근에 다른 국가들이 군사적·경제적·정치적 영향력을 내세우기 위해 경쟁하자(**경쟁하다**), 어떤 사람은 세계사에서 미국의 시대는 끝났다고 주장합니다(**주장하다**). 저는 그 주장에 반대합니다. 그렇습니다. **종래의 패러다임**은 변했습니다(**변하다**). 하지만 미국의 번영은 단지 우

have **shift**ed. But America's success has never been solely a function of our power; it has always been inspired by our values.

With so many troubles here at home and across the world, millions of people are still trying to come to our country — **legally** and illegally. Why? Because we are guided by **unchanging** truths: that all people are created equal; that each person has a right to life, liberty, and the pursuit of happiness. And in these truths we will find, as we have for more than two centuries, the courage, the **discipline**, and the creativity to meet the challenges of this **everchanging** world.

I am humbled to be a public servant, and honored by the responsibility placed on me by our President-Elect, who **embodies** the American Dream not only here at home but far beyond our shores.

No matter how **daunt**ing our challenges may be, I have a **steadfast** faith in our country and our people, and I am proud to be an American at the **dawning** of this new American moment.

Thank you, Mr. Chairman and members of the committee, for **grant**ing me your time and attention today. I know there is a lot more **territory** to cover and I'd be **delighted** to answer your questions.

리의 힘으로 작동되는 게 아닙니다. 그것은 항상 우리의 가치에 의해 고무되어 왔습니다.

이곳 국내와 세계에서 아주 많은 문제들로 인해, 수많은 사람들은 여전히 **합법적(으로)**이든 불법적이든 우리나라로 오려고 애쓰고 있습니다. 왜냐고요? 우리는 **불변의** 진리에 의해 인도되고 있기 때문입니다. 모든 인간은 평등하게 창조되었다는 진리 말입니다. 모든 인간은 살 권리와 자유로울 권리와 행복을 추구할 권리가 있다는 진리 말입니다. 그리고 2세기가 넘는 동안, 이 **변화무쌍한** 세상에서 역경과 맞서기 위해 용기와 **단련**과 창의성을 간직하고 있을 때, 우리는 이 진리를 찾을 것입니다.

저는 겸허한 마음으로 공익의 봉사자가 되었습니다. 영광스러운 책임에 대통령 당선자가 저를 임명했습니다. 그는 아메리칸 드림을 이곳 미국뿐 아니라 멀리 해외로까지 **구현시키고(구현하다)** 있습니다.

우리의 역경이 힘들지라도**(위압하다)**, 저는 조국과 국민들에게 **확고(부동)한** 신념을 갖고 있습니다. 그리고 저는 이 새로운 미국의 시대가 **시작**되는 시기를 맞이하여 미국인이라는 사실이 자랑스럽습니다.

위원장님과 외교위원회의 의원님들께, 오늘 저에게 시간과 관심을 보내주신**(주다)** 데 대해 감사드립니다. 말씀드리지 못한 **분야**가 더 많은 것으로 알고 있습니다. 여러분의 질문에 기쁜**(아주 기뻐하는)** 마음으로 답해드리고자 합니다.

우리 대통령을 위하여
[2008.8.26. 오바마 지지 촉구 연설]

No way, no how, no McCain.

힐러리 특강 | 이번 강의는 2008년으로 돌아가, 그해 8월 26일에 개최되었던 민주당 전당대회에서의 연설문을 텍스트로 삼았습니다. 콜로라도 주의 덴버에서 개최된 그 전당대회에서 민주당은 미국 대통령 선거 사상 첫 흑인대통령에 도전하는 버락 오바마 상원의원을 2008년 대통령 후보로 공식 지명했으며, 저는 저의 지지자 분들에게 오바마를 지지해줄 것을 거듭 호소함으로써, 저의 대선 레이스가 종료되었음을 다시 한번 확실하게 각인시켰던 순간이었습니다. 그래서 이 연설문은 역사적인 텍스트로 남게 되었으며, 오늘 우리가 함께 공부하게 된 것입니다. 제가 대선 레이스에 출마했던 것도, 그해 8월 26일에 오바마 후보를 공식적으로 지지한 것도, 그리고 국무장관으로 활동하게 된 것도 모두, 언제 어느 곳에서 어떤 직책으로 있건, 제가 꿈꾸던 세상, 우리가 원하는 세상을 건설하기 위해 최선을 다하자는 생각 때문이었습니다. 수강생 여러분은 어떤 세상을 꿈꾸고 계시는지요? 열심히 습득한 여러분의 영어 실력이 여러분의 꿈을 이룩해주는 강력한 무기가 될 수 있기를 기원합니다!

오바마와 악수하고 있는 힐러리

Lecture 6

No way, no how, no McCain

"Barack Obama is my candidate, and he must be our President."

Thank you all very much. I — I am so honored to be here tonight. You know, I — I'm here tonight as a proud mother, as a proud democrat, as a proud Senator from New York, a proud American, and a proud supporter of Barack Obama.

My friends, it is time to **take back** the country we love. And whether you voted for me or you voted for Barack, the time is now to unite as a single Party with a single purpose. We are on the same team, and none of us can afford to sit **on the sidelines**. This is a fight for the future and it's a fight we must win together.

I haven't spent the past 35 years **in the trenches** — I haven't spent the past 35 years in the trenches **advocating** for children, campaigning for universal health care, helping parents balance work and family, and fighting for women's rights here

우리 대통령을 위하여

> 버락 오바마는 저의 후보자이며,
> 반드시 우리의 대통령이 되어야 합니다.

　여러분 모두 대단히 감사합니다. 오늘 밤 이곳에 오게 되어 무척 영광입니다. 저는 자랑스러운 어머니로서, 자랑스러운 민주당원으로서, 자랑스러운 뉴욕 주 상원의원으로서, 자랑스러운 미국인으로서, 그리고 버락 오바마의 자랑스러운 지지자로서 오늘 밤 이곳에 왔습니다.

　지지자 여러분, 우리가 사랑하는 이 나라를 다시 찾아올(**도로 찾다**) 때입니다. 여러분이 제게 투표하셨건 버락에게 투표하셨건, 이제는 단 하나의 목적을 가진 하나의 당으로 단결할 때입니다. 우리는 같은 팀입니다. 우리 중 그 누구도 **방관자로(서)** 있을 수는 없습니다. 이것은 미래를 위한 투쟁이며, 우리가 함께 싸워서 승리를 거둬야 할 전투입니다.

　제가 지난 35년간 전선에서(**전면에서**) 싸운 것은, 지난 35년간 어린이를 옹호하고(**옹호하다**), 건강보험의 확대운동을 벌이고, 부모들이 일과 가정의 균형을 이루는 것을 돕고, 그리고 미국과 전 세계에서 여권 신장을 위한 전선에서 싸운 것은, 다른 공화당원이 백악관에서 우

227

연설하는 힐러리

at home and around the world to see another Republican in the White House **squander** our promise of a country that really fulfills the hopes of our people. And you haven't worked so hard over the last 18 months or **endure**d the last eight years to **suffer** through more failed leadership.

No way, no how, no McCain.

Barack Obama is my **candidate**, and he must be our President.

Tonight, I ask you to remember what a presidential election is really about. When the **poll**s have closed, and the ads are

취임 선서를 하는 버락 오바마 대통령과 미셸 오바마

리 국민들의 희망을 진정으로 성취하는 우리의 국가적 약속을 헛되게 만드는(헛되이 쓰다) 것을 보기 위해서가 아니었습니다. 그리고 여러분이 지난 18개월 동안 열심히 일하거나 지난 8년 동안 고생하며(고생하다) 견뎌온(견디다) 것은 리더십이 한층 더 붕괴된 상황 속에서 괴롭게 살아가기 위해서가 아니었습니다.

절대로, 어떤 경우에도, 매케인은 안 됩니다.

버락 오바마는 저의 **후보자**이며, 반드시 우리의 대통령이 되어야 합니다.

오늘 밤, 저는 여러분들께 당부드립니다. 대통령 선거가 정말 가까이 다가왔다는 것을 기억하시기를 말입니다. 개표 결과(**투표결과**)가

finally **off the air**, it **come**s **down** to you, the American people, and your lives and your children's' futures.

For me, it's been a privilege to meet you in your homes, your **workplace**s, and your communities. Your stories reminded me that every day America's greatness is **bound up** in the lives of the American people. Your hard work, your **devotion** to duty, your love for your children, and your **determination** to keep going — often in the face of **enormous obstacle**s — you taught me so much. And you made me laugh, and, yes, you even made my cry.

You allowed me to become part of your lives, and you became part of mine.

I will always remember the single mom who had **adop**ted two kids with **autism**. She didn't have any health insurance; and she **discover**ed that she had cancer. But she **greete**d me with her **bald** head, painted with my name on it, and asked me to fight for health care for her and her children.

I will always remember the young man in a **Marine Corps** t-shirt who waited months for medical care, and he said to me,

막을 내리고 마침내 광고방송도 끝나면(**방송되지 않고**), 여러분들께, 미국 국민들께 닥쳐옵니다(**전해지다**). 여러분의 삶과 아이들의 미래에까지 말입니다.

저에게는 여러분의 가정과 직장(**일터**), 그리고 지역 사회에서 여러분을 만난다는 것이 영광이었습니다. 여러분의 이야기들은 매일 제게 미국의 위대함은 미국인들의 삶과 밀접한 관계가(**깊이 관여하다**) 있음을 상기시켜주었습니다. 여러분의 근면함과 의무에 대한 **헌신**, 자식들에 대한 사랑, 그리고 계속해나가려는, 종종 **거대한 난관**에도 아랑곳하지 않고 나가려는 **결단력**은, 제게 아주 많은 것을 가르쳐주었습니다. 또 여러분은 저를 웃기기도 하고 울리기도 했습니다.

여러분은 저를 여러분의 삶의 일부가 되게 했으며, 여러분은 제 삶의 일부가 되었습니다.

저는 어느 미혼모를 항상 기억할 것입니다. 그녀는 **자폐증**이 있는 두 아이를 입양했으며(**입양하다**), 건강보험이 없었는데 암에 걸렸다는 것을 알았습니다(**알다**). 하지만 그녀는 머리카락 한 올 없는(**털이 없는**) 머리에 제 이름을 쓰고서 저를 맞이해(**맞이하다**)주었습니다. 그리고는 저에게 자신과 자신의 아이들의 건강보험을 위해 투쟁해달라고 했습니다.

저는 **해병대** 티셔츠를 입은 젊은이를 항상 기억할 것입니다. 그는 수개월간 치료를 기다리고 있었는데 저에게 "저의 전우들을 돌봐

"Take care of my **buddies**. A lot of them are still over there." And then, "Will you please take care of me."

And I will always remember the young boy who told me his mom worked for the **minimum wage**, that her employer had cut her hours. He said he just didn't know what his family was going to do.

I will always be grateful for everyone from all 50 states, Puerto Rico and the **Territories**, who joined our campaign **on behalf of** all those people **left out** and **left behind** by the Bush Administration.

To my supporters, to my champions, so my "Sisterhood of the Traveling Pant Suits," **from the bottom of my heart** — thank you. Thank you because you never **gave in** and you never **gave up**.

And together we made history, and **along the way** America lost two great democratic champions who would have been here with us tonight. One of our finest young leaders, Arkansas democratic chair, Bill Gwatney, who believed with all his heart that America and the South should be democratic **from top to bottom**; and Congresswoman Stephanie Tubbs Jones, a dear friend to many of us — a loving mother, a courageous leader

주세요. 많은 **동료들**이 아직도 그곳에 있어요."라고 말하고 나서는 "저를 돌봐주시겠습니까"라고 물었습니다.

저는 한 소년을 항상 기억할 것입니다. 그는 엄마가 **최저 임금**으로 일했다고 했습니다. 고용주가 근무 시간을 줄여서 가족이 앞으로 어떻게 해야 할지 모르겠다고 했습니다.

저는 50개 주와 푸에르토리코(서인도 제도의 섬; 미국의 자치령 – 역주) 및 **준주**에서 오신 모든 분들께 감사드릴 것입니다. 그들은 부시 행정부가 무시하고(**무시하다**) 내버린(**뒤에 남기다**) 모든 사람들을 **대신(으로)**하여 우리의 선거운동에 오신 것입니다.

저를 지지하신 분들과 저의 열성 지지자분들과 저의 '선거운동 자매'들께 **진심으로** 감사드립니다. 여러분이 굴복하지(**굴복하다**) 않으셨고 결코 포기하지(**포기하다**) 않으셨기에 감사드립니다.

그리고 우리는 함께 역사를 이루어냈습니다. 그 와중에(**도중에**) 미국은 오늘 밤 우리와 함께했을 두 명의 민주당의 열혈 지지자 두 명을 잃었습니다. 우리의 가장 훌륭한 젊은 지도자들 중 하나인 아칸소 주의 민주당 위원장, 빌 과트니(민주당의 이 전당대회가 열리기 직전인 2008년 8월 13일 괴한의 총격으로 살해됨 – 역주)입니다. 그는 진심으로 미국과 남부가 완전히(**철두철미**) 민주당이 되어야 한다고 생각했습니다. 그리고 여성 의원인 스테파니 텁스 존스(민주당 하원의원인 스테파니 존스는 2008년 8월 20일 뇌출혈로

who never gave up her **quest** to make America fairer and stronger, smarter and better; **steadfast** in her beliefs, a fighter of **uncommon** grace, she was an **inspiration** to me and to us all. Our heart **go**es **out** to Stephanie's son, Mervyn Jr., and Bill's wife, Rebecca, who traveled here to Denver to join this family of Democrats.

You know, Bill Gwatney and Stephanie Tubbs Jones knew that after eight years of George Bush, people are hurting at home; and our **standing** has **erode**d around the world. We have a lot of work ahead of us: jobs lost, houses gone, falling wages, rising prices, a Supreme Court in a **right-wing headlock**, and our government in **partisan gridlock**; the biggest **deficit** in our nation's history, money borrowed from the Chinese to buy oil from the Saudis; Putin and Georgia, Iran and Iraq.

I ran for President to **renew** the promise of America, to rebuild the middle-class and **sustain** the American Dream, to provide opportunity to those who are willing to work hard for it and have that work rewarded; so they could save for college, a home, and retirement; afford gas and groceries and have a little

작고함 - 역주)입니다. 우리의 수많은 친구였고, 사랑스러운 어머니였으며, 미국을 보다 공정하고 강하고 현명하며 보다 낫게 하려는 **탐구**를 절대 포기하지 않았던 용감한 지도자였습니다. 신념이 **확고**(**부동한**)했으며, 보기 드문(찾아보기 힘든) 품위를 지닌 그녀는 저와 우리 모두에게 **격려가** 된(되는) **사람**이었습니다. 우리의 마음은 스테파니의 아들 머빈 주니어와 빌의 아내 레베카에게 향하게((애정이) 쏟아지다) 됩니다. 그들은 이 민주당 모임에 참석하기 위해 이곳 덴버에 오셨습니다.

 빌 과트니와 스테파니 텁스는 조지 부시 정부의 8년이 지나고 나서 국민들이 가정에서 고통받고 있다는 것을 알았습니다. 우리의 **위치**가 세계 도처에서 꺾여나갔다는(**좀먹다**) 것을 말입니다. 우리는 우리 앞에 놓인 일들이 산적해 있습니다. 일자리가 없어졌으며, 보금자리가 사라졌고, 떨어지는 임금과 치솟는 물가와 연방 대법원은 **우익**(**의**)에 옥죄어 있고(**헤드록**), 정부는 파벌로(**당파심이 강한 사람**) 옴짝달싹 못하고(**이러지도 저러지도 못하는 상태**) 있습니다. 미국 역사상 최대의 **적자**와 중국으로부터 돈을 빌려 사우디에서 석유를 사오고, 푸틴과 그루지야, 이란과 이라크의 사태에 이르기까지 말입니다.

 저는 미국의 약속을 다시 새롭게(**다시 시작하다**) 하기 위해 대통령 선거에 출마했습니다. 중산층을 재건하고, 미국의 꿈을 지속시키고(**계속하다**), 열심히 일하고자 하는 사람들에게 기회를 주고, 그 노동이 보답을 받을 수 있게 하기 위해서 말입니다. 그래서 그들이 대학 교육과 집, 그리고 은퇴를 준비하기 위해 저축하며, 기름과 식료품을 사고 매

left over each month; to promote a clean energy economy that will create millions of green collar jobs; to create a health care system that is universal, high quality and **affordable**, so that every single parent knows their children will be taken care of.

We want to create a world-class education system, and make college affordable again; to fight for an America that is **define**d by deep and **meaningful** equality — from civil rights to labor rights, from women's rights to gay rights; from ending **discrimination** to promoting **unionization**; to providing help for the most important job there is: caring for our families; and to help every child live up to his or her God-given potential; to make America once again a nation of **immigrant**s and of laws; to restore **fiscal sanity** to Washington, and to make our Government an institution of the **public good**, not of private **plunder**; to **restore** America's standing the world, to end the war in Iraq, bring our troops home with honor, care for our veterans and given them the services they have earned.

We will work for an America again that will join with our **allies** in **confront**ing our shared challenges, from **poverty** and **genocide** to terrorism and global warming.

Most of all, I ran to **stand up for** all those who have been

달 조금이라도 남길 수 있도록 하기 위해서 말입니다. 또 수만 개의 그린 칼라 일자리를 만들 청정에너지 경제를 적극 진흥시키고 누구나 양질의 것을 받을(줄) **수 있는** 건강보험 제도를 만들어 모든 부모들이 자신의 아이들이 보호를 받을 수 있도록 하기 위해서 말입니다.

우리는 세계적 수준의 교육 시스템을 만들어 대학이 다시 그렇게 할 수 있기를 바랍니다. 심층적이고 **의미 있는** 평등으로 규정되는(규정짓다) 미국을 위해 투쟁하기를 말입니다. 시민권에서부터 노동법, 여성의 권리에서부터 동성애자의 권리, 불평등(**차별대우**)을 종식시키고 **노동조합(에) 가입(시킴)**을 활성화시키며, 현재 가장 중요한 직업에 종사하는 사람들을 도우며, 즉 우리의 가족들을 돌보며, 모든 아이들이 하나님께서 주신 능력에 부응하여 살 수 있도록 도우며 말입니다. 또 미국이 다시 한번 이 나라로 **이민 온 사람**들의 나라이자, 법치국가가 되며, 또 워싱턴 정가의 **재정(의)**을 다시 **공정**하게 하고, 정부가 사적인 **횡령**이 아니라 **공익**을 위한 기관이 되기를 말입니다. 또 미국의 입지를 세계적으로 회복시키며(**회복하다**) 이라크의 전쟁을 종식시키고, 군대를 명예롭게 돌아오게 하고, 그리고 우리의 퇴역 군인들을 돌보아 그들에게 당연히 받아야 할 혜택를 주도록 말입니다.

우리는 다시 우리의 **동맹국**들과 함께 나가는 미국을 위해 일할 것입니다. 우리가 공유한 도전들인 **빈곤**과 **인종 학살**에서부터 테러와 지구온난화에 맞서면서(**맞서다**) 말입니다.

무엇보다도, 저는 지난 8년 동안 정부에게 보이지 않았던 모든 분

invisible to their government for eight long years. Those are the reasons I ran for President, and those are the reasons I support Barack Obama for President.

I want you — I want you to ask yourselves: Were you in this campaign just for me? Or were you in it for that young Marine and others like him? Were you in it for that mom struggling with cancer while raising her kids? Were you in it for that young boy and his mom surviving on the minimum wage? Were you in it for all the people in this country who feel invisible?

We need leaders once again who can **tap** into that special **blend** of American confidence and **optimism** that has enabled generations before us to meet our toughest challenges — leaders who can help us show ourselves and the world that with our **ingenuity**, creativity and innovative spirit, there are no limits to what is possible in America.

Now, this will not be easy. Progress never is. But it will be impossible if we don't fight to put a Democrat back into the White House. We need to elect Barack Obama because we need a President who understands that America can't compete in the global economy by **pad**ding the pockets of energy **speculator**s

들을 옹호하기(**옹호하다**) 위해 출마했습니다. 그들 때문에 제가 대통령에 출마한 것이며, 그들 때문에 제가 버락 오바마를 대통령으로 지지하는 것입니다.

여러분들께, 여러분 자신에게 물어보시길 바랍니다. 여러분은 이 유세에 단지 저를 위해서 왔습니까? 아니면 그 젊은 해병과 그와 같은 처지에 있는 사람들을 위해 왔습니까? 아이들을 키우며 암 투병하는 그 엄마를 위해서입니까? 젊은이와 최저 임금으로 살아가는 그의 엄마를 위해서입니까? 아니면 보이지 않는 이 나라의 모든 사람들을 위해오셨습니까?

우리는 다시 한번 우리보다 앞서 살았던 여러 세대들이 우리의 가장 힘든 역경에 맞설 수 있었던 미국의 자신감과 **낙관주의**를 독특하게 **혼합**하여 만들(**두드려 만들다**) 수 있는 지도자들이 필요합니다. 우리의 **창의성**과 독창성과 혁신 정신으로 미국에서 가능한 것에는 한계가 없다는 것을 우리 자신과 세계에 보여주는 것을 도울 수 있는 지도자들 말입니다.

지금 이것은 쉽지 않을 것입니다. 진보는 절대 쉽지 않습니다. 하지만 우리가 민주당 후보를 백악관으로 되돌리려고 투쟁하지 않는다면, 진보는 '불가능'할 것입니다. 우리는 버락 오바마를 뽑아야 합니다. 왜냐하면 일자리가 해외로 나가버린 노동자들을 무시하면서(**무시하다**) 에너지 **투기꾼**들의 주머니를 불려(**메우다**)주는 것으로는 미국이

워싱턴에 나부끼는 성조기

while **ignoring** the workers whose jobs have been shipped overseas. We need a President who understands we can't solve the problems of global warming by giving **windfall profits** to the oil companies while ignoring opportunities to invest in the new technologies that will build a green economy. We need a President who understands that **the genius** of America has always depended on the strength and **vitality** of the middle class.

Barack Obama **began his career** fighting for workers **displace**d by the global economy. He built his campaign on a **fundamental** belief that change in this country must start from

월스트리트 황소상

세계 경제에서 경쟁할 수 없다는 것을 아는 대통령이 필요하기 때문입니다. 우리는 녹색경제를 이룰 신기술에 투자할 기회를 무시하면서 석유회사에 **초과 이득**을 주는 것으로는 지구온난화 문제를 풀 수 없다는 것을 아는 대통령이 필요합니다. 우리는 미국의 **정신**이 항상 중산층의 힘과 **활력**에 있다는 것을 아는 대통령이 필요합니다.

버락 오바마는 세계 경제에서 밀려난(**쫓아내다**) 노동자들을 위해 싸우면서 인생의 첫발을 내딛었습니다(**인생의 첫발을 내딛다**). 그는 이 나라의 변화가 '밑에서 위로' 일어나야지, '위에서 아래로' 일어나서는

the ground up, not the top down. And he knows that government must be about "We the people" — not "We the favored few."

And when Barack Obama is in the White House, he'll **revitalize** our economy, **defend** the working people of America, and meet the global challenges of our time. Democrats know how to do this. As I **recall**, we did it before with President Clinton and the Democrats. And if we **do our part**, we'll do it again with President Obama and the Democrats.

Just think of what America will be as we **transform** our energy economy, create those millions of jobs, build a strong base for economic growth and shared prosperity, get middle class families get the tax relief they deserve. And I cannot wait to watch Barack Obama sign into law a health care plan that covers every single American.

And we know that President Obama will end the war in Iraq responsibly, bring our troops home, and begin to **repair** our **alliance**s around the world.

And Barack will have with him a **terrific** partner in Michelle Obama. Anyone who saw Michelle's speech last night

안 된다는 **근본적인** 신념 위에서 유세를 일궈냈습니다. 그는 정부가 '국민'에 대한 것이어야 하지, '소수가 선호하는 것'이 되어서는 안 된다는 것을 알고 있습니다.

버락 오바마가 지금 백악관에 있다면, 그는 우리 경제를 다시 살려낼(**소생시키다**) 것이며, 미국의 노동자들을 지키며(**지키다**), 지금의 세계적 역경에 대처해갈 것입니다. 민주당원들은 이를 어떻게 해야 할지 압니다. 생각해보면(**생각해내다**), 우리는 예전에 클린턴 대통령과 민주당원과 함께 그것을 했습니다. 또한 만약 우리가 자신의 본분을 다한다면(**자기 본분을 다하다**), 우리는 오바마 대통령과 민주당원과 다시 함께 그것을 할 것입니다.

우리의 에너지를 경제로 바꾸고(**바꾸다**), 수백만의 일자리를 창출하고, 경제적 성장과 공유된 번영을 위해 튼튼한 토대를 세우며, 중산층 가정이 당연히 받아야 할 세금 감면을 받도록 하는 미국만을 생각하십시오. 저는 버락 오바마가 우리 국민 개개인을 포함하는 건강보험 계획에 서명하는 것을 서둘러 보고 싶습니다.

오바마 대통령은 책임감 있게 이라크에서의 전쟁을 끝내고, 우리의 군대를 고국으로 데려오리라는 것을 압니다. 세계에서 우리의 **동맹** 관계를 회복하면서(**회복하다**) 말입니다.

그리고 그는 미셸 오바마라는 **멋진** 파트너와 함께할 것입니다. 어젯밤 미셸의 연설을 들으신 분들은, 그녀가 미국의 훌륭한 영부인이

knows she will be a great First Lady for America.

And Americans are fortunate that Joe Biden will be at Barack Obama's side — a strong leader, a good man, who understands both the economic stresses here at home and the **strategic** challenges abroad. He is **pragmatic**; he's tough; and he's wise. And, Joe, of course, will be supported by his wonderful wife, Jill. They will be a great team for our country.

Now, John McCain is my colleague and my friend. He has served our country with honor and courage. But we don't need four more years of the last eight years: more economic **stagnation** and less affordable health care; more high gas prices and less alternative energy; more jobs getting shipped overseas and fewer jobs created here at home; more **skyrocketing** debt and home **foreclosure**s and **mount**ing bills that are **crushing** middle class families; more war and less diplomacy; more of a government where the privileged come first and everyone else **come**s **last**.

Well, John McCain says the economy is fundamentally **sound**. John McCain doesn't think 47 million people without health insurance is a crisis. John McCain wants to **privatize** Social Security. And in 2008, he still thinks it's okay when

될 것임을 알고 있습니다.

　조 바이든이 버락 오바마의 곁에 있다는 사실도 미국인들에게는 행운입니다. 그는 강력한 지도자이며 훌륭한 분입니다. 그는 이곳 미국의 경제적 곤경과 해외의 **전략**적 난제들을 알고 있습니다. 그는 실용주의자이며(**실용주의의**) 강인하고 현명합니다. 그리고 물론 조는 그의 훌륭한 아내 질의 내조를 받을 겁니다. 그들은 이 나라를 위해 훌륭한 팀이 될 겁니다.

　그런데 존 매케인은 제 동료이자 친구입니다. 그는 이 나라를 위해 명예롭고 용감하게 복무했습니다. 하지만 우리는 지난 8년에 4년이 더 필요하지 않습니다. 경제는 더 **침체**되고 건강보험은 더 내기 힘들어졌고 유가는 더욱 오르고, 대체에너지는 더 줄고 말입니다. 일자리는 점점 더 해외로 나가고, 이곳 국내에선 일자리가 더 줄고 말입니다. 치솟는(**높이 솟는**) 부채 및 늘어가는 주택 **차압**, 그리고 더 많은 중산층 가정들을 짓이기는(**눌러 터뜨리는**) 청구서는 쌓여만 갑니다(**증가하다**). 또 더 많은 전쟁에 외교는 더욱 줄었습니다. 정부의 많은 자리에는 특권층이 먼저 들어가고 그 밖의 사람들은 맨 나중에 들어갑니다(**맨 나중에 오다**).

　그런데 존 매케인은 경제가 기본적으로는 견실하다고(**견실한**) 말합니다. 존 매케인은 건강보험료가 없는 4,700만의 사람들이 위기에 처해 있다고 생각하지 않습니다. 존 매케인은 사회보장 제도를 민영화하기를(**민영화하다**) 원합니다. 2008년도에, 그는 여전히 여성이 동등한

women don't earn equal pay for equal work. Now, with an agenda like that, it **make**s perfect **sense** that George Bush and John McCain will be together next week in the **Twin Cities** — because these days they're **awfully** hard to tell apart.

You know, America is still around after 232 years because we have risen to every challenge and every new time, changing to be faithful to our values of equal opportunity for all and the common good. And I know what that can mean for every man, woman, and child in America. I'm a United States Senator because in 1848 a group of courageous women and a few brave men gathered in Seneca Falls, New York, many traveling for days and nights, to **participate** in the first **convention** on women's rights in our history.

And so **dawn**ed a struggle for the right to vote that would last 72 years, **hand**ed **down** by mother to daughter to granddaughter — and a few sons and grandsons along the way. These women and men looked into their daughters' eyes and imagined a fairer and freer world, and found the strength to fight, to **rally**, to picket, to **endure ridicule** and **harassment**, and **brave** violence and **jail**. And after so many **decade**s — 88 years ago on this very day — the 19th **amendment** giving

우리 대통령을 위하여

노동에 대해 동등하게 보수를 받지 않아도 괜찮다고 생각합니다. 그런데 그와 같은 안건을 보면, 조지 부시와 매케인이 다음 주에 **트윈 시티스**에 함께 있는 것이 정말 이해가 됩니다(**이해되다**). 요즘 그들은 따로따로 말하는 게 **몹시** 힘들기 때문입니다.

그런데 미국은 232년이 지났지만(**건국한 지 - 역주**) 아직도 현존하고 있습니다. 왜냐하면 우리는 모든 역경과 모든 새로운 시기를 떨치고 일어났기 때문입니다. 모든 이에게 동등한 기회와 공동선이라는 우리의 가치관에 충실하도록 변화하면서 말입니다. 그리고 저는 그게 미국의 모든 사람들과 아이들에게 무엇을 의미하는지 알고 있습니다. 저는 미합중국의 상원의원입니다. 이는 1848년 일단의 용감한 여성과 몇 안 되는 용감한 남성들이, 뉴욕의 세네카 폴스에 모였기 때문이며, 또 다수는 며칠 밤낮을 걸어서, 우리 역사상 처음 열리는 여성인권**대회**에 참석했기(**참가하다**) 때문입니다.

그리고 그렇게 72년을 지속할 투표권 투쟁이 시작됐습니다(**시작하다**). 어머니에게서 딸에게로 손녀에게로 전해졌습니다(**전하다**). 그리고 그 와중에 몇 안 되는 아들과 손자들에게도 전해졌습니다. 이들은 자기 딸들의 눈을 들여다보았고, 더 공정하며 더 자유로운 세상을 상상하면서 싸우는 힘을 얻었습니다. 모일(**모이다**) 힘과 피켓을 들 힘이었습니다. **조롱**과 **괴롭힘**을 참아내는(**인내하다**) 힘이었습니다. 폭력과 **감옥**에 용감하게 맞서는(**용감하게 맞서다**) 힘이었습니다. 그리고 아주 많은 세월(**10년간**)이 흘러, 88년 전 바로 오늘, 여성에게 참정권을 주

247

women the right to vote became **enshrine**d **in** our **Constitution**.

My mother was born before women could vote. My daughter got to vote for her mother for President. This is the story of America, of women and men who **defy** the **odds** and never give up.

So how do we give this country back to them? By **follow**ing the example of a brave New Yorker, a woman who risked her lives to bring slaves along the **Underground Railroad**. On that **path** to freedom, Harriet Tubman had one piece of advice: If you hear the dogs, keep going. If you see the **torch**es in the woods, keep going. If they're shouting after you, keep going. Don't ever stop. Keep going. If you want **a taste** of freedom, keep going. And even in the darkest of moments, that is what Americans have done. We have found the faith to keep going.

I've seen it. I have seen it in our teachers and our firefighters, our police officers, our nurses, our small business owners and our union workers. I've seen it in the men and women of our military. In America, you always keep going. We're Americans. We're not **big on** quitting.

는 제19차 **수정 조항**을 우리의 **헌법**에 명문화시켰습니다(**정식으로 기술하다**).

제 어머니는 여성이 투표할 수 있기 전에 태어나셨습니다. 그러나 제 딸은 대통령에 출마한 자신의 어머니에게 투표했습니다. 이것이 미국의 이야기입니다. 승산(**가능성**)을 문제 삼지 않고(**문제 삼지 않다**) 절대 포기하지 않은 사람들의 이야기입니다.

이러한대 어떻게 우리가 이 나라를 그들에게 돌려주겠습니까? 어느 용감한 뉴욕 시민과 목숨을 걸고 **지하 철길**을 따라 노예를 이끌었던 어느 여성을 모범으로 삼으면서(**따르다**) 말입니다. 그리고 그 자유에의 **길**에서, 해리어트 터브먼(1820경~1913. 남부에서 노예 생활을 하다 탈출해 남북전쟁이 일어나기 전까지 노예제 철폐에 앞장선 미국의 노예제 폐지론자 – 역주)은 다음과 같은 조언을 했습니다. "개 짖는 소리를 들어도 계속 가십시오. 숲 속에서 **횃불**을 보아도 계속 가십시오. 그들이 당신을 쫓아오며 소리쳐도 계속 가십시오. 절대로 멈추지 마십시오. 계속 가십시오. 자유를 **맛**보고 싶다면 계속 가십시오." 정말 암울한 순간에도, 이 나라 국민들은 해나갔습니다. 우리는 계속 갈 수 있는 믿음을 얻었습니다.

저는 믿음을 보았습니다. 저는 우리의 선생님과 소방관, 우리의 경찰관과 간호사, 우리의 소규모 자영업자들과 노동조합원들에게서 믿음을 보았습니다. 우리 군의 병사들에게서 보았습니다. 이 나라에서 여러분은 항상 계속 나아가십시오. 우리는 미국 사람입니다. 우리는 멈추는 것을 그다지 좋아하지(**아주 좋아하는**) 않습니다.

249

And remember, before we can keep going, we've got to get going by electing Barack Obama the next President of the United States. We don't have a moment to lose or a vote to **spare**. Nothing less than the fate of our nation and the future of our children **hangs in the balance**.

I want you to think about your children and grandchildren come Election Day. Think about the choices your parents and grandparents made that had such a big impact on your lives and on the life of our nation.

We've got to ensure that the choice we make in this election honors the **sacrifice**s of all who came before us, and will fill the lives of our children with possibility and hope. That is our duty, to build that bright future, to teach our children that, in America, there is no **chasm** too deep, no **barrier** too great, no **ceiling** too high for all who work hard, who keep going, have faith in God, in our country, and each other.

That is our **mission**, Democrats.

Let's elect Barack Obama and Joe Biden for that future worthy of our great country.

Thank you. God bless you, and **Godspeed**.

하지만 기억하십시오. 계속 나아가기 전에, 우리는 버락 오바마를 미합중국의 차기 대통령으로 선출하여 계속 나아가야만 합니다. 우리는 잃을 시간도, 아껴둘**(아끼다)** 표도 없습니다. 바로 이 나라의 운명과 우리 아이들의 미래가 결정을 내리지 못하고**(결정을 못 내린 상태에서)** 주저하고**(주저하다)** 있습니다.

투표일에 여러분의 아이들과 손자들을 생각해보시기 바랍니다. 그리고 여러분의 부모님과 할아버지 할머니들이 했던 선택들을 생각해보십시오. 여러분의 삶과 이 나라의 삶에 그렇게 커다란 영향을 주었던 선택 말입니다.

우리는 이번 선거에서 우리가 하는 선택이 우리보다 먼저 살았던 모두의 **희생**을 기리는 것이며 우리 아이들의 삶을 가능성과 희망으로 채우는 것임을 확실히 해야 합니다. 이것이 우리의 의무입니다. 밝은 미래를 건설하고 우리 아이들에게 이렇게 가르치는 것, 이 나라에는 너무 깊은 **틈**도 너무 큰 **장벽**도 너무 높은 **천장**도 없다는 것과 근면하게 일하고, 계속해서 나아가고, 하나님에 대한 믿음과 이 조국과 서로 간의 믿음이 있는 사람에게는 말입니다.

민주당원 여러분, 이것이 우리의 **임무**입니다.

이 위대한 국가의 가치를 위해 버락 오바마와 조 바이든에게 투표합시다.

감사합니다. 하나님께서 여러분을 축복하시길, 그리고 여러분의 **성공(의)**을 **기원**합니다.

여성 백악관 주인을 기다리며

[2008.6.7. 민주당 대선경선 중단 선언]

Clinton urges supporters to back Obama

힐러리 특강 | 이번 강의도 2008년에 있었던, 그해 6월 7일 워싱턴 D.C.의 국립건축박물관(National Building Museum)에서 제가 대선경선의 중간을 선언한 연설문을 텍스트로 삼았습니다. 그런데 제가 대선 레이스를 중단했듯이, 저의 영어 특강도 이번이 마지막 강의가 되었네요. 하지만 우리가 늘 얘기해왔듯이, 하나의 종결은 새로운 시작을 알리는 신호탄이 됩니다. 저는 민주당 대선경선의 중단을 선언하기는 했지만, 이 연설문에서 분명히 말씀드렸습니다. 언젠가는 여성 대통령이 탄생하게 될 것이라는 것을. 민주당 대선경선을 중단한 것이지, 아동의 권익 신장을 위한 운동을, 여권 신장을 위한 운동을, 건강보험을 위한 운동을, 그리고 우리의 소중한 가치를 증진시키는 운동을 중단한 것은 아닙니다. 사랑하는 수강생 여러분, 여러분도 마찬가지입니다. 힐러리 특강은 오늘로 중단되지만, 영어의 절대강자가 되기 위한 여러분의 분투는 변함없이 계속될 것입니다. 여러분의 강건한 노력과 꾸준한 집념에 성원을 보냅니다! Cheer up!

민주당 대선경선 때 유권자들에게 손을 흔드는 힐러리

> "We will someday launch a woman into the White House."

Lecture 7

Clinton urges supporters to back Obama

Thank you very, very much. Well, this isn't exactly the party I'd planned, but I sure like the company.

And I want to start today by saying how **grateful** I am to all of you, to everyone who **pour**ed your hearts and your hopes into this campaign, who drove for miles and lined the streets **waving homemade** signs, who **scrimp**ed and saved to **raise** money, who knocked on doors and made calls, who talked, sometimes argued with your friends and neighbors who e-mailed and **contribute**d online, who invested so much in our common enterprise, to the moms and dads who came to our events, who lifted their little girls and little boys on their shoulders and **whisper**ed in their ears, "See, you can be anything you want to be."

여성 백악관 주인을 기다리며

우리는 언젠가 백악관에
여성을 보내게 될 것입니다.

    대단히, 대단히 감사합니다. 그런데 이 자리는 엄밀히 말해서 애초에 계획했던 게 아닙니다. 하지만 저는 모임을 정말 좋아합니다.
    먼저 오늘 저는 여러분 모두에게 얼마나 감사한지(**감사하고 있는**) 말씀드리고 싶습니다. 이 선거 유세에 여러분의 마음과 여러분의 희망을 쏟아부으신(**쏟다**) 모든 분들께 말입니다. 또 멀리서 차를 몰고 오신 분들과 줄을 서서 **손수 만든** 기를 흔드신(**흔들다**) 분들, 또 기금을 모으기(**모금하다**) 위해 꾸준하게 조금씩 저축하신(**저축하다**) 분들, 또 현관문을 두드리며 방문했던 분들, 그리고 때로는 친구나 이웃 주민들과 논쟁을 벌이며 토론했던 분들께 감사의 말씀을 드리고 싶습니다. 또 메일을 보내주시기도 하고 온라인으로도 기부해(**기부하다**)주신 분들, 우리의 공동 기획사업에 정말 많은 투자를 하신 분들, 또 선거운동에 오신 부모님들, 그리고 어린아이를 무동 태우고 아이들의 귀에 대고 "봐라, 너는 원하는 것을 이룰 수 있어."라고 이야기하셨던(**작은 소리로 이야기하다**) 분들께 감사의 말씀을 드리고 싶습니다.

To the young people like 13-year-old Anne Riddell from Mayfield, Ohio, who had been **saving** for two years to go to Disney World and decided to use her savings instead to travel to Pennsylvania with her mom and **volunteer** there, as well.

To the **veterans**, to the childhood friends, to New Yorkers and Arkansans who traveled across the country, telling anyone who would listen why you supported me. And to all of those women in their 80s and their 90s born before women could **vote**, who **cast** their votes for our campaign. I've told you before about Florence Stein of South Dakota, who was 88 years old and **insist**ed **that** her daughter bring **an absentee ballot** to her **hospice** bedside. Her daughter and a friend put an American flag behind her bed and helped her **fill out** the **ballot**.

She **pass**ed **away** soon after, and, under state law, her ballot didn't count, but her daughter later told a reporter, "My dad's an **ornery**, old cowboy, and he didn't like it when he heard Mom's vote wouldn't be counted. I don't think he had voted in 20 years, but he voted **in place of** my mom."

오하이오 주 메이필드에서 온 열세 살짜리 앤 리델 같은 소년에게 감사합니다. 그는 디즈니월드에 가기 위해 2년간 돈을 저금했는데 그 돈(**저축액**)을 쓰기로 했습니다. 엄마와 펜실베이니아로 가는 대신 그곳에서 자원봉사를 하기(**자진하여 하다**)로 결심한 것입니다.

또 **퇴역 군인**들과, 어릴 때의 친구들, 뉴욕 주 주민들, 그리고 아칸소 주 주민들께 감사드립니다. 또 이 나라를 다니면서 귀를 기울이고 있는 사람들께 저를 왜 지지하는지를 말씀드렸던 사람들과 80대, 90대의 모든 여성분들께 말입니다. 그분들은 여성에게 투표권이(**투표하다**) 주어지지 않았던 시대(미국에서는 여성 참정권이 1920년에 공식 인정되었음 – 역주)에 태어나신 분들입니다. 그분들은 우리에게 표를 **던지셨습니다**. 저는 사우스다코타의 플로렌스 슈타인에 대해 전에 말씀드린 적이 있습니다. 88세이신 그분은 그녀의 딸이 **부재자투표** 용지를 그분의 호스피스(**말기 환자를 위한 병원**) 머리맡으로 가져올 것을 강력히 주장했습니다(**강력히 주장하다**). 그녀의 딸과 한 친구는 성조기를 그분의 침대 뒤에 두었으며 그분이 **투표용지**에 쓰는(**써넣다**) 것을 도와주었습니다.

할머니는 투표를 하고 나서 바로 돌아가셨습니다(**죽다**). 주법에 따라서 그분의 표는 계산되지 않았습니다. 하지만 그녀의 딸은 나중에 기자에게 이렇게 말했습니다. "저의 아버지는 고집이 세고(**고집 센**) 연세가 드셨으며 목장에서 일하십니다. 아버지는 엄마의 표가 계산되지 않은 것을 들을 때면 싫어하셨어요. 저는 아버지가 20년간 투표를 하지 않았다고 생각해요. 하지만 아버지는 엄마 대신(**–대신에**) 투표를 하셨지요."

So to all those who voted for me and to whom I **pledge**d my **utmost**, my **commitment** to you and to the progress we seek is **unyielding**.

You have **inspire**d and touched me with the stories of the joys and sorrows that **make up** the **fabric** of our lives. And you have **humble**d me with your commitment to our country.

Eighteen million of you, from **all walks of life** women and men, young and old, Latino and Asian, African-American and **Caucasian** rich, poor, and middle-class, gay and **straight**, you have **stood with** me.

And I will continue to stand strong with you every time, every place, **in every way** that I can. The dreams we share are **worth** fighting for.

Remember, we fought for the single mom with the young daughter, **juggling** work and school, who told me, "I'm doing it all to better myself for her." We fought for the woman who grabbed my hand and asked me, "What are you going to do to make sure I have health care?" and began to cry, because even though she works three jobs, she can't **afford insurance**.

We fought for the young man in the Marine Corps t-shirt

그래서 저에게 표를 던지신 모든 분들께, 그리고 제가 여러분께 온몸을 다해(**최대한도의**) **헌신**하겠다고 약속하고(**약속하다**), 우리가 원하는 여정이 계속 추진되고 있는(**굽히지 않는**) 것에 감사드립니다.

여러분들은 저를 **격려해**주셨으며 기쁨과 슬픔의 이야기로 저를 감동시켰습니다. 우리 삶의 **바탕으로 만들어진** 이야기 말입니다. 또한 여러분은 **겸허하게** 저와 함께 조국을 위해 헌신했습니다.

1,800만 명의 **모든 계층의 사람들** – 남녀노소와 라틴계와 아시아계, 흑인과 **백인**들이, 부유한 사람과 가난한 사람, 그리고 중산층과 동성애자와 **동성애자가 아닌 사람들** – 여러분이 저를 지지해(**찬성하다**)주셨습니다.

저는 계속 여러분들과 함께 어느 때건, 어느 장소에서건, 제가 할 수 있는 **모든 면에서** 변함없이 확고하게 해나갈 것입니다. 우리가 나누었던 꿈들은 노력해볼 만한(**가치가 있는**) 것입니다.

기억하십시오. 우리는 어린 딸이 있는 미혼모를 위해 싸웠습니다. 직장과 학업 두 가지를 잘해내고 있는(**〈두 가지 일을〉 솜씨 있게 해내다**) 그녀는 제게 이렇게 말했습니다. "저는 딸이 저보다 더 나은 삶을 살도록 하기 위해 일도 하고 공부도 하고 있어요." 우리는 제 손을 잡으며 "당신은 제가 건강보험을 반드시 갖게 하기 위해서 무엇을 할 건가요?"라고 묻고서 울었던 여성을 위해 애썼습니다. 그녀는 세 가지 일을 하고 있는데도, **보험료**를 낼 수(**할 수 있다**) 없었던 것입니다.

우리는 해병대 티셔츠를 입은 젊은이를 위해 애썼습니다. 그는

who waited months for **medical care** and said, "Take care of my buddies over there, and then will you please take care of me?"

We fought for all those who've lost jobs and health care, who can't afford gas or **groceries** or college, who have felt **invisible** to their president these last seven years.

I entered this race because I have an **old-fashioned conviction** that public service is about helping people solve their problems and live their dreams. I've had every opportunity and blessing in my own life, and I want the same for all Americans.

And until that day comes, you'll always find me on **the front line**s of democracy, fighting for the future.

The way to continue our **fight** now, to accomplish the goals **for** which we **stand** is to take our energy, our **passion**, our strength, and do all we can to help elect Barack Obama, the next president of the United States.

Today, as I **suspend** my **campaign**, I congratulate him on the victory he has won and the extraordinary race he has run. I **endorse** him and throw my full support behind him.

And I ask all of you to join me in working as hard for

치료를 위해 수개월을 기다렸다고 하면서 이렇게 말했습니다. "저기 있는 제 친구들을 돌봐주십시오. 그리고 저를 돌보아주십시오."

우리는 직장과 건강보험을 잃은 모든 사람들을 위해 애썼습니다. 그들은 가스나 **식료품(류)** 또는 대학 갈 돈이 없으며, 지난 7년 동안 대통령에 대해서 확실하지 않다는**(확실하지 않은)** 생각을 갖게 되었습니다.

저는 사회봉사란 사람들을 도와 그들의 문제점을 해결해주고 그들이 꿈을 갖고 살도록 하는 다소 **구시대적 신념**을 갖고 입후보했습니다. 저는 제 자신의 삶 속에서 온갖 기회와 축복을 받았으며 이와 똑같은 것이 미국 국민들 모두에게도 주어지기를 원합니다.

그날이 올 때까지, 여러분들은 항상 민주주의의 **최전선**에 있는 저를 발견할 수 있을 것입니다. 미래를 위해 싸우는 저를 말입니다.

지금 계속 우리가 싸우는**(-을 위해 싸우다)** 길은, 우리가 싸우는 목표들을 성취하기 위한 이 길은 우리의 에너지와 **열정**과 힘을 **쏟아서**, 우리가 할 수 있는 모든 것으로 버락 오바마가 미합중국의 차기 대통령에 당선되도록 하는 것입니다.

오늘 저의 선거운동을 중지하면서**(중지하다)**, 저는 그에게 그가 거둔 승리와 그가 치른 엄청난 경선에 대해 축하드립니다. 저는 그를 지지하며**(찬성하다)** 그의 뒤에서 힘껏 도울 것입니다.

그리고 여러분 모두에게 당부드립니다. 저와 함께 여러분들이 저에

Barack Obama as you have for me.

I have served in the **Senate** with him for four years. I have been in this campaign with him for 16 months. I have **stood on** the **stage** and gone **toe-to-toe** with him in 22 debates. I've had a front-**row** seat to his **candidacy**, and I have seen his strength and determination, his **grace** and his **grit**.

In his own life, Barack Obama has lived the American dream, as a community organizer, in the state Senate, as a United States senator. He has **dedicated himself** to ensuring the dream is realized. And in this campaign, he has inspired so many to become involved in the democratic process and invested in our common future.

Now, when I started this race, I intended to **win back** the White House and make sure we have a president who puts our country back on the path to peace, prosperity and progress. And that's exactly what we're going to do, by ensuring that Barack Obama walks through the doors of the **Oval Office** on January 20, 2009.

Now, I understand — I understand that we all know this has been a **tough** fight, but the Democratic Party is a family. And now it's time to **restore** the **ties** that **bind** us together and to **come together around** the ideals we share, the values we

게 한 것처럼 버락 오바마를 위해 아주 열심히 노력해달라고 말입니다.

저는 **상원**에서 그와 함께 4년을 일했습니다. 저는 그와 이번 선거운동을 한 지 16개월이 되었습니다. 저는 **여정**을 굳게 지키며(굳게 지키다) 그와 정면으로 맞서서(정면으로 맞선) 스물두 번의 토론을 하였습니다. 저는 앞**좌석**에 그의 (입)**후보자**로 앉아 있으면서, 그의 힘과 결단력과 **기품**, 그리고 그의 **기개**를 보았습니다.

지금껏 버락 오바마는 아메리칸 드림을 갖고 살아왔으며, 주 상원에서 지역 사회를 만든 사람으로, 미국 상원의원으로 살아왔습니다. 그는 꿈의 실현을 확보하기 위해 전념했습니다(**전념하다**). 또 이번 선거운동에서, 그는 상당히 고무되어 민주주의 발전에 참여하였으며 우리가 추구하는 공통의 미래에 헌신하게 되었습니다.

그런데 저는 이 경선을 시작했을 때 승리해서 백악관을 되찾을(**이겨서 되찾다**) 생각이었으며 확실히 우리의 조국을 평화와 번영과 발전의 길로 다시 나아가게 하는 대통령을 가질 생각이었습니다. 바로 그것이 우리가 해야 할 것이며 버락 오바마가 2009년 1월 20일 **대통령 집무**실의 문을 반드시 걸어들어가도록 하는 것입니다.

이제 저는 이해하고 있습니다. 우리 모두가 이번 경선이 **힘든** 싸움이었음을 알고 있다는 것을 말입니다. 하지만 민주당은 한 가족입니다. 이제는 우리를 단결시키는(**단결시키다**) **유대**감을 다시 되찾고(**되찾다**) 우리가 나눈 **숭고한 목적**과 우리가 소중히 간직한(**소중히 하다**) 가치관과

워싱턴 기념탑

cherish, and the country we love.

We may have started on **separate** journeys, but today our paths have **merge**d. And we're all **head**ing **toward** the same **destination**, **united** and more ready than ever to win in November and to **turn** our country **around**, because so much is **at stake**.

We all want an economy that **sustain**s the American dream, the opportunity to work hard and have that work **reward**ed, to **save for** college, a home and **retirement**, to afford that gas and those **groceries**, and still have a little **left**

대선 연설하는 힐러리와 지지자들

우리가 사랑하는 이 나라를 **중심으로** 함께하는(**함께 되다**) 것입니다.

우리는 각자 다른(**따로따로의**) 여정을 할지도 모릅니다. 하지만 오늘 우리의 길은 하나로 합쳐졌습니다(**합병하다**). 또한 우리는 모두 같은 **목적지**를 향해나아갑니다(**나아가다**). 하나가 되어(**연합한**) 11월에 승리하는 것보다 더 준비하며 이 나라를 호전되게(**호전되다**) 하면서 말입니다. 지금 굉장히 경제적으로 어렵기(**위태로워**) 때문입니다.

우리는 모두 아메리칸 드림이 계속되는(**계속하다**) 경제를 원합니다. 열심히 일하고 그 일에 보상받는(**보상하다**) 기회가 계속 주어지는 경제 말입니다. 대학을 가기 위해서, 보금자리와 퇴직(**은퇴**)을 위해서 저축할(**저축하다**) 수 있는 기회가 계속되는 경제 말입니다. 또 가스와

over at the end of the month, an economy that **lifts** all of our people and ensures that our prosperity is **broadly distribute**d and shared.

We all want a health care system that is universal, high-quality and **affordable** so that parents don't have to choose between care for themselves or their children or be **stuck in dead-end jobs** simply to keep their **insurance**.

This isn't just an **issue** for me. It is a passion and a **cause**, and it is a fight I will continue until every single American is **insure**d, no exceptions and no **excuse**s.

We all want an America defined by **deep** and meaningful equality, from **civil rights** to labor rights, from women's rights to gay rights from ending **discrimination** to promoting **unionization**, to providing help for the most important job there is: **caring for** our families.

And we all want to restore America's standing in the world, to end the war in Iraq, and once again lead by the power of our values and to **join with** our allies to confront our shared challenges, from poverty and genocide to terrorism and global

식료품(식료잡화류)을 살 수 있는 기회가 계속되는 경제 말입니다. 또 월말에 남겨진(**남기다**) 것이 조금 있으며 이 나라 모든 사람들의 생활이 나아지게(**향상시키다**) 하고 우리의 번영이 **널리** 분배되고(**분배하다**) 공유되는 것이 확실한 경제를 원합니다.

우리는 모두가 누리고 질이 높고 가격이 적절한(**가격이 알맞은**) 건강보험 제도를 원합니다. 그래서 부모님들이 자신들을 돌보거나 아이들을 돌보는 것 중에서 선택할 필요가 없으며, **장래성이 없는 일** 속에 단지 자신의 **보험**을 유지하기 위해 갇혀 있을(**꼼짝 못하다**) 필요가 없는 제도 말입니다.

저에게는 이것이 단지 **쟁점**만은 아닙니다. 이것은 열정이고 **목적**이며 투쟁입니다. 저는 미국 국민들 한 사람 한 사람이 어떤 예외나 **변명** 없이 보험에 가입될(**보험에 가입하다**) 때까지 나설 것입니다.

우리는 모두 미국이 심원하고(**심원한**) 의미 있는 평등의 나라로 규정되기를 원합니다. **민권**에서부터 노동권과 여성의 권리에서부터 동성애자의 권리에 이르기까지, **인종 차별**의 종식에서부터 **노동조합 가입**이 활성화되며 가장 중요한 직업을 도와 준비시키는 것에 이르기까지 말입니다. 우리 가족까지 돌보는(**돌보다**) 국가 말입니다

우리는 모두 세계에서 미국의 입지가 다시 회복되기를 원합니다. 그리하여 이라크에서의 전쟁을 종식시키고 다시 한번 우리의 가치력으로 이끌고, 또 우리의 동맹국들과 행동을 같이하여(**행동을 같이 하다**) 공동의 과제에 맞서고, 빈곤과 인종 학살과 테러와 지구온난화에 맞설

warming.

You know, I've been involved in politics and public life **in one way or another** for four decades. And during those, during those 40 years, our country has voted 10 times for president. Democrats won only three of those times, and the man who won two of those elections is with us today.

We made **tremendous** progress during the '90s under a Democratic president, with a **flourish**ing economy and our leadership for peace and security respected around the world.

Just think how much more progress we could have made over the past 40 years if we'd had a Democratic president. Think about the lost opportunities of these past seven years on the environment and the economy, on health care and civil rights, on education, foreign policy and the Supreme Court.

Imagine how far we could have come, how much we could have achieved if we had just had a Democrat in the White House.

We cannot let this moment **slip away**. We have come too far and accomplished too much.

Now, the journey ahead will not be easy. Some will say we can't do it, that it's too hard, we're just **not up to** the task. But

수 있기를 원합니다

저는 지난 40년간 여러 모로(**어떻게 해서라도**) 정치와 국민의 삶에 참여해왔습니다. 그리고 그 40년이라는 기간 동안 우리나라는 대통령 선거를 열 번 치렀습니다. 민주당은 그 당시 세 차례만 승리했으며, 그중 두 번의 선거를 승리로 이끈 사람이 오늘 우리와 함께하고 있습니다.

우리는 90년대 민주당 대통령의 지배하에 **엄청난** 발전을 이루었습니다. 경제는 번영하고(**번영하다**) 전 세계의 존경을 받는 평화와 안보의 리더십을 갖추고 말입니다.

우리는 지난 40년간 더 진보했을 수 있는 것이 얼마나 많았을지 생각해보십시오. 만약 민주당에서 대통령이 나왔다면 말입니다. 지난 7년간 환경과 경제에 대해 놓친 기회를 생각해보십시오. 건강보험과 인권, 교육과 외교 정책, 그리고 연방 대법원에서 놓친 것들을 말입니다.

얼마나 멀었는지 상상해보십시오. 얼마나 우리가 성취할 수 있었겠습니까. 만약 민주당 후보가 백악관을 장악했다면 말입니다.

우리는 지금 이 순간을 슬쩍 지나가버리게(**살짝 가버리다**) 할 수 없습니다. 우리는 너무도 멀리서 왔으며 너무도 많이 성취했습니다.

그런데 앞으로의 여정은 쉽지는 않을 것입니다. 이것을 할 수 없다고 말씀하시는 분도 계실 것입니다. 그것이 너무 힘들다고 말입니

for as long as America has existed, it has been the American way to reject can't-do **claims** and to choose instead to stretch the **boundaries** of the possible through hard work, determination, and a **pioneering spirit**.

It is this belief, this optimism that Sen. Obama and I share and that has inspired so many millions of our supporters to make their voices heard. So today I am standing with Sen. Obama to say: Yes, we can!

And that together we will work — we'll have to work hard to achieve **universal** health care. But on the day we live in an America where no child, no man, and no woman is without health insurance, we will live in a stronger America. That's why we need to help elect Barack Obama our president.

We'll have to work hard to **get back** to **fiscal** responsibility and a strong middle class. But on the day we live in an America whose middle class is **thriving** and growing again, where all Americans, no matter where they live or where their ancestors came from, can **earn a decent living**, we will live in a stronger America. And that is why we must help elect Barack Obama our president.

다. 우리는 정말 이 일을 감당할 수 없다(**감당할 수 없어**)고 말입니다. 하지만 미국이 존재하는 한, 이 나라 국민들은 할 수 없다는 것(**주장**)을 거부하고 대신 가능성의 **범위**를 선택하여 넓혀나갔습니다. 근면과 결단력, 그리고 **개척(자)정신**으로 말입니다.

이것이 오바마 상원의원과 제가 함께 나눈 확신이며 낙관론입니다. 수백만의 지지자들을 격려하여 그들의 발언에 귀 기울이도록 함으로써 말입니다. 그래서 오늘 저는 오바마 상원의원을 지지하며, "예, 우리는 할 수 있어요"라고 말하는 것입니다.

그리고 우리는 함께 해나갈 것입니다. 우리는 건강보험을 누구나 다 받을(**널리 행해지는**) 수 있도록 하기 위해 열심히 노력해야 할 것입니다. 하지만 지금 우리가 건강보험을 갖지 않는 아이도 없으며 그런 사람들도 없는 미국에서 산다면, 우리는 더 강력한 미국에서 살게 될 것입니다. 그렇기 때문에 우리는 버락 오바마를 대통령으로 선출하는 데 기여해야만 하는 것입니다.

우리는 열심히 해야 할 것입니다. **재정적** 책임과 강력한 중산층으로 돌아가기(**돌아가다**) 위해서 말입니다. 하지만 지금 우리는 중산층이 다시 번영하고(**번영하다**) 성장하고 있는 국가에서 살고 있습니다. 이곳에서 모든 국민들은 어디서 살고 자신의 조상이 어디 출신이라 할지라도 생계를 훌륭하게(**훌륭한**) 꾸려나갈(**생계를 꾸려나가다**) 수 있으며, 우리는 더 강력한 미국에서 살 것입니다. 그렇기 때문에 우리는 버락 오바마를 대통령으로 선출하는 데 기여해야만 하는 것입니다.

We'll have to work hard to **foster** the **innovation** that will make us energy independent and **lift** the **threat** of global warming from our children's future. But on the day we live in an America **fuel**ed by renewable energy, we will live in a stronger America. And that is why we have to help elect Barack Obama our president.

We'll have to work hard to bring our troops home from Iraq and get them the support they've earned by their service. But on the day we live in an America that's as **loyal** to our troops as they have been to us, we will live in a stronger America. And that is why we must help elect Barack Obama our president.

This election is a **turning-point** election. And it is **critical** that we all understand what our choice really is. Will we go forward together, or will we **stall** and **slip** backwards?

Now, think how much progress we've already made. When we first really serve as **commander in chief**? Well, I think we answered that one.

우리는 열심히 일해야 합니다. **혁신**을 촉진하기(**촉진하다**) 위해서 말입니다. 이것이 우리가 에너지에서 독립하고 아이들의 미래로부터 지구온난화의 **위협**을 불식시키는(**불식시키다**) 것입니다. 하지만 지금 우리가 재생에너지로 얻은 연료로 살아가는(**-에 연료를 공급하다**) 미국에서 산다면 우리는 더 강력한 미국에서 살게 될 것입니다. 그렇기 때문에 우리가 버락 오바마를 대통령으로 선출하는 데 기여해야만 하는 것입니다.

우리는 열심히 일해야 합니다. 우리의 군대를 이라크에서 데려오고 그들이 복무로 인해 당연히 받아야 할 것을 지원하기 위해서 말입니다. 하지만 지금 그들이 우리에게 한 것처럼 우리의 군인들이 정말로 **충실한** 미국에 살고 있다면, 우리는 더 강력한 미국에서 살게 될 것입니다. 그렇기 때문에 우리가 버락 오바마를 대통령으로 선출하는 데 기여해야만 하는 것입니다.

이번 선거가 **고비**입니다. 우리는 모두 우리의 선택이 진실로 어떠한지를 아는 것이 중요합니다(**중대한**). 함께 앞으로 나아가겠습니까, 아니면 가만히 있으며(**멎다**) 뒤로 미끄러져 들어가겠습니까(**미끄러져 들어가다**)?

우선 우리가 이미 얼마나 많이 진보했는지를 생각해보십시오. 우리가 처음 선거를 시작했을 때는 사람들이 어디를 가든 똑같은 질문을 했습니다. 여성이 정말로 국가의 **최고지휘관** 역할을 할 수 있느냐고요. 그러면 저는 우리가 그렇게 말했다고 생각합니다.

Could an African-American really be our president? And Sen. Obama has answered that one.

Together, Sen. Obama and I achieved **milestone**s essential to our progress as a nation, part of our **perpetual** duty to form a more perfect union. A woman running for president, I always gave the same answer, that I was proud to be running as a woman, but I was running because I thought I'd be the best president. But ...

But I am a woman and, like millions of women, I know there are still barriers and **biases** out there, often **unconscious**, and I want to build an America that **respect**s and **embrace**s the potential of **every last one** of us.

I ran as a daughter who **benefit**ed from opportunities my mother never dreamed of. I ran as a mother who worries about my daughter's future and a mother who wants to leave all children brighter tomorrows.

To build that future I see, we must make sure that women and men alike understand the struggles of their grandmothers and their mothers, and that women enjoy equal opportunities,

흑인이 정말 대통령이 될 수 있을까요? 그러면 오바마 상원의원은 그렇다고 대답했습니다.

오바마 상원의원과 저는 함께 우리의 진보 중 가장 **획기적인 사건**을 하나의 국가와 우리의 **끊임없는** 의무감의 주요한 일면으로서 성취했습니다. 더 완전한 연합을 형성하기 위해서 말입니다. 이제 제 개인적 말씀을 드려보면, 여성이 대통령에 출마하는 것이 무슨 의미가 있느냐는 질문을 받을 때면, 저는 항상 똑같은 대답을 합니다. 저는 여성으로 대통령에 출마한 것이 자랑스럽지만, 대선에 도전한 이유는 제가 최고의 대통령이 될 수 있다고 생각했기 때문입니다.

하지만 저는 한 명의 여성입니다. 수백만의 여성들처럼 말입니다. 저기 바깥에는 여전히 장벽과 **편견**이 존재하고 있다는 것을 알고 있습니다. 가끔은 **무의식적**이기도 합니다. 저는 우리 각자의 모든(**어느 것이나 모두**) 능력을 존중하고(**존중하다**) 받아들일(**받아들이다**) 수 있는 미국을 건설하고 싶습니다.

저는 저의 어머니가 결코 꿈꾸지 못했던 기회의 혜택을 보았던(**이익을 얻다**) 딸로서 출마했습니다. 저는 딸의 미래를 걱정하는 어머니로서 출마했으며, 모든 아이들의 미래가 더 밝기를 바라는 어머니로서 출마했습니다.

제가 기대하는 그 미래를 건설하기 위해서, 우리는 남녀 똑같이 그들의 할머니와 그들의 어머니들의 노력을 확실히 이해해야만 합니다. 여성들도 동등한 기회와 동등한 보수와 동등한 존중을 받아야 한

equal pay and equal respect.

Let us **resolve** and work toward achieving very simple **propositions**: There are no acceptable limits, and there are no acceptable **prejudices** in the 21st century in our country.

You can be so proud that, **from now on**, it will be **unremarkable** for a woman to win **primary** state victories unremarkable to have a woman in a close race to be our **nominee**, unremarkable to think that a woman can be the president of the United States. And that is truly remarkable, my friends.

To those who are disappointed that we couldn't go all of the way, especially the young people who put so much into this campaign, it would break my heart if, in falling **short of** my goal, I in any way discouraged any of you from pursuing yours.

Always aim high, work hard and care deeply about what you believe in. And, when you **stumble**, keep faith. And, when you're **knock**ed **down**, get right back up and never listen to anyone who says you can't or shouldn't go on.

As we gather here today in this historic, **magnificent** building, the 50th woman to leave this Earth is **orbit**ing

다고 말입니다.

　다음과 같은 아주 간단한 **명제**를 얻기 위해 마음먹고(**해결하다**) 일해나갑시다. 21세기의 우리 미국에서는 어떠한 한계도 허용될 수 없으며, 어떠한 **편견**도 허용될 수 없습니다.

　여러분은 정말 긍지를 가져도 됩니다. **앞으로는** 여성이 예비 선거에서 주마다 승리를 거두어도 놀랄 만한 일이 아니라는(**놀랄 만한 일이 아닌**) 것을 말입니다. 근소한 차로 선거에서 후보로 **지명된**(사람) 여성이 놀랄 만한 일이 아니며, 여성은 미합중국의 대통령이 될 수 있다는 생각에 대해 놀랄 것도 없으면서 말입니다. 지지자 여러분, 그것이야말로 실로 놀랄 만한 일입니다.

　우리가 더 멀리까지 갈 수 없었다는 것에 실망한 분들에게는, 특히 이번 선거운동에 아주 많은 관심을 기울인 젊은 분들에게는, 저의 실패가 어떤 경우에든 목표를 좇는 여러분의 사기를 떨어뜨린다면(-**하지 못하고**), 제 마음이 몹시 아플 거라는 말씀을 드립니다.

　항상 목표는 높게, 일은 열심히, 그리고 여러분이 믿는 것에 철저하게 관심을 갖는 것입니다. 여러분이 넘어졌을(**넘어지다**) 때 믿음을 갖습니다. 여러분이 부딪쳐 넘어졌을(**받아 넘어뜨리다**) 때 곧바로 일어섭니다. "너는 계속 갈 수 없어"라고 말하는 사람에게 귀 기울이지 않으면서 말입니다.

　우리가 오늘 이 역사적인 **웅장한** 건물에 모여 있는 동안, 지구를 떠난 50번째 여성(여성 우주 비행사를 말함 – 역주)이 높은 **상공에서** 궤도를 돌

overhead. If we can **blast** 50 women into space, we will someday **launch** a woman into the White House.

Although we weren't able to **shatter** that highest, hardest **glass ceiling** this time, thanks to you, it's got about 18 million **crack**s in it, and the light is shining through like never before, filling us all with the hope and the sure knowledge that the path will be a little easier next time.

That has always been the history of progress in America. Think of the **suffragist**s who gathered at Seneca Falls in 1848 and those who kept fighting until women could cast their votes.

Think of the **abolitionists** who struggled and died to see the end of slavery. Think of the civil rights heroes and **foot soldiers** who **segregation** and **Jim Crow**.

Because of them, I grew up **taking for granted** that women could vote, and, because of them, my daughter grew up taking for granted that children of all colors could go to school together.

Because of them, Barack Obama and I could **wage** a hard-fought campaign for the Democratic nomination. Because of

고(궤도를 선회하는) 있습니다. 우리가 우주에 50번째 여성을 발사할(발사하다) 수 있다면, 언젠가는 백악관으로도 여성을 발사해 보낼(진출시키다) 수 있을 것입니다.

우리가 이번에 가장 높고 가장 단단한 (성차별의 - 역주) 유리천장(무형의 인종적[성적] 편견)을 깨지는(깨다) 못했어도, 여러분 덕분에 1,800만 개의 **균열**을 만들어낼 수 있었습니다(힐러리가 대선경선에서 1,800만 표 정도를 획득한 것을 비유함 - 역주). 그리고 그 빛은 이전과는 전혀 다르게 강렬하게 비추고 있습니다. 우리 모두에게 다음번에는 이 길이 더 쉬워질 것이라는 희망과 확실한 인식을 갖게 했습니다.

그것은 항상 미국의 역사적인 진보였습니다. 1848년에 세네카 폴스에 모인 **여성 참정권(론자)** 주창자들과 여성이 투표할 수 있을 때까지 계속 투쟁한 사람들을 생각해보십시오.

노예제 **폐지론자**들을 생각해보십시오. 그들은 투쟁하다 죽기도 했습니다. 노예제의 폐지를 보기 위해서 말입니다. 인권운동의 용사들과 행군하며 항의했던 **보병**들을 생각해보십시오. 목숨을 걸고 **인종 차별**과 남부에서의 **인종 차별**을 종식시키기 위해 일으킨 것 말입니다.

그들 때문에 저는 여성이 투표하는 것이 당연하다고 여기며(**당연하다고 생각하다**) 자랐으며, 그들 때문에 제 딸은 모든 유색 인종의 아이들도 학교에 가는 것이 당연하다고 여기며 자랐습니다.

그들 때문에 버락 오바마와 저는 민주당 대선후보 지명의 힘든 선거운동을(선거운동하다) 할 수 있었습니다. 그들 덕분에 그리고 여러

them and because of you, children today will grow up taking for granted that an African-American or a woman can, yes, become the president of the United States. And so when that day arrives, and a woman **takes the oath** of office as our president, we will all **stand tall**er, proud of the values of our nation, proud that every little girl can dream big and that her dreams can come true in America.

And all of you will know that, because of your passion and hard work, you helped **pave the way for** that day.

So I want to say to my supporters: When you hear people saying or think to yourself "if only" or "what if," I say, please, don't go there. Every moment wasted looking back keeps us from moving forward.

Life is too short, time is too precious, and the stakes are too high to **dwell on** what might have been. We have to work together for what still can be. And that is why I will work my heart out to **make sure that** Sen. Obama is our next president.

And I hope and pray that all of you will join me in that effort.

분 덕분에 아이들은 이제 흑인이나 여성이 미국 대통령이 될 수 있다는 것을 당연하게 여기며 자랄 것입니다. 그날이 와서, 한 여성이 대통령으로서의 임무를 위해 선서를(**선서하다**) 할 때면, 우리는 모두 당당하게 나설 것이며(**당당하게 나서다**), 우리 국민의 가치에 대해 긍지를 갖고, 모든 어린 소녀들은 커다란 꿈을 가질 수 있습니다. 소녀들의 꿈이 미국에서 실현될 수 있다는 긍지 말입니다.

여러분 모두는 여러분의 열정과 근면으로 인해 그날이 가능해질 것이라는(**-을 가능케 하다**) 사실을 알 것입니다.

그래서 저는 저의 지지자 분들께 다음과 같이 말씀드리고 싶습니다. 사람들이 "그렇게 되면 좋으련만" 혹은 "설령 그렇게 된다 하더라도 어쨌다는 거야"라고 말하는 것을 듣거나 여러분 스스로 그런 생각이 든다면, 저는 제발 그런 것에서 멀어지라고 말하고 싶습니다. 뒤를 돌아보며 헛되이 보낸다면 우리는 앞으로 나아가지 못합니다.

인생은 너무나 짧고 시간은 너무나 소중하며, 무언가를 했을지도 몰라 하며 살기에는(**살다**) 우리의 관심은 굉장히 큽니다. 우리는 아직도 무엇을 할 수 있을 것인가를 위해 힘을 모아야 합니다. 그렇기 때문에 저는 마음을 다해 오바마 상원의원이 반드시 차기 대통령이 되게 할 것입니다(**반드시 -하도록 손을 쓰다**).

저는 여러분 모두가 그러한 노력에 저와 함께하기를 희망하며 부탁드립니다.

To my supporters and colleagues in Congress, to the governors and mayors, elected officials who stood with me in good times and bad, thank you for your strength and leadership.

To my friends in our labor unions who stood strong every step of the way, I thank you and **pledge** my support to you.

To my friends from every stage of my life, your love and ongoing **commitment sustain**ed me every single day.

To my family, especially Bill and Chelsea and my mother, you mean the world to me, and I thank you for all you have done.

And to my extraordinary staff, volunteers and supporters thank you for working those long, hard hours. Thank you for dropping everything, leaving work or school, traveling to places that you've never been, sometimes for months **on end**. And thanks to your families, as well, because your sacrifice was theirs, too. All of you were there for me every step of the way.

Now, being human, we are **imperfect**. That's why we need each other, to **catch** each other when we **falter**, to encourage each other when we **lose heart**. Some may lead, some may follow, but none of us can go it alone.

저의 지지자 분들과 의회의 동료 분들과 주지사 분들과 시장님들과 공직에 계신 분들은 좋을 때나 힘들 때나 저를 지지해주셨습니다. 여러분의 힘과 리더십에 감사드립니다.

노동조합에 계시는 저의 지지자 분들은 모든 조치 때마다 강하게 맞섰습니다. 여러분들께 감사드리며 여러분들에 대한 저의 지지를 약속드립니다(**약속하다**).

제 인생의 모든 시기마다 있었던 나의 친구들, 여러분들의 애정과 계속되는 **헌신**으로 제가 하루하루를 지탱할(**지탱하다**) 수 있었습니다.

저의 가족, 특히 빌과 첼시와 저의 어머니, 여러분들은 저에게는 세상입니다. 여러분들이 했던 모든 것에 감사드립니다.

그리고 저의 특별 참모들과, 자원봉사자들과 지지자 분들께도 감사드립니다. 그 길고 힘들었던 시간 동안 일하신 것에 감사드립니다. 모든 것을 버리거나 직장이나 학업을 중지하고 도와주신 것에 감사드립니다. 또 여러분들이 가보지 않았던 곳을 다니면서, 때로는 수개월 동안 **계속**하신 것에 감사드립니다. 또한 여러분들의 가족에게도 감사드립니다. 여러분의 희생 또한 여러분들의 가족 있었기 때문이다. 여러분 모두는 저를 위해 모든 조치 때마다 그곳에 계셨습니다.

그런데 인간으로서 우리는 완전하지 못합니다(**불완전한**). 그렇기 때문에 우리는 서로가 필요합니다. 넘어지면(**발에 걸려 넘어지다**) 서로 붙잡아주고(**붙잡다**), 낙심했을(**낙담하다**) 때는 서로 격려해주면서 말입니다. 누군가는 이끌며, 누군가는 따라갑니다. 하지만 우리는 누구도

The changes we're working for are changes that we can only **accomplish** together. Life, liberty and the pursuit of happiness are rights that belong to us as individuals. But our lives, our freedom, our happiness are best enjoyed, best protected, and best advanced when we do work together.

That is what we will do now, as we join forces with Sen. Obama and his campaign. We will make history together, as we write the next chapter in America's story. We will stand united for the values we hold dear, for the vision of progress we share, and for the country we love.

There is nothing more American than that. And looking out at you today, I have never felt so blessed. The challenges that I have faced in this campaign are nothing compared to those that millions of Americans face every day in their own lives.

So today I'm going to **count my blessings** and keep on going. I'm going to keep doing what I was doing long before the cameras ever **show**ed **up** and what I'll be doing long after they're gone: working to give every American the same opportunities I had and working to ensure that every child has the chance to grow up and achieve his or her God- given

홀로 갈 수 없습니다.

우리가 만들었던 변화는 우리가 함께 이루었을(**이루다**) 때에만 가능할 수 있는 변화입니다. 생명과 자유와 행복을 추구할 권리는 우리가 각자가 소유해야 할 권리입니다. 하지만 우리의 생명과 우리의 자유와 우리의 행복은 최고로 누릴 수 있어야 하며, 최고로 보호받아야 하며, 그리고 우리가 함께할 때 그 가치가 최고로 올라갑니다.

그것이 바로 우리가 오바마 상원의원과 그의 선거운동에 힘을 모으는 것이 바로 우리가 지금 할 일입니다. 우리가 미국 이야기의 다음 장을 쓸 때 우리는 역사를 함께 만들 것입니다. 우리가 소중히 간직한 가치를 위해서, 우리가 함께 나눈 진보의 비전을 위해서, 그리고 우리가 사랑하는 이 나라를 위해서 일심동체로 뭉칠 것입니다.

그것보다 더 미국적인 것은 없습니다. 요즘 여러분의 주위을 보십시오. 잘 되어가지 않는다는 생각이 듭니다. 이번 선거운동에서 제가 직면했던 난제들은 수백만 미국 국민들이 삶 속에서 매일 직면하는 것과는 비교될 수 없습니다.

그래서 오늘 저는 저의 좋았던 일을 생각하기로 마음먹으면서(《**불행한 때에**》 **좋은 일을 회상하다**) 계속해서 나아갈 것입니다. 저는 카메라 앞에 나오기(**나오다**) 전에 제가 오랫동안 하고 있었던 것을 계속하기로 했습니다. 그리고 카메라가 사라진 후 제가 오랫동안 할 것을 해 나갈 것입니다. 모든 미국인들에게 제가 받은 똑같은 기회를 주고 모든 아이들이 성장할 수 있는 기회와 하나님이 주신 능력을 성취할 수

potential.

I will do it with a heart filled with **gratitude**, with a deep and **abiding** love for our country, and with nothing but optimism and confidence for the days ahead. This is now our time to do all that we can to make sure that, in this election, we add another Democratic president to that very small list of the last 40 years and that we **take back** our country and once again move with progress and commitment to the future.

Thank you all. And God bless you, and God bless America.

있는 기회를 보장하기 위해 일하면서 말입니다.

저는 **감사**로 가득 찬 마음으로 임할 것입니다. 이 나라를 위해 깊고 변치 않는(**영속적인**) 사랑으로 말입니다. 그리고 앞으로 올 시대에 대한 낙관과 자신감만을 갖고 말입니다. 지금 이 시기는 우리가 반드시 확실하게 할 수 있는 것을 모두 해야 하는 것입니다. 이번 선거에서, 우리는 지난 40년간의 아주 조그마한 목록에 또 한 명의 민주당 후보를 대통령으로 추가하는 것이며, 우리가 이 나라를 도로 찾아서 (**도로 찾다**) 다시 한번 진보와 미래에 헌신하며 나아가는 것입니다.

여러분 모두에게 감사드립니다. 하나님이 여러분을 축복하시고 미국을 축복하시기를 기원합니다.

Words & Phrases

1. Women's Empowerment

secretary [sékrətèri] 장관
honor [ánər / ɔ́n-] 영광을 주다
inaudible [inɔ́:dəbəl] 들리지 않는
chairperson [tʃɛ́ərpə̀:rsn] 사회자
alumni [əlʌ́mnai] 동창생, 교우
graduate [grǽdʒuèit] (대학) 졸업생; 대학원 학생
extremely [ikstrí:mli] 매우, 몹시
stage [steidʒ] 연단, 무대
Methodist [méθədist] 감리교 신자
family [fǽməli] 집안, 가계
side [said] (혈통의) 계, -쪽
honorary [ánərèri] 명예상의
at home 마음 편히
fellow [félou] (대학의) 명예교우
note [nout] 알아차리다
audience [ɔ́:diəns] 청중
backstage [bǽkstéidʒ] 무대 뒤에서
faculty [fǽkəlti] 교직원, 교원
administrator [ədmínəstrèitər] 행정관, 관리자
role [roul] 역할, 임무
status [stéitəs] 지위, 상태, 자격
inspiration [ìnspəréiʃən] 영감
madame [mǽdəm] 여사, 부인
dedication [dèdikéiʃən] 헌신
pioneering [pàiəníəriŋ] 선구적인, 창기의
voice [vɔis] 대변자
accomplished [əkámpliʃt] 뛰어난
Secretary General (UN 등) 사무총장
push [puʃ] (강력히) 추구하다, 밀다
empowerment [impáuərmənt] -에게 권능(권한)을 부여함
progress [prɔ́gres] 발달하다, 진보하다
developing [divéləpiŋ] 발전도상의
developing nation 개발도상 국가
conclusion [kənklú:ʒən] 결론
margin [má:rdʒin] 변두리, 가장자리
afford [əfɔ́:rd] 제공하다
fully [fúli] 완전히, 충분히
morally [mɔ́(:)rəli] 도덕적으로, 도덕상으로
come out 나오다, 나타나다
political [pəlítikəl] 행정에 관한
a political office 행정 관청
hope [houp] 기대하다, 생각하다
essential [isénʃəl] 필수적인
urgent [ɔ́:rdʒənt] 매우 위급한, 절박한
forefront [fɔ́:rfrʌ̀nt] 최전선, 선두
set [set] 향하다
on course 예정 방향으로 나아가
threat [θret] 위협, 협박
proliferation [proulìfəréiʃən] 확산
resolve [rizálv] (문제 등을) 해결하다

promote [prəmóut] 증진(촉진)하다, 활성화시키다
governance [gʌ́vərnəns] 통치, 지배
profession [prəféʃən] 전문직, 직업
formerly [fɔ́ːrmərli] 이전에는
reserve [rizə́ːrv] 제한하다, 제외하다
medicine [médəsən] 의학, 의사직
constitution [kɑ̀nstətjúːʃən] 헌법
guarantee [gæ̀rəntíː] 보증하다
protection [prətékʃən] 보호
employment [emplɔ́imənt] 고용, 직업
encode [enkóud] 기호화하다 → 법제화하다
subsequent [sʌ́bsikwənt] 그 후의, 다음의
advance [ədvǽns] 진보, 향상
coincide with 동시에 일어나다, 부합(일치)하다
transformation [træ̀nsfərméiʃən] 변환; 변모
undeveloped [ʌ̀ndivéləpt] 저개발의
an undeveloped nation 저개발국
hub [hʌb] 중심(지), 중추
innovation [ìnouvéiʃən] 혁신
inclusion [inklúːʒən] 포함
equation [i(ː)kwéiʒən] 균등화, 평형
contribution [kɑ̀ntrəbjúːʃən] 기여, 공헌
progress [prɑ́gres] 발전, 진보

young [jʌŋ] 신흥의, 새로운
demonstrate [démənstrèit] 증명하다, 실지로 해보이다
modernity [mɑdə́ːrnəti] 현대적인 것, 현대성
coexist [kòuigzíst] 공존하다, 동시에 존재하다
official [əfíʃəl] 공무원, 당국자
appointed [əpɔ́intid] 임명된
cabinet [kǽbənit] 내각, 대통령자문위원회
stagnant [stǽgnənt] 정체된, 발달(진보, 성장) 없는
autocracy [ɔːtɑ́krəsi] 독재주의 국가, 독재정치
burgeon [bə́ːrdʒən] 갑자기 출현(발전)하다, 싹트다
part [pɑːrt] 주요 부분, 역할
reason [ríːzən] 도리, 분별 있는 행위
citizenry [sítəzənri] 시민
provision [prəvíʒən] (법) 조항, 규정
step [step] 조치, 수단, 방법
overdue [òuvərdjúː] 늦은; 기한이 지난
gender [dʒéndər] 성, 성별
vigilant [vídʒələnt] 부단히 경계하고 있는, 자지 않고 지키고 있는
backlash [bǽklæ̀ʃ] 반발, 반동
scapegoat [skéipgòut] 희생양

힐러리 클린턴 살아있는 영어

abuse [əbjúːz] 학대, 혹사
horrific [hɔːrífik] 소름 끼치는, 무서운
reminder [rimáindər] 생각나게 하는 사람(것)
reverse [rivə́ːrs] 역, 반대
eager [íːgər] 열망하는, 갈망하는
assault [əsɔ́ːlt] 급습하다, 구타하다
acid [ǽsid] 산
on behalf of -을 위하여
suppression [səpréʃən] 억압, 억제
valor [vǽlər] 용기, 용맹
commentary [káməntèri] 실록, 회고록
commit [kəmít] 전념하다, 헌신하다
advance [ədvǽns] 향상시키다
equitable [ékwitəbəl] 공평한, 공정한
prosperous [práspərəs] 부유한, 번영하는
imperative [impérətiv] 필수적인, 긴요한(urgent)
stand up for 옹호(변호)하다, 편들다
ancillary [ǽnsəlèri] 보조·부수적인
central [séntrəl] 중추의, 중심적인
excited [iksáitid] 흥분한, 자극받은
obvious [ábviəs] 명백한, 분명한
make progress 전진하다, 진보하다
complacent [kəmpléisənt] 안심한, 만족한
highlight [háilàit] 강조하다, -에 흥미를 집중시키다

make clear 분명히 하다
use [juːs] 행사하다, 동원하다
robust [roubʌ́st] 강건한, 건장한
diplomacy [diplóuməsi] 외교
partnership [páːrtnərʃip] 협력, 제휴
collaborative [kəlǽbərèitiv] 협력적인, 협조적인
innovative [ínəvèitiv] 혁신적인
the other 일전의, 요전의
come away 떠나오다, 어디론가 오다
intelligence [intéləʤəns] 지성, 지능
bilateral [bailǽtərəl] 양측의, 쌍방의
bring about 가져오다, 야기하다
verifiable [vérəfàiəbəl] 입증(검증)할 수 있는
denuclearization [diːnjùːkliərizéiʃən] 비핵화
coordinate [kouɔ́ːrdənit] 조정하다, 조화시키다
range [reinʤ] 범위, 구역
confront [kənfrʌ́nt] 직면하다, 맞서다
take time to 시간을 들여 -하다
reflect [riflékt] 회고하다, 숙고하다
calculate [kǽlkjulèit] 예측(판단)하다
commentator [kámentèitər] 논평자, 주석자
analyst [ǽnəlist] 분석자

chances [tʃæns] 가능성, 가망
assume [əsjúːm] 나타내다, (성질·양상 등을) 띠다
respect [rispékt] 존경하다, 존중하다
vibrant [váibrənt] 활기에 넘치는, 활발한
across the board 전면적으로, 일률적으로
every walk of life 모든 직업(지위, 계층)의 사람들
tribute [tríbjuːt] 증거
peril [pérəl] 위험
uncertainty [ʌnsəːrtənti] 불확실(성); 불안정
relationship [riléiʃənʃip] 관계
enduring [indjúəriŋ] 영구적인
indispensible [ìndispénsəbl] 필요 불가결한; 없어서는 안 되는
potential [pouténʃəl] 가능성, 잠재력
live up to -에 맞는 생활을 하다
shoulder-to-shoulder 협력하여, 합심하여
acute [əkjúːt] 심각한, 중대한
stability [stəbíləti] 안정, 안정성
regime [reiʒíːm] 정권; 체제
bear -ing -할 필요(가치)가 있다
commit to 전념하다, 헌신하다
incumbent [inkʌ́mbənt] 의무로서 지

워지는; 현직(재직)의
avoid [əvɔ́id] 피하다
provocative [prəvɑ́kətiv] 도발적인, 자극하는
rhetoric [rétərik] 수사, 과장
commit [kəmít] 약속하다
abandon [əbǽndən] 포기하다
nonproliferation [nɑ̀nproulìfəréiʃən] (핵무기의) 확산 방지
→ a nonproliferation treaty 핵 확산 방지조약
offer [ɔ́(ː)fər] 제안, 제의
genuinely [dʒénjuinəli] 진정으로, 성실하게
verifiably [vérəfàiəbl] 입증(검증)할 수 있게, 증명할 수 있게
eliminate [ilímənèit] 제거하다
Administration [ədmìnəstréiʃən] 정부, 내각
normalize [nɔ́ːrməlàiz] (국교 등을) 정상화하다
replace [ripléis] -와 대체하다, -에 대신하다
peninsula [pənínʃələ] 반도
long- 다년간의, 오래 계속되는
armistice [ɑ́ːrmistis] 휴전, 정전
permanent [pə́ːrmənənt] 영구적인
meet [miːt] (주문·요구·필요 따위에) 응

하다
humanitarian [hju:mǽnətέəriən] 인도주의적인, 인도주의의
resolution [rèzəlúːʃən] 해결, 해답
benefit [bénəfit] 이익을 얻다, 이득을 얻다
comprehensive [kàmprihénsiv] 포괄적인, 종합적인
strategic [strətíːdʒik] 전략적인
partnership [pάːrtnərʃip] 협력, 공동
cause [kɔːz] 주의, 운동; 대의, 목적
→ the root cause 근본 원인
vigorously [vígərəsli] 활발하게, 정력적으로
pursue [pərsúː] 추구하다, 수행하다
agenda [ədʒéndə] 의사일정, 협의사항
applaud [əplɔ́ːd] 박수갈채하다
ingenuity [ìndʒənjúːəti] 독창력
enhance [enhǽns] 높이다, 강화하다
engagement [engéidʒmənt] 일, 용무, 고용
shape [ʃeip] 발전하다
make a difference 효과가 있다; 중요하다
purposeful [pə́ːrpəsfəl] 의미 있는, 목적이 있는
found [faund] 설립하다, 세우다
take advantage of ─을 이용하다

arise [əráiz] 생기다, 발생하다
cooperative [kouάpərèitiv] 협력적인, 협조적인
common good 공익, 공유재산
end up 결국에는 ─이 되다
available [əvéiləbəl] 이용할 수 있는
biography [baiάgrəfi] 자서전
picture [píktʃər] 상상하다, 마음에 그리다
astronaut [ǽstrənɔ̀ːt] 우주 비행사
thrill [θril] 감동시키다, 감동하다
lawyer [lɔ́ːjər] 법률가; 변호사
initially [iníʃəli] 처음에, 시초에
abuse [əbjúːz] 학대하다, 혹사하다
neglect [niglékt] 방치하다, 무시하다
deprive [dipráiv] 박탈하다, 빼앗다
in some way 어떻게든 해서
practice [prǽktis] (법률·의술 따위를) 업으로 하다
run for 입후보하다
advocate [ǽdvəkit] 변호사; 대변자, 중재자
think hard 골똘히 생각하다
retire [ritáiər] 퇴직하다, 은퇴하다
make sense 도리에 맞다, 이치에 닿다
persistent [pərsístənt] 끈덕진, 고집 센
promote [prəmóut] 장려하다 → 격려하다

athlete [ǽθli:t] 운동선수, 스포츠맨
volleyball [válibɔ̀:l] 배구
involve [inválv] 참가시키다
banner [bǽnər] 기, 현수막
dare [dɛər] 감히 −하다; 무릅쓰다
lean [li:n] 상체를 굽히다, 기대다
pass on 전달하다
challenging [tʃǽlindʒiŋ] 도전적인
sort of 다소, 얼마간, 말하자면
get to −에 도착하다, 어떤 결과가 되다
currently [kə́:rəntli] 현재, 지금
influential [ìnfluénʃəl] 영향력이 있는
obstacle [əbstəkəl] 장애 → 난관
realize [rí:əlàiz] 실현하다, 현실화하다
fortunate [fɔ́:rtʃənit] 운이 좋은, 행운의
encounter [enkáuntər] 부닥치다, 마주치다
sustain [səstéin] 떠받치다, 유지하다
escape [iskéip] 벗어나다, 달아나다
respond [rispénd] 대응하다, 응답하다
overcome [òuvərkʌ́m] 극복하다
give up 포기하다, 그만두다
go through (고난을) 겪다, 경험하다
keep in mind 기억하고 있다
discipline [dísəplin] 버릇들이기
gratitude [grǽtətjù:d] 감사
grateful [gréitfəl] 감사하는
pot [pɑt] 단지, 항아리

nurture [nə́:rtʃər] 기르다, 양육하다
spring [spriŋ] 싹이 트다
blossom [blásəm] 꽃
already [ɔ:lrédi] 지금 곧
stunning [stʌ́niŋ] 멋진, 매력적인
junior [dʒú:njər] 3학년생
in progress 진행 중
outlook [áutlùk] 전망, 예측
effect [ifékt] 결과, 영향
cost [kɔ:st] 들게 하다, 치르게 하다
breathe [bri:ð] 호흡하다, 숨 쉬다
emission [imíʃən] 배출, 배기
coal [koul] 석탄
power plant 발전소, 발전(동력) 장치
exhaust [igzɔ́:st] 배기가스; 배출
tailpipe [téilpàip] (자동차 등의) 배기관
vehicle [ví:ikl] 차량, 탈것
asthmatic [æzmǽtik] 천식
condition [kəndíʃən] 상태, 건강 상태
drought [draut] 가뭄
stimulus [stímjələs] 자극, 격려, 고무
package [pǽkidʒ] 종합 정책(계획)
→ stimulus package 경기 부양책
incentivize [inséntivaiz] (−을) (보상금을 주어) 장려하다
choice [tʃɔis] 대안, 대신하는 수단
retrofit [rétroufit] 장비(장치)를 개장(갱신)하다

Words & Phrases

enhance [enhǽns] 늘리다, 높이다
appliance [əpláiəns] 설비, 기구
behavior [bihéivjər] 태도, 행동
u-turn [júːtəːrn] 180도 전환
address [ədrés] 처리하다, (일·문제 등을) 다루다
dislocation [dìsloukéiʃən] 혼란, 탈구
discouraged [diskə́ːridʒd] 낙심한, 낙담한
envoy [énvɔi] 특사, 사절
contraction [kəntrǽkʃən] 불황, (경제·생산 활동의) 저하
postpone [poustpóun] 뒤로 미루다, 연기하다
deal with 처리하다, 다루다
ingenious [indʒíːnjəs] 독창적인, 창의력이 있는
innovative [ínouvèitiv] 혁신적인
domestic [douméstik] 국내의, 자국의
cap-and-trade 탄소배출 상한 및 거래 제도
approach [əpróutʃ] 접근법 → 조치
talks [tɔːk] 회담, 협의
surpass [sərpǽs] ~을 능가하다; 초월하다
leave out 빼다, 빠뜨리다
aisle [ail] 통로, 복도
yonder [jándər] 저쪽의, 저기의

term [təːrm] 말, 술어
→ terms 표현, 말씨
necessity [nisésəti] 필요, 필요성
deal with 다루다, 처리하다
cooperate [kouápərèit] 협력하다, 협동하다
tenure [ténjuər] 재직기간, 임기
represent [rèprizént] 대표하다
Senate [sénət] 상원
representative [rèprizéntətiv] 대표자
funny [fʌ́ni] 우스운, 익살맞은
supportive [səpɔ́ːrtiv] 협력적인 → 협조적인
ongoing [ɔngóuiŋ] 전진, 진행; 전진하는, 진행 중의
ongoing basis 지속적으로
function [fʌ́ŋkʃən] 역할을 다하다, 직분을 다하다
productive [prədʌ́ktiv] 생산적인
core [kɔːr] 핵심
major in 전공하다
curious [kjúəriəs] 알고 싶어하는, 호기심이 강한
admit [ædmít] 입학을 허락하다
option [ápʃən] 선택 행위, 선택권
involved [inválvd] 열중하여
cope with 맞서다, 대항하다
academia [æ̀kədéːmiə] 학계; 학구적

295

인 세계
co-ed 남녀 공학의; 남녀공학 학교
significant [signífikənt] 의미 있는, 뜻 깊은
believer [bilí:vər] 믿는 사람, 신자
alternative [ɔ:ltə́:rnətiv] 대안, 다른 방도
bill [bil] 계산서(account), 청구서 → 요구
incorporate [inkɔ́:rpərèit] 통합시키다, 결합하다
motherhood [mʌ́ðərhùd] 어머니임 → 어머니 역할
formula [fɔ́:rmjulə] (일정한) 방식
childbearing [tʃáildbɛ̀əriŋ] 분만 → 출산
childcare [tʃáildkɛ̀ər] 육아, 보육
quality [kwɑ́ləti] 질 좋은, 훌륭한 → 양질의
flexible [fléksəbəl] 탄력적인, 융통성 있는 → work flexible hours 자유근무시간제로 일하다
fulfill [fulfíl] (의무·약속·직무 등을) 다하다
tear [tɛər] [보통 과거분사로] (마음을) 괴롭히다
critical [krítikəl] 중대한, 결정적인
-wide −의 범위에 걸친, −전체의

at the end of the day 결국, 최후에는
live with (상황 등을) 받아들이다
live with oneself 자존심을 지니다
pregnant [prégnənt] 임신한
maternal [mətə́:rnəl] 어머니의, 모성의, 임산부의
leave [li:v] 휴가
 → maternal leave 출산 휴가
under- 협약, 협정 → 협의
bright [brait] 영리한, 머리가 좋은
talented [tǽləntid] 유능한, 재능 있는
educated [édʒukèitid] 교양 있는, 교육 받은
Here we go! 〈구어〉 자, 시작이다
millennium [miléniəm] 천년간 → (pl.) millennia
constantly [kɑ́nstəntli] 항상, 끊임없이
texture [tékstʃər] 특질, 직물
put [put] 표현하다, 말하다
pioneering [pàiəníər] 선구적인, 개척적인
endocrinologist [endəkrinɑ́lədʒist] 내분비학자
treasure [tréʒər] 소중히 하다, 마음에 새기다
foreground [fɔ́:rgràund] 전경(前景); 최전면
burden [bə́:rdn] 부담, 무거운 짐

cover [kÁvər] 가다, 여행하다
remnant [rémnənt] 잔재, 나머지,
bias [báiəs] 편견, 선입관
unfurl [ʌ̀nfə́:rl] (돛·우산 등을) 펴다,
(기 등을) 올리다
yell [jel] 고함치다, 소리를 지르다
relative [rélətiv] 친척
rock [rɑk] (요람에 태워) 흔들다
figure out 해결하다, 이해하다
joyous [dʒɔ́iəs] (= joyful) 즐거운, 기쁜
exciting [iksáitiŋ] 활기찬
envision [invíʒən] 상상하다, 마음속에
그리다

2. The U.S. and South Korea Working Together on Regional and Global Issues

via [váiə] -에 의하여, -을 통해서
interpreter [intə́:rpritər] 통역자, 해
석자
delighted [diláitid] 아주 기뻐하여
overseas [óuvərsí:z] 해외로, 해외로
가는
share [ʃɛər] 함께 하다, 공유하다
alliance [əláiəns] 동맹, 연합
cornerstone [kɔ́:rnərstòun] 초석; 기본
stability [stəbíləti] 안정
reaffirm [rì:əfə́:rm] 다시 확인하다, 다
시 긍정하다

aptly [ǽptli] 적절히
readjust [rì:ədʒÁst] 재조정(재정리)하
다, 바로잡다
→ readjustment 재조정, 재정리
foundation [faundéiʃən] 토대, 기초
implementation [ìmpləməntéiʃən]
이행, 실행
discussion [diskÁʃən] 토의, 토론
tolerate [tɔ́lərèit] 허용하다, 관대하게
다루다
commitment [kəmítmənt] 약속, 공약
pursue [pərsú:] 추구하다
coordination [kouɔ̀:rdənéiʃən] 공동 작
용 → 공조
cooperation [kouápəréiʃən] 협력
participate [pɑ:rtísəpèit] 참가하다, 관
여하다
concur [kənkə́:r] (둘 이상의 의견이) 일
치하다
refuse [rifjú:z] 거부하다, 거절하다
tension [ténʃən] 긴장
impair [impɛ́ər] 해치다(damage), 손상
시키다
region [rí:dʒən] 지역, 지방
urge [ə:rdʒ] 촉구하다, 주장하다
halt [hɔ:lt] 멈추다, 정지하다
provocative [prəvákətiv] 도발하는,
자극하는

297

expeditiously [èkspədíʃəsli] 신속히
resume [rizú:m] 다시 계속하다, 다시 차지하다
precondition [prì:kəndíʃən] 전제 조건, 선결 조건
prevent [privént] 막다, 막아서 못하게 하다
protectionism [prətékʃənìzəm] 보호 무역주의, 보호 정책
regard [rigá:rd] 관계, 관련
→ in this regard 이 점에 있어서는
exert [igzə́:rt] 발휘하다, 노력하다
joint [dʒɔint] 공동의, 합동의
upcoming [ʌ́pkʌ̀miŋ] 다가오는, 이윽고 나타날
summit [sʌ́mit] 뇌회의 → 정상회의
in addition 게다가, 그 위에
with regard to(in regard of) —에 관해서(는)
ties [tai] 유대, 연줄
overall [óuvərɔ̀:l] 전면적인, 종합적
furthermore [fə́:rðərmɔ̀:r] 더구나, 그 위에
negotiation [nigòuʃiéiʃən] (종종 pl.) 협상, 교섭
reconstruction [rì:kənstrʌ́kʃən] 재건, 개축
crucial [krú:ʃəl] 중대한, 결정적인

intention [inténʃən] 목적, 결의
additional [ədíʃənəl] 추가의, 부가적인
assistant [əsístənt] 보조의; 도움되는
appreciation [əprì:ʃiéiʃən] 평가, 판단
combined [kəmbáind] 결합된, 합동의
→ combined efforts 협력
dispatch [dispǽtʃ] (군대·특사 등을) 파하다, 특파하다
vessel [vésəl] 배
the waters 해역, 영해
maritime [mǽrətàim] 바다(위)의, 해운상의
counter [káuntər] 대항하다, 맞서다
desirable [dizáiərəbəl] 바람직한
occasion [əkéiʒən] 계기, 직접 원인
wide-ranging 광범위한, 드넓은
→ a wide-ranging discussion 폭넓은 토의
moderator [mádərèitər] 사회자
hospitality [hàspitǽləti] 환대
productive [prədʌ́ktiv] 생산적인
fond [fɑnd] 정겨운, 다정한
partnership [pá:rtnərʃip] 협력, 제휴
hold [hould] 갖고 있다, 유지하다, 붙들다
regional [rí:dʒənəl] 지역적인, 지방의
rest upon —에 기초를 두다, —에 의거하다

commitment [kəmítmənt] 책무, 책임
dealing [díːliŋ] 관계, 교제
outwards [áutwərdz] (= outward) 해외에, 국외로
array [əréi] 다량, 다수; 정렬
increasingly [inkríːsiŋli] 더욱 더, 점점
pressing [présiŋ] 긴급한, 절박한,
step [step] 조치, 방법 → take steps 조치를 취하다, 방도를 강구하다
spur [spəːr] 자극하다, 박차를 가하다
growth [grouθ] 성장, 발전
improve [imprúːv] 개선하다, 향상시키다
architecture [άːrkətèktʃər] 구조, 구성
conscious [kάnʃəs] 의식하고 있는, 알고 있는
coordinate [kouɔ́ːrdənit] 조정하다, 조화시키다
path [pæθ] 방침, 방향
look forward to −을 기다리다
appreciate [əpríːʃièit] 감사하다, (사람의 호의 등을) 고맙게 여기다
ongoing [ɔ́ŋgòuiŋ] 진행하는, 전진하는
mission [míʃən] 임무, 직무
lane [lein] (배·비행기 등의) 규정 항로 → sea-lanes 해상로, 해로
piracy [páiərəsi] 해적 행위
draw together 단결하다, 모여들다

rest [rest] 존재하다, 위치하다
firm [fəːrm] 견고한, 단단한
tribute [tríbjuːt] 존경을 나타내는 말 → pay a (high) tribute to a person −에게 경의를 표하다
late [leit] 고(故)−, 작고한
cardinal [kάːrdənəl] 추기경
care about −에 관심을 가지다
dignity [dígnəti] 존엄성, 위엄
achievement [ətʃíːvmənt] 성취, 달성
stark [stɑːrk] 완전한, 순전한; 진짜의
contrast [kάntræst] 대조, 대비
  in contrast to −와 대비하여, −와는 현저히 달라서
tyranny [tírəni] 폭정, 전제 정치
poverty [pάvərti] 빈곤, 가난
border [bɔ́ːrdər] 국경, 경계
commend [kəménd] 칭찬하다; 권하다
calm [kɑːm] 침착한; 고요한
resolve [rizάlv] 해결하다 → 해결책
determination [ditəːrmənéiʃən] 결의, 결단
provocative [prəvάkətiv] 도발적인, 선동적인
statement [stéitmənt] 말 → 언사
united [juːnáitid] 일치한, 단결된
maintain [meintéin] 유지하다
firmly [fə́ːrmli] 굳게, 단단히

299

live up to (주의 등)에 따라 행동을 하다
Joint Statement 공동 성명
agreement [əgríːmənt] 협약, 협정
insult [ínsʌlt] 모욕하다
assistant secretary 서기관보 → 차관보
negotiator [nigóuʃièitər] 협상자
dedication [dèdikéiʃən] 헌신; 바침, 봉헌, 헌납, 기부
graciously [gréiʃəsli] 고맙게도; 우아하게
assignment [əsáinmənt] (임명된) 직 → 직위
appointment [əpɔ́intmənt] 임명, 지명
representative [rèprizéntətiv] 대표자
senior [síːjər] 상급자인, 상위의
present [prézənt] 제공하다, 주다
capable [kéipəbəl] 유능한
experienced [ikspíəriənst] 노련한 (skillful); 경험을 가진
diplomat [dípləmæ̀t] 외교관, 외교가
stem [stem] 저지하다, 못하게 하다
risk [risk] 위험성, 위험
proliferation [proulìfəréiʃən] 확산
sensitive [sénsətiv] 극히 신중을 요하는, 요조의의
weapon [wépən] 무기, 병기

task [tæsk] 직무 → 임무
ally [əlái] 동맹국
partner [páːrtnər] 동료, 협력자
convince [kənvíns] (남에게 −하도록) 설득하다; 확신시키다
threat [θret] 위협, 협박
emissary [éməsèri] 밀사, 사자
consultation [kànsəltéiʃən] 협의, 상의
envoy [énvɔi] 사절, 공사
day-to-day 나날의(daily); 하루 만의, 하루살이의
constant [kánstənt] 지속적인, 부단한
contact [kántækt] 접촉, 연락
currently [káːrəntli] 현재
dean [diːn] 학장
interact [ìntərǽkt] 상호 작용하다, 서로 영향을 끼치다
involvement [inválvmənt] 포함, 관련
facilitate [fəsílətèit] (손)쉽게 하다, (행위 따위를) 돕다
stand with −와 일치하다; 지지하다
process [práses] 절차, 진전
elimination [ilìmənéiʃən] 제거, 배제
coordination [kouɔ̀ːrdənéiʃən] 협조
launch [lɔːntʃ] (로켓등을) 발사하다
satellite [sǽtəlàit] 위성, 인공위성
breach [briːtʃ] 위반, 깨뜨림
resolution [rèzəlúːʃən] 결의, 결심

comment [kάmənt] 논평하다
intelligence [intélədʒəns] 정보, 첩보
suspend [səspénd] 중단하다, 중지하다
ballistic [bəlístik] 탄도의, 비행 물체의
refrain [rifréin] 그만두다, 삼가다
violate [váiəlèit] (법률·맹세·약속·양심 따위를) 어기다
harm [hɑːrm] 해치다, 손상하다
aggravate [ǽɡrəvèit] 악화시키다, 심하게 하다
with respect to —에 관하여
disablement [hʌ́mbəl] 무력하게 함
facility [fəsíləti] 쉬움, 평이
 → facilities 시설, 편의(를 도모하는 것)
as to —에 관해서
candidly [kǽndidli] 솔직히, 거리낌 없이
succession [səksé ʃən] 계승, 연속
reaction [riǽkʃən] 반응; 반작용
priority [praió(ː)rəti] 우선 사항, 중요 사항
have one's eye on —을 눈여겨보다, 원하고 있다
civilian [sivíljən] 민간, 일반 민간인
expand [ikspǽnd] 확대하다, 넓히다
voice [vɔis] 말로 나타내다, 목소리를 내다
intention [inténʃən] 의도; 의향

stabilize [stéibəlàiz] 안정시키다, 고정시키다
vital [váitl] 극히 중대한, 절대 필요한
interest [íntərist] 관여 → 역할
review [rivjúː] 재검토, 재조사
broad [brɔːd] 광범위한, 넓은
follow [félou] 지켜보다, —에 관심을 나타내다
reach [riːtʃ] 노력하다, 추구하다
engage [engéidʒ] (담화에) 끌어들이다
dealing [díːliŋ] [보통 pl.] 교섭, 교제
deal with —와 관계하다, 교제하다
involve [invάlv] 열중시키다, 몰두시키다
press [pres] 언론
classified [klǽsəfàid] 기밀 취급으로 지정된, (서류 따위가) 비밀의
contingency [kəntíndʒənsi] 뜻하지 않은 사건, 우발 사건
account [əkáunt] 고려, 감안
take account into —을 고려해 보다, 참작하다
in place 제자리에, 적당한
fulfil [fulfíl] 이행하다, 완수하다
obligation [àbləɡéiʃən] 의무, 책임
enter into (일·담화 등을) 시작하다
refrain [rifréin] 그만두다, 삼가다
conclude [kənklúːd] 마치다, 끝내다,

종결하다
participation [pɑːrtìsəpéiʃən] 관여, 참여, 관계, 참가

3. Swearing-in Ceremony change

overwhelming [òuvərhwélmiŋ] 압도적인, 저항할 수 없는
assume [əsjúːm] (태도·임무·책임 따위를) 취하다, 떠맡다
→ assume office 취임하다
swear [swɛər] 선서하다, 맹세하다
trust [trʌst] 신뢰, 신용
confidence [kánfidəns] 확신, 신용
invest [invést] 주다, 맡기다
colleague [káliːg] 동료
Speaker [spíːkər] 하원의장
Majority Leader 다수당 원내대표
the House 의회
represent [rèprizént] (선거구·선거민을) 대표하다, -출신 의원이다
share [ʃɛər] 함께하다
each and every (each 또는 every의 강조형으로) 각기(각자) 모두
single out 선발하다, 발탁하다
chairman [tʃɛ́ərmən] 위원장, 의장
the Foreign Relations Committee 상원 외교위원회
preside over 주재하다, 관장하다

confirmation [kànfərméiʃən] 비준, 승인
look forward to -ing -을 기대하다
appropriate [əpróuprièit] (의회가 자금의) 지출을 승인하다 → appropriator 사용자 → 예산 승인자
predecessor [prèdisésər] 전임자, 선임자
counsel [káunsəl] 조언, 권고
publicly [pʌ́blikli] 공식적으로
of course 당연히, 물론
alum = alumnus [əlʌ́mnəs] 동창생, 교우
generous [dʒénərəs] 풍부한(plentiful); 비옥한(fertile)
predict [pridíkt] 미리 말하다, 예언하다
move forward 전진하다
ceremony [sérəmòuni] 의식, 식
take place (행사 등이) 개최되다; (사건이) 일어나다
hinge [hindʒ] 중심점; 경첩
or so -정도, -내에
assembled [əsémbəld] 집합된, 결집한
USAID 미국 국제개발처
illusion [ilúːʒən] 착각 → 착오
forthrightly [fɔ́ːrθráitli] 솔직하게, 똑바로 앞으로

hearing [híəriŋ] 청문회, 심리
rely on 의지하다, 신뢰하다
abundance [əbʌ́ndəns] 많음, 다수
teammate [tíːmmèit] 팀 동료
efficiency [ifíʃənsi] 효율, 능률
cost-effective [kɔ́ːstifektiv] 비용 효율이 높은, 비용 효과적인
deliver [dilívər] 전하다; 인도하다
certainly [sə́ːrtənli] 확실히, 반드시
further [fə́ːrðər] 진전시키다, 촉진하다
laughingly [lǽfiŋli] 웃으며; 비웃듯이
reference [réfərəns] 참조문으로 인용하다
unfold [ʌnfóuld] 전개하다, 펼쳐지다
incredible [inkrédəbəl] 엄청난, 믿을 수 없는
perform [pərfɔ́ːrm] 이행하다
familiar [fəmíljər] 낯익은, 친밀한
audience [ɔ́ːdiəns] 청중, 관객
set one's mind to -에 전념하다, -에 주의를 돌리다
intelligence [intéləʒəns] 지성, 사고력
dedication [dèdikéiʃən] 헌신; 봉납
burst [bəːrst] 충만하다, 폭발하다
maternal [mətə́ːrnəl] 어머니의, 모성의
cue [kjuː] 단서, 신호
awesome [ɔ́ːsəm] 두려운 → 무거운
richness [rítʃnis] 풍부, 부유

beholden to (문어) 은혜를 입고 있는, 의리가 있는
crackerjack [krǽkərdʒæ̀k] 훌륭한, 우수한
protocol [próutəkàl] 의전, 의례, 의식
put together 구성하다, 편집하다
schedule [skédʒu(ː)l] 예정에 넣다
mesh [meʃ] (톱니 바퀴를) 맞물리다
rush [rʌʃ] 서두르다, 급행하다
fill [fil] (약속 등을) 이행하다
wonder [wʌ́ndər] 의아하게 여기다
make sure 확신하다, 확인하다
greet [griːt] 인사하다
individually [ìndivídʒuəli] 개별적으로, 하나하나
be hard at- 열심히 -하다
fulfill [fulfíl] 완수하다, 이행하다
excitement [iksáitmənt] 흥분, (기쁨의) 소동

4. U.S. Understands and Supports Development Assistance Congress

introduction [ìntrədʌ́kʃən] 소개, 도입
description [diskrípʃən] 기술, 서술적 묘사
encapsulate [inkǽpsjəlèit] (사실·정보 등을) 요약하다
with all one's heart (and soul) 진심

303

으로
along with -와 함께, -에 더하여
furtherance [fə́ːrðərəns] 증진, 촉진
unexpected [ʌ̀nikspéktid] 뜻밖의, 의외의
sub- [sʌb] [prep.] -의 아래에
PEPFAR: The President's Emergency Plan For AIDS Relief 에이즈 퇴치를 위한 대통령 비상계획
initiative [iníʃiətiv] 독창력; 발의권
tangible [tǽndʒəbəl] 실질적인, 유형의
link [liŋk] 연결하다, 잇다
enthusiasm [enθúːziæ̀zəm] 열의, 의욕
critical [krítikəl] 중요한, 중대한
element [éləmənt] 요소, 성분
further [fə́ːrðər] 증진하다, 진전시키다
exemplify [igzémpləfài] 구현하다, 예증하다
look toward -쪽을 향하다, 기대하다
adequately [ǽdikwitli] 적절히, 알맞게
fund [fʌnd] 투자하다
coordinate [kouɔ́ːrdənit] 조정하다, 조화시키다
abundantly [əbʌ́ndəntli] 아주, 매우
undertake [ʌ̀ndərtéik] 떠맡다, 책임을 지다
stabilization [stèibəlizéiʃən] 안정화, 안정(시킴)

post- 뒤의, 다음의
conflict [kánflikt] 전투, 투쟁
hand-in-hand 손에 손 잡은, 친밀한
instance [ínstəns] 경우(case), 사실
 → in an instance where -하는 경우에는
time and again 몇 번이고, 재삼재사
over [óuvər] -에 종사하여, -하면서
confess [kənfés] 고백하다, 자백하다
turn to -에 문의하다, 조회하다
function [fʌ́ŋkʃən] 임무, 직무
serve [səːrv] -을 위해 일하다, -에 봉사하다
look to 기대하다
tool [tuːl] 방편, (목적을 위한) 수단
desperately [déspəritli] 필사적으로, 혈안이 되
perform [pərfɔ́ːrm] 실행하다, 이행하다, 수행하다
match [mætʃ] 조화시키다
resource [ríːsɔːrs] 자원; 물자
professionalism [prəféʃənəlìzəm] 전문가 기질, 전문 직업의식
robust [roubʌ́st] 강건한, 튼튼한
challenge [tʃǽlindʒ] (아무에게) -하도록 도전(요구)하다
broadly [brɔ́ːdli] 넓게, 널리
proverbial [prəvə́ːrbiəl] 속담의, 속담

투의
effective [iféktiv] 효과적인, 인상적인
stay with (일을) 계속하다, 열중하다
believe in 가치를 인정하다
signal [sígnəl] 신호
testimony [téstəmóuni] 증언, 선언
microfinance [téstəmóun] 소액 금융 (지원)
panel [pǽnəl] 토론자단, 합조사위원단
run [rʌn] (어떤 상태로) 되다, 변하다
merit [mérit] -할 만하다
demonstrate [démənstrèit] 증명하다, 논증하다
regain [rigéin] 되찾다, 회복하다
credibility [krèdəbíləti] 신뢰성, 신용
authority [əθɔ́:riti] (보통 pl.) 공공 사업 기관, 당국
drift [drift] 표류하다, 떠돌다
captain [kǽptin] (육군) 대위
major [méidʒər] 소령
lieutenant [lu:ténənt] 중위, 소위, 대위
colonel [kə́:rnəl] 육군 대령: 연대장
 → lieutenant colonel (육군·공군·해병대) 중령
unfetter [ʌnfétər] 차꼬를 풀다; 자유롭게 하다 → unfettered 자유로운
paperwork 문서 업무
sensible [sénsəbəl] 현명한, 분별 있는

migration [maigréiʃən] 이동, 이주
authority [əθɔ́:riti] 권한, 권위
come about 발생하다(happen); 일어나다
aggressively [hʌ́mbəl] 적극적으로, 의욕적으로
agilely [hʌ́mbəl] 민첩하게, 기민하게
need [ni:d] 의무, 책임, 필요
streamline [strí:mlàin] 능률적으로 하다, 합리화하다
operation [àpəréiʃən] 운영, 경영
procedure [prəsí:dʒər] 진행, 절차
the last 결코 -할 것 같지 않은, 가장 부적당한
never-ending [névəréndiŋ] 끝없는, 항구적인
process [prəses] 진행; 과정
figure out 해결하다, 이해하다
set forth 보이다, 진열하다
path [pæθ] 방침, (인생의) 행로
find [faind] (시간·돈을) 마련하다, 찾아내다
task [tæsk] -에게 일을 과하다(할당하다)
eliminate [ilímənèit] 없애다, 제거하다
redundancy [ridʌ́ndənsi] 여분, 과잉
feedback [fí:dbæ̀k] (질문을 받는 측의) 의견, 반응

invite [inváit] 요청하다, 부탁하다
public eye 세인의 이목, 세간의 이목
welcome [wélkəm] 기꺼이 받아들이다
be respectful of -을 존중하다
dissent [disént] 의견 차이, 이의
hard [hɑːrd] 열심인, 근면한
assume [əsjúːm] (태도·임무·책임 따위를) 떠맡다, 취하다
deserve [dizə́ːrv] -할 만하다, -할 가치가 있다
delivery [dilívəri] 전달, 배달
note [nout] 의사 표명; 주석
start out -을 시작하다, -에 착수하다
advocate [ǽdvəkit] 옹호자, 변호사
appear [əpíər] (회합 등에) 모습을 나타내다, 출석하다
nominee [nàməníː] 추천(지명·임명)된 사람
setting [sétiŋ] 환경, 배경
nationally [nǽʃənəli] 전국적으로, 국가적으로
heart [hɑːrt] 관심, 흥미
at home 자기가 사는 곳에서
expand [ikspǽnd] 확대하다, 확장하다
literally [lítərəli] 글자 뜻대로; 사실상
embody [imbɑ́di] 구현하다, 실현하다
plaque [plæk] 장식판, 기념명판
put up 게시하다

all-time 전례 없는, 공전의
scene [siːn] (무대·영화에 펼쳐지는) 장면; 정경
injure [índʒər] 상처를 입히다, 다치게 하다
broken-down [bróukəndáun] (사람이) 건강을 해친
drunken [drʌ́ŋkən] 술고래의
analogy [ənǽlədʒi] 비슷함, 유사
encounter [enkáuntər] 마주치다, -와 우연히 만나다
peril [pérəl] 위험, 모험
magnify [mǽgnəfài] 확대하다
justify [dʒʌ́stəfài] -의 정당함을 증명하다, 정당화하다
work [wəːrk] 노력하다
payment [péimənt] 지불 금액, 납부
disappear [dìsəpíər] 사라지다, 소멸되다
tough [tʌf] 곤란한, 고달픈
accumulate [əkjúːmjəlèit] 축적하다, 모으다
roll up 말아 올리다, 둥글게 말다
sleeve [sliːv] 소매
get to (일)에 착수하다, (식사)를 하기 시작하다

5. Statement before the Senate Foreign Relations Committee President

generous [dʒénərəs] 관대한, 후한
tribute [tríbjuːt] 찬사, 칭찬
distinction [distíŋkʃən] 탁월
offer [ɔ́(ː)fər] 표현하다, 뜻을 보이다
take on 떠맡다
testify [téstəfài] 증언하다
falter [fɔ́ːltər] 주저하다, 머뭇거리다
in good hands 유능한 지도하에, (맡겨서) 안심할 수 있는
look forward to ~을 고대하다
a wide range of 광범위한
initiative [iníʃiətiv] 법안, 발의권
commend [kəménd] 칭찬하다
management [mǽnidʒmənt] 처리, 취급
champion [tʃǽmpiən] 옹호하다
nominee [nàməníː] 지명된 사람
keenly [kíːnli] 열심히
aware of 의식하고 있는
place [pleis] 임명하다, 지위에 앉히다
grave [greiv] 중대한, 예사롭지 않은
confirm [kənfɔ́ːrm] ~을 승인하다
represent [rèprizént] 대표하다
at the same time 동시에
consultation [kànsəltéiʃən] 자문, 의논

appropriations Committee 세출 위원회
as a whole 전체로서
catch-word 슬로건, 표어
time-honored 유서 깊은, 전통 있는
bipartisanship [hʌ́mbəl] 초당파 정신
subscribe [səbskráib] 동의하다
renew [rinjúː] 회복하다, 되찾다
enhance [inhǽns] 증진시키다, 향상하다
advance [ədvǽns] 향상시키다, 증진하다
reflect [riflékt] 반영하다, 나타내다
peril [pérəl] 위험, 위난
extremist [ikstríːmist] 과격론자, 극단론(과격론)의
mass destruction 대량 살상(파괴)
pandemic [pǽndimik] 유행하는
meltdown [méltdàun] 폭락, 급락
evidence of 흔적, 형적
urgency [ɔ́ːrdʒənsi] 긴급, 절박
conflict [kánflikt] 분쟁, 전투
rape [reip] 강간, 성폭행
rapidly [rǽpidli] 빠르게, 신속히
melt [melt] 녹다, 녹이다
glacier [gléiʃər] 빙하
piracy [páiərəsi] 해적 행위
assert oneself (천성이) 드러나다

in the crucible 모진 시련 속에
overriding [ðuvəráidiŋ] 우선적인, 가장 중요한
strengthen [stréŋkθən] 강화하다, 튼튼하게 하다
margin [máːrdʒin] 가장자리, (능력 등의) 한계
undergo [ʌ̀ndərgóu] (영향·변화 등을) 받다, 겪다
extraordinary [ikstrɔ́ːrdənèri] 엄청난, 대단한
transformation [træ̀nsfərméiʃənl] 변화, 변형
crumble [krʌ́mbl] 무너지다
explosion [iksplóuʒən] (폭발적) 증가
globalization [gloubəlizéiʃən] 세계화
primarily [praimérəli] 주로, 원래
connotation [kànətéiʃən] 내포, 함축
interdependent [ìntərdipéndənt] 서로 의존하는
boundaries [báundəri] 한계, 범위
fast-one 속임수, 사기
contain [kəntéin] (적을) 억제하다, 포함하다
vast [væst] 광대한
lift [lift] 제거(일소)하다
ethnic cleansing 인종 청소
inflame [infléim] (감정 등을) 부추기다, -에 불을 붙이다
traffic [trǽfik] 거래하다
innocent [ínəsnt] 무고한, 무죄의
combat [kʌ́mbæt] 싸우다, 격투하다
threat [θret] 위협, 협박
seize [siːz] 붙잡다
interdependence [ìntərdipéndəns] 상호 의존(성)
adversary [ǽdvərsèri] 적, 대항자
pressing [présiŋ] 절박한, 긴급한
on one's own 혼자, 자기 힘으로
design [dizáin] 계획하다
implement [ímpləmənt] 실행하다, 이행하다
pragmatism [prǽgmətìzəm] 실용주의
rigid [rídʒid] 엄격한, 완고한
prejudice [prédʒudis] 편견, 선입관
vitality [vaitǽləti] 존속력, 생명력
recognize [rékəgnàiz] 인지하다, 알아내다
overwhelming [ðuvərwélmiŋ] 저항할 수 없는, 압도적인
at a person's disposal 아무의 뜻(마음)대로 되는
legal [líɡəl] 법률의, 합법의
be in the vanguard of -의 진두(선두)에 서다
radical [rǽdikəl] 급진적인; 근본적인

declare [diklέər] 선언하다, 밝히다
endeavor [endévər] 시도, 노력
seemly [síːmli] 어울리는, 적당한
persuasion [pərswéiʒən] 설득, 설득력
bind [baind] 구속력이 있다, 구속하다
no doubt 확실히, 의심할 바 없이
leading [líːdiŋ] 주된
appreciate [əpríːʃièit] 식별(인식) 하다, 헤아리다
tough-minded [tʌ́fmáindid] 강건한, 굳센
absent [ǽbsənt] 결여된, 없는
assortment [əsɔ́ːrtmənt] 각종 구색, 분류
tackle [tǽkəl] (일·문제에) 달려들다
cooperative [kouápərèitiv] 협력적인, 협동의
engagement [ingéidʒmənt] 교전, 참가
fire on all cylinders (엔진이) 풀가동 하고 있다, 전력을 다하고 있다
forward-thinking 장래에 대비한(고려한)
apply [əplái] (힘·열 등을) 가하다
exert [igzɔ́ːrt] 가하다, 미치다
leverage [lévərdʒ] 지레의 힘(장치)
cooperate [kouápərèit] 협력하다, 협동하다
agency [éidʒənsi] (정부 등의) 기관

outreach [àutríːtʃ] 빈곤자 단체의 원조 계획
empower [impáuər] 권한을 주다
interaction [ìntərǽkʃən] 상호 작용
link [liŋk] 연결되다, 이어지다
coordinate [kouɔ́ːrdənit] 통합하다, 조화하다
prosperity [prɑspérəti] 번영, 성공
defuse [diːfjúːz] 긴장을 완화하다
eloquent [éləkwənt] 설득력 있는, 웅변의
articulate [ɑːrtíkjulit] (논리) 정연한, (생각 등이) 명확히 표현된
in pursuit of 추구하여, 찾아서
the diplomatic corps (궁중·수도에 파견된) 외교단
agile [ǽdʒəl] 몸이 재빠른, 기민한
petty [péti] 사소한, 대단찮은
turf [təːrf] (거주하여) 잘 아는 지역, 홈 그라운드
state [steit] 말하다, 주장하다
institution [ìnstətjúːʃən] 제도, 관례, 관습, 법령
chronically [krɑ́nikəli] 만성적으로
undermanned [ʌ̀ndərmǽnd] 인원이 부족한
underfund [ʌ̀ndərfʌ́nd] 충분한 자금을 공급하지 못하다

relative [rélətiv] 관계(관련) 있는, 적절한
spending [spéndiŋ] 지출, 소비
say amen to -에 동의(찬성)하다
emphasize [émfəsàiz] 역설하다, 강조하다
confront [kənfrʌ́nt] -에 직면하다, 대응하다
multi-dimensional 다차원의
thwart [θwɔːrt] 좌절시키다, 꺾다, 훼방 놓다
in place of -대신에
suffering [sʌ́fəriŋ] 고통, 괴로움, 고생
in detail 상세히, 자세히
moment [móumənt] 중요성
appropriate [əpróuprièit] 적합한, 적당한
enhance [inhǽns] 향상하다, 높이다
farce [fɑːrs] 시시한(어처구니없는) 일, 익살극
likeminded [láikmáindid] 한(같은)마음의, 같은 의견의
motivate [móutivèit] -에게 동기를 주다, 자극하다
rely on 의지하다
resort [rizɔ́ːrt] 수단, 의지
all the while 그동안, -하는 동안
exemplar [igzémplər] 모범, 전형

make the point 의견을 말하다
edict [íːdikt] 명령, (옛날의) 칙령
take comfort in -으로 위안을 얻다
coincide with 동시에 일어나다, 일치하다
live up to (주의·주장을) 실천하다, (선언 등을) 지키다
eloquently [éləkwəntli] 웅변으로
confer [kənfə́ːr] 베풀다, 수여하다
tremendous [triméndəs] 엄청난
priority [praiɔ́(ː)rəti] 우선 사항, (중요) 긴급사
not mince words 단도직입적으로 말하다, 솔직히 말하다
discipline [dísəplin] 단련하다, 훈련하다
evaluate [ivǽljuèit] 평가하다
weigh [wei] 숙고하다, 고찰하다
consequence [kɑ́nsikwèns] 결과, 결말
gauge [geidʒ] 측정하다, 평가하다
probability [prɑ̀bəbíləti] 확률, 가망
measurable [méʒərəbəl] 중요한
cut out 포기하다
in the face of -에도 아랑곳없이, -의 앞에서
adversity [ædvə́ːrsəti] 역경
call forth 조언을 청하다(구하다)
can-do [kǽndúː] 할 수 있는, 의욕 있는

mark [mɑːrk] 특징짓다, 특색을 이루다
ills [il] 재난, 불행
plague [pleig] 괴롭히다
calm [kɑːm] 진정시키다, 달래다
reinforce [rèːinfɔ́ːrs] 강화하다
foster [fɔ́(ː)stər] (사상·희망 등을) 품다, 기르다
free from −이 없는
discord [dískɔːrd] 분쟁, 불화
compelling [kəmpéliŋ] 강력한
lay out 계획하다
submit [səbmít] 제출하다, 제기하다
response [rispáns] 응답, 대답
statement [stéitmənt] 발언, 성명
outline [áutlàin] 개요를 말하다
commit [kəmít] (문제·질문 등에) 입장을 분명히 하다
employ [emplɔ́i] 사용하다, 쓰다
aid worker 국제 구호원
and more 그 외 여러 가지로
withdraw [wiðdrɔ́ː] (군대가) 철수하다
transition [trænzíʃən] 과도기, 변천, 추이
sovereign [sávərin] 주권 있는, 독립한
overtax [òuvərtǽks] 지나치게 과세하다
reach out 내밀다
arsenal [áːrsənəl] 군수품의 비축
comprehensive [kàmprihénsiv] 광범위한, 포괄적인
element [éləmənt] 활동 영역
root out 근절하다, 뿌리째 뽑다
deepen [díːpn] 깊게 하다
engagement [ingéidʒmənt] 교전, 싸움
pursue [pərsúː] 수행하다, 추적하다
actively [ǽktivli] 적극적으로, 활발히
aspiration [æ̀spəréiʃən] 염원 대상, 열망
abandon [əbǽndən] 버리다, 단념하다
constructive [kənstrʌ́ktiv] 건설적인
intractable [intrǽktəbəl] 다루기 힘든, 고집 센
sympathetic to 공감을 나타내는, 찬성하는
shelling [ʃéliŋ] 포격
tragic [trǽdʒik] 비극적인, 비통한
pain [pein] 괴로워하다, 아프다
normal [nɔ́ːrməl] 정상적인, 표준적인
positive [pázətiv] 적극적인
exert every effort 전력을 다하다
critical [krítikəl] 중대한
profound [prəfáund] 심오한, 심원한
undermine [ʌ̀ndərmáin] 몰래 손상시키다, 서서히 해치다
alienation [èiljənéiʃən] 이간, 소외
violent [váiələnt] 격렬한, 폭력적인
extremism [ikstríːmizəm] 과격주의,

극단론
leverage [lévərid͡ʒ]　-에 지레의 힘을 도입하다
asset [ǽset]　(정보활동에 이용할 수 있는) 기관, 인재
dry up　고갈하다
nihilistic [nàiəlìstik]　무정부주의의
curb [kəːrb]　억제하다, 구속하다
take the lead　앞장서다, 솔선하다
stockpile [stʌ́kpàil]　비축량, 핵무기의 저장
weaponry [wépənri]　무기 제조, 군비 개발
parallel [pǽrəlèl]　유사한, 같은 목적의
reduce [ridjúːs]　줄이다, 축소하다
agreement [əgríːmənt]　협정, 조약
monitoring [mɔ́nitəriŋ]　감시
verification [vèrəfikéiʃən]　검증, 입증
provision [prəvíʒən]　조항, 규정
START:　Strategic Arms Reduction Talks 전략무기감축회담
treaty [tríːti]　협정, 조약
expire [ikspáiər]　만료되다, 종료되다
hair-trigge　즉각의, 반응이 빠른
alert [ələ́ːrt]　경계(체제), 경보
urgency [ə́ːrd͡ʒənsi]　긴급, 절박
proliferation [proulìfəréiʃən]　(핵의) 확산

loose [luːs]　느슨한, 포장하지 않은
shut down [ʃʌ́tdàun]　(가게·공장을) 폐쇄하다
Non Proliferation Treaty　핵확산 금지 조약
cornerstone [kɔ́ːrnərstòun]　초석, 토대
regime [reiʒíːm]　정권, 정부
exercise [éksərsàiz]　발휘하다, 행사하다
shore up　경제적으로 지원하다
ratification [rætəfikéiʃən]　비준, 재가
revive [riváiv]　되살아나게 하다, 부활시키다
verifiable [vèrəfàiəbəl]　입증(증명)할 수 있는
fissile [físəl]　핵분열의
cutoff [kʌ́tɔ̀ːf]　차단, 절단
isolation [àisəléiʃən]　분리, 격리
bolster [bóulstər]　강화하다, 북돋우다
alliance [əláiəns]　동맹국
forge [fɔːrd͡ʒ]　서서히 나아가다
stand the test　시련에 견디다
ally [əlái]　동맹국
mutual [mjúːtʃuəl]　서로의, 상호 관계가 있는
ASEAN [Association of Southeast Asian Nations]　아세안, 동남아시아 국가 연합

disagreement [dìsəgríːmənt] 불일치, 의견의 상위
inevitable [inévitəbl] 피할 수 없는, 당연한
stand up for -을 옹호(변호)하다
norm [nɔːrm] 규범, 기준
candidly [kǽndidli] 솔직하게
persist [pərsíst] 주장하다, 고집하다
one-way [wʌ́nwéi] 일방통행의, 한쪽 방향만의
vital [váitl] 중대한, 절대 필요한
cross-current 역류, 반주류적 경향
contraction [kəntrǽkʃən] 위축, 불황
the Great Depression 대공황
consequence [kɑ́nsikwèns] 중요성
uncoordinated 통합되지 않은, 조화롭지 않은
insufficient [ìnsəfíʃənt] 부족한, 불충분한
guide [gaid] 지침, 길잡이
scope [skoup] 범위, 영역, 지역
take into account 참작하다, -을 고려해 보다
geopolitics [dʒìːoupélətiks] 지정학
likelihood [láiklihùd] 가능성, 정말 같음
repercussion [rìːpərkʌ́ʃən] 반격, 반사, 반향

emerging powers 신흥강국
governance [gʌ́vərnəns] 지배, 통치
take action 조처를 취하다, 착수하다
sustained [səstéind] 지속적인, 일련의
part [pɑːrt] 요소, 주요 부분
arise from 생기다, 발생하다
drug-trafficking 마약 거래
hemisphere [hémisfìər] (지구·천체의) 반구의, 주민(국가)
common [kɑ́mən] 공통의, 협력의
objective [əbdʒéktiv] 목표, 목적
affect [əfékt] -에게 영향을 주다
vigorous [víɡərəs] 강력한, 원기왕성한
under- [ʌ́ndər] 협약, 합의
Caribbean [kæ̀rəbíːən] 카리브 해(사람)의
legacy [léɡəsi] 유산
the Americas 남·북·중앙아메리카
take up 채택하다
safe haven 안전 대피소
conserve [kənsə́ːrv] 보존하다, 보호하다
reap [riːp] 획득하다, 수확하다
autocracy [ɔːtɑ́krəsi] 독재정치, 독재국
devastation [dèvəstéiʃən] 인간 유린, 황폐(상태)
aggressively [əɡrésivli] 적극적으로
significant [siɡnífikənt] 중요한

in chorus 이구동성으로, 일제히
unambiguous [ʌ̀næmbíɡjuəs] 명백한, 모호하지 않은
existence [iɡzístəns] 생존, 생활
incite [insáit] 부추기다, 선동하다
arable land 경작지
be in need of -을 필요로 하다
participation [pɑːrtìsəpéiʃən] 참여, 참가, 관여
implement [ímpləmənt] (약속 따위를) 이행하다, (조건 등을) 충족하다
upcoming [ʌ́pkʌ̀miŋ] 다가오는
carbon [káːrbən] 탄소
emissions [imíʃən] 배출, 발산, 배기
note that -에 주목하다
grave [ɡreiv] 중대한
doctrine [dáktrin] 교리, 신조
desperation [dèspəréiʃən] 절망, 자포자기
chaos [kéiɑs] 무질서, 혼돈
ground [ɡraund] 의견, 입장
overcome [òuvərkʌ́m] 극복하다
hatred [héitrid] 증오, 원한
lawlessness [lɔ́ːlisnis] 무법
despair [dispɛ́ər] 절망
pave the way -에의 길을 열다, -을 가능케 하다
underscore [ʌ̀ndərskɔ́ːr] 강조하다, -의 밑에 선을 긋다.
involvement [invɑ́lvmənt] 관련
variety [vəráiəti] 가지각색의 것, 다양
foundation [faundéiʃən] 재단, 협회
TB 결핵균(tubercle bacillus의 생략)
infrastructure [ínfrəstrʌ̀ktʃər] 토대, 하부 구조
transmit [trænsmít] 옮기다, 전염시키다
generate [dʒénərèit] 형성하다, 가져오다
goodwill [ɡúdwìl] 친선, 호의
train [trein] 양성하다, 훈련하다
exploitation [èksplɔitéiʃən] 착취, 불법 이용
bolster [bóulstər] 강화하다, 후원하다
secular [sékjələr] 현세의, 세속의
→ secular education(종교 교과를 가미하지 않은) 보통 교육
bottom-up (논리 전개 등) 기초적인, 비전문가의
approach [əpróutʃ] 입문, 접근법
marginal [máːrdʒinəl] 이차적인, 중요하지 않은
integral [íntiɡrəl] 필수요소, 전체
fall on deaf ears (요구가) 무시되다
material [mətíəriəl] 구체적인, 물질적
weed out 없애다, 제거하다

oppressed [əprést] 학대받은
plight [plait] 어려운 입장, 궁지
comprise [kəmpráiz] -으로 이루어져 있다, 구성하다
unschooled [ʌ̀nskúːld] 정식 교육을 받지 않은
unpaid [ʌ̀npéid] 지급되지 않은, 무보수의
vulnerable [vʌ́lnərəbəl] 공격받기 쉬운, 약점이 있는
marginalization [mɑrdʒinəlizéiʃən] 주변화
jeopardy [dʒépərdi] 위험(risk), 위기
unequivocal [ʌ̀nikwívəkəl] 명료한, 솔직한
aside [əsáid] 여담
mention [ménʃən] 말하다, 언급하다
pioneer [pàiəníər] 선구자, 개척자
firsthand [fə́ːrsthǽnd] 직접의, 직접
transform [trænsfɔ́ːrm] 바꾸다, 변형시키다
pass away 죽다
matter [mǽtər] 중요하다
inform [infɔ́ːrm] (감정·생기 등을) -에게 불어넣다
session [séʃən] 개정 기간, 회기
suspect that -이 아닌가 의심하다
overview [óuvərvjùː] 개관, 개략

glimpse [glimps] 흘끗 보임, 일별
daunting [dɔːnt] 어려운, 벅찬, 힘겨운
crucial [krúːʃəl] 중대한, 결정적인
pledge [pledʒ] 약속(서약)하다
forge [fɔːrdʒ] 세우다, (계획 등을) 안출하다
bipartisan [baipáːrtəzən] 초당적인, 양당 제휴의
integrated [íntəgrèitid] 통합된, 완전한
results-oriented 결과 중심의
sustainable [səstéinəbl] 유지(계속)할 수 있는, 받칠 수 있는
function [fʌ́ŋkʃən] 역할(직분)을 다하다, 구실을 하다
conduct [kʌ́ndʌkt] 처리하다, 행동하다
alongside [əlɔ́ːŋsàid] (-와) 나란히
bureaucracy [bjurákrəsi] 관료
consist of (-로) 되다, (-에) 존재하다
regular [régjulər] 정규의, 정식의
Foggy Bottom 미 국무부의 통칭
post [poust] 임지
carry out 수행하다, 실행하다
professional [prəféʃənəl] 전문가
expert [ékspərt] 전문가, 숙달자
make inroads in -을 먹어 들어가다, -에 침입하다
be on the phone 통화 중
delicate [délikit] 처리하기 어려운

315

arms control 군축
placid [plǽsid] 평온한, 조용한
idle [áidl] 한가한, 놀고 있는
outpost [áutpòust] 전초 부대, 전진 기지
safeguard [séifgà:rd] -에서 지키다
turbulent [tə́:rbjulənt] 소란스러운, 떠들썩한
tame [teim] 단조로운, 유순한
employee [emplɔ́ii:] 고용인, 종업원
lifeline [láiflàin] 생명선, 생명줄
silence [sáiləns] 억누르다, 침묵시키다
marginalize [má:rdʒinəlàiz] -을 무시하다
consulate [kánsəlit] 영사관, 영사의 직(임기)
shortchange [ʃɔ́:rtʃéindʒ] 속이다
funding [fʌ́ndiŋ] 자금 조달
prudently [prú:dəntli] 신중하게, 빈틈없이
conclude [kənklú:d] 끝으로 말하다
indulge [indʌ́ldʒ] 만족시키다, 충족시키다 → 받아주다
final [fáinəl] 마지막, 궁극적인
observation [àbzərvéiʃən] 감시, 관찰
advocate [ǽdvəkit] 옹호자, 변호사
privilege [prívəlidʒ] -에게 특권(특전)을 주다

Armed Services Committee 미국 상원의) 군사위원회
commander [kəmǽndər] 지휘관, 사령관
brave [breiv] 용감한
immerse oneself 몰두하게 하다, 열중하게 하다
invaluable [invǽljuəbəl] 매우 귀중한, 값을 헤아릴 수 없는
rural [rúərəl] 시골의, 지방의
remove from 벗다, -을 제거하다
compete [kəmpí:t] 경쟁하다, 다투다
argue that 주장하다
conventional [kənvénʃənəl] 종래의, 전통적인
paradigm [pǽrədaim] 보기, 모범, 범례
shift [ʃift] 변화하다, 바뀌다
legally [lí:gəli] 합법적으로
unchanging [ʌntʃéindʒiŋ] 불변의, 변하지 않은
discipline [dísəplin] 단련, 훈련, 규율
ever-changing [évərtʃéindʒiŋ] 변화무쌍한
embody [imbádi] 구현하다, 구체화하다
daunt [dɔ:nt] 위압하다, 기세(기운)을 꺾다
steadfast [stédfæ̀st] 확고부동한, (신념 등) 불변의

dawning [dɔ́:niŋ] 시작, 징조
grant [grænt] 주다, 부여하다
territory [térətɔ̀:ri] 분야, 영역
delighted [diláitid] 아주 기뻐하는

6. No way, no how, no McCain.

take back 도로 찾다
on the sidelines 방관자로서
trench [trentʃ] 참호
→ in the trenches (곤란한 상황 등의) 전면에서, 한창인 때
advocate [ǽdvəkit] 옹호(변호)하다
squander [skwándər] 헛되이 쓰다, 낭비하다
endure [indjúər] 견디다, -을 참다
suffer [sʌ́fər] 고생하다, 괴로워하다
candidate [kǽndədèit] 후보자, 지원자
poll [poul] 투표결과, 득표집계
off the air 방송되지 않고
come down 전해지다, 내려가다
workplace [wə́:rkplèis] 일터, 작업장
bound up 깊이 관여하다
devotion [divóuʃən] 헌신, 전념
determination [ditə̀:rminéiʃən] 결단(력), 결의, 결심
enormous [inɔ́:rməs] 거대한, 매우 큰
obstacle [ábstəkəl] 난관, 장애
adopt [ədʌ́pt] 입양하다, 양자(양녀)로 삼다
autism [ɔ́:tizəm] 자폐증
discover [diskʌ́vər] -을 알다, 깨닫다
greet [gri:t] 맞이하다, 환영하다
bald [bɔ:ld] 털이 없는, 대머리의
Marin Corps 해병대
buddy [bʌ́di] 동료, 친구
minimum wage (법정·노동 협약) 최저 임금
Territory [térətɔ̀:ri] 준주, 해외속령
on behalf of (아무)의 대신으로
leave out 무시하다
leave behind 뒤에 남기다
from the bottom of one's heart 진심으로
give in 굴복하다
give up 단념(포기)하다
along the way 도중에
from top to bottom 철두철미, 머리 끝에서 발끝까지
quest [kwest] 탐구, 탐색
steadfast [stédfæ̀st] 확고부동한, 굽히지 않는
uncommon [ʌnkámən] 찾아보기 힘든, 비범한
inspiration [ìnspəréiʃən] 격려가 되는 사람
go out (애정이) 쏟아지다

- 위치, 신분
erode [iróud] 좀먹다, -을 서서히 파괴하다
right-wing [ráitwíŋ] 우익의, 보수파의
headlock [hédlàk] 헤드록(레슬링에서 상대의 머리를 팔로 감아 누르는 기술)
partisan [pé:rtəzən] 당파심 강한 사람
gridlock [grídlàk] (교차점에서의) 교통 정체(사방에서 진입한 차량들이 엉겨 움직이지 못하게 된 상태; 또한 도지의 주요 도로 전부가 정체된 상태) → 이러지도 저러지도 못하는 상태
deficit [défəsit] 적자
renew [rinjú:] 다시 시작하다, 쇄신하다
sustain [səstéin] 계속하다
affordable [əfɔ́:rdəbəl] 줄 수 있는
define [difáin] 규정짓다, 정의 내리다
meaningful [mí:niŋful] 의미 있는, 뜻 있는
discrimination [diskrìmənéiʃən] 차별 대우
unionization [jù:njənizéiʃən] 노동조합에 가입시킴
immigrant [ímigrənt] 이민 온 사람, 외국인
fiscal [fískəl] 재정의, 국고의
sanity [sǽnəti] 공정, 온건

restore [ristɔ́:r] 회복하다, 재건하다
public good 공익
plunder [plʌ́ndər] 횡령
ally [əlái] 동맹국
confront [kənfrʌ́nt] -와 맞서다
poverty [pávərti] 빈곤, 가난
genocide [dʒénəsàid] (인종·민족의) 집단 학살
stand up for -을 옹호(변호)하다
tap [tæp] 두드려 만들다
blend [blend] 혼합
optimism [ɔ́ptəmìzəm] 낙관(천)주의
ingenuity [ìndʒənjú:əti] 창의성
pad [pæd] -에 메우다
speculator [spékjulèitər] 투기꾼
ignore [ignɔ́:r] 무시하다
windfall profits 초과 이득
the genius 정신
vitality [vaitǽləti] 활력, 활기
begin one's career 인생의 첫발을 내딛다
displace [displéis] 쫓아내다, 추방하다
fundamental [fʌ̀ndəméntl] 근본적인
revitalize [ri:váitəlàiz] 소생시키다, 회복시키다
defend [difénd] 지키다
recall [rikɔ́:l] 생각해내다
do one's part 자기 본분을 다하다

transform [trænsfɔ́:rm] 바꾸다, 변복시키다
repair [ripɛ́ər] 회복하다, 되찾다
alliance [əláiəns] 동맹, 협력
terrific [tərífik] 멋진, 아주 좋은
strategic [strətí:dʒik] 전략(상)의
pragmatic [prægmǽtik] 실용주의의
stagnation [stæɡnéiʃən] 침체, 정체
skyrocketing [skáirɑ̀kitiŋ] (물가가) 높이 솟는
foreclosure [fɔːrklóuʒer] 차압(저당물)
mount [maunt] 증가하다, 오르다
crushing [krʌ́ʃiŋ] 눌러 터뜨리는
come last 맨 나중에 오다
sound [saund] 건실한
privatize [práivətàiz] 민영화하다
make sense 이해되다, 도리에 맞다
awfully [ɔ́:fəli] 몹시, 굉장히
Twin Cities 트윈 시티스;
 (미국 미시시피 강을 끼고 있는) 세인트폴과 미네아폴리스의 두 도시
participate [pɑːrtísəpèit] 참가하다
convention [kənvénʃən] 대회, 대표자 회의
dawn [dɔːn] 시작하다
hand down (후세에) 전하다
rally [rǽli] 모이다
endure [indjúər] 인내하다, -을 참다

ridicule [rídikjùːl] 조롱, 비웃음
harassment [hǽrəsmənt] 괴롭힘
brave [breiv] 무릅쓰다, -에 용감하게 맞서다
jail [dʒeil] 감옥, 교도소
decade [dékeid] 10년간
amendment [əméndmənt] (미국 헌법의) 수정 조항
enshrine in 정식으로 기술하다
Constitution [kɑ̀nstətjúːʃən] (국가 조직을 규정하는) 헌법
defy [difái] (경쟁·공격 등을) 문제 삼지 않다
odds [ɑdz] 가능성, 가망
follow [fɑ́lou] (선례를) 따르다
Underground Railroad 지하철로
path [pæθ] 길, 통로
torch [tɔːrtʃ] 횃불
a taste 경험, 맛
big on -을 아주 좋아하는
spare [spɛər] 아끼다, 절약하다
hang [hæŋ] 주저하다, 망설이다
in the balance 결정을 못 내린 상태에서
sacrifice [sǽkrəfàis] 희생, 헌신
chasm [kǽzəm] 차이, 깊게 갈라진 틈
barrier [bǽriər] 장벽, 장애
ceiling [síːliŋ] 천장

mission [míʃən] 임무, 사명
Godspeed [gádspí:d] 성공의 기원

7. Clinton urges supporters to back ObamaOH

company [kʌ́mpəni] (사교적인) 회합
grateful [gréitfəl] 감사하고 있는, 고마워하는
pour [pɔ:r] 쏟다
wave [weiv] 손을(기를) 흔들어 -신호하다
homemade [hóumméid] 손으로 만든
scrimp [skrimp] 절약하다, 아끼다 → scrimp and save 꾸준하게 저축하다
raise [reiz] 모금하다, (돈을) 마련하다
contribute [kəntríbjut] (금품을) 기부하다
whisper [wíspər] 작은 소리로 이야기하다
savings [séiviŋ] 저축액
volunteer [vɑ̀ləntíər] 자진하여 하다
veteran [vétərən] 퇴역 군인
cast [kæst] 투표하다
insist that 강력히 주장하다
an absentee ballot 부재자 투표
hospice [hɔ́spis] (말기 환자를 위한) 병원
fill out -에 써넣다
ballot [bǽlət] 투표용지

pass away 죽다
ornery [ɔ́:rnəri] 고집 센
in place of -대신에
pledge [pledʒ] 약속하다, 서약하다
utmost [ʌ́tmòust] 최대 한도의
commitment [kəmítmənt] 서약, 약속
unyielding [ʌ̀njí:ldiŋ] 굽히지 않는, 양보하지 않는
inspire [inspáiər] 고무하다, 격려하다
make up 형성하다, 만들다
fabric [fǽbrik] 바탕, 구조, 조직
humble [hʌ́mbəl] (사람·기분을) 겸허하게 하다
all walks of life 모든 계층의 사람들
Caucasian [kɔːkéiʒən] 백인
straight [streit] 동성애자가 아닌 사람, 정상인
stand with 찬성하다, 일치하다
in every way 모든 면에 있어서
worth [wə:rθ] -의 가치가 있는
juggle [dʒʌ́gəl] (두 가지 일을) 솜씨 있게 해내다
grab [græb] 붙잡다
afford [əfɔ́:rd] -할 수 있다, -할 여유가 있다
insurance [inʃúərəns] 보험(료)
medical care 치료, 의료
groceries [gróusəri] 식료품류

invisible [invízəbəl] 확실하지 않은; 눈에 안 보이는
old-fashioned [óuldfǽʃənd] 구시대적, 구식의
conviction [kənvíkʃən] 신념, 확신
the front-line 최전선
stand for -을 위해 싸우다
passion [pǽʃən] 열정
suspend [səspénd] 중지하다
campaign [kæmpéin] 운동, 선거전
endorse [endɔ́ːrs] 찬성하다
senate [sénət] 상원
stand on 굳게 지키다, -을 주장(고집)하다
stage [steidʒ] 여정, 국면, 위치,
toe-to-toe 정면으로 맞선
row [rou] 좌석, 열보
candidacy [kǽndidəsi] 입후보자
grace [greis] 기품
grit [grit] 기개, 용기
win back (이겨서) 되찾다
ensure [enʃúər] 지키다, 보장하다
the Oval Office (백악관의) 대통령 집무실
tough [tʌf] 힘든
restore [ristɔ́ːr] 되찾다, 회복하다
tie [tai] 유대, 끈
bind [baind] 단결시키다(together)

come together 함께 되다
around [əráund] 중심으로
ideal [aidíːəl] 숭고한 목적
cherish [tʃériʃ] 소중히 하다
separate [sépərèit] 따로따로의, 개별적
merge [məːrdʒ] 합병하다
head toward (어떤 지점으로) 나아가다, 전진하다 → head for one's destination 목적지를 향해 나아가다
destination [dèstənéiʃən] 목적지
united [juːnáitid] 연합한, 일심동체의
turn around (경제 상황 등이) 호전되다; 바꾸다
stake [steik] 말뚝, 내기 → at stake 위태로워(risked), 내기에 걸려서
sustain [səstéin] 계속하다; 떠받치다
reward [riwɔ́ːrd] 보상하다, 보답하다
save for 저축하다, 낭비를 막다
retirement [ritáiərmənt] 은퇴, (퇴직자 용의) 연금
grocery [gróusəri] 식료잡화점, 식품점
→ groceries 식료잡화류
leave over 남기다
lift [lift] (부채를) 갚다; 향상시키다
→ -의 생활이 나아지게 하다
broadly [brɔ́ːdli] 널리
distribute [distríbjuːt] 분배하다, (골고루) 퍼뜨리다

affordable [əfɔ́:rdəbəl] (가격) 알맞은, 입수 가능한
stick [stik] 언제까지나 머무르다, 남아 있다 → stuck in 꼼짝 못하다
dead-end 막다른, 발전성(장래성)이 없는, 밑바닥 생활의, 꿈도 희망도 없는 → dead-end job 장래성이 없는 직업
insurance [inʃúərəns] 보험
issue [íʃu:] 쟁점
cause [kɔ:z] 목적, 대의
insure [inʃúər] 보험에 가입하다, 보험에 들다
excuse [ikskjú:z] 변명, 핑계
deep [di:p] 심원한, 깊은
civil rights 민권, 공민권; 평등권
discrimination [diskrìmənéiʃən] 인종차별
unionization 노동조합 가입
care for 돌보다, 보살피다
join with 행동을 같이 하다
in one way or another 어떻게 해서라도
tremendous [triméndəs] 엄청난
flourish [flə́:riʃ] 번영하다, 번성하다
slip away 살짝 가버리다
not up to (일 등을) (감당)할 수 없어
claim [kleim] 필요한 일, 주장
boundaries [báundəriz] 범위, 한계

a pioneering spirit 개척자 정신
universal [jù:nəvə́:rsəl] 널리 행해지는; 보편적인
get back 돌아가다
fiscal [fískəl] 재정(상)의, 국고의
thrive [θraiv] 번영하다, 번창하다
decent [dí:sənt] 상당한, 훌륭한
earn a living 생계를 꾸려 나가다
foster [fɔ́(:)stər] 촉진하다, 육성하다
innovation [ìnouvéiʃən] 혁신, 일신
lift [lift] 불식시키다
threat [θret] 위협, 으름, 협박
fuel [fjú:əl] –에 연료를 공급하다
loyal [lɔ́iəl] 충실한, 성실한
turning-point 고비, 전환(변환)점
critical [krítikəl] 중대한, 결정적인
stall [stɔ:l] (차 등이) 멎다
slip [slip] 미끄러져 들어가다
commander-in-chief (나라의) 최고 지휘관, 대통령
milestone [máilstòun] 이정표, 획기적인 사건
perpetual [pərpétʃuəl] 부단한, 끊임없는
bias [báiəs] 편견
unconscious [ʌ̀nkɑ́nʃəs] 무의식의, 모르는
respect [rispékt] 존중하다, 존경하다

embrace [imbréis] 받아들이다, 환영하다
every last one 어느 것이나 모두, 남김없이
benefit [bénəfit] 이익을 얻다
resolve [rizálv] 해결하다, 결정하다
proposition [prὰpəzíʃən] 명제, 진술
prejudice [prédʒədis] 편견, 선입관
from now on 앞으로는
unremarkable 놀랄(주목할) 만한 일이 아닌
primary [práimèri] (정당의) 예비 선거
nominee [nàməní:] 지명된 사람
short of -하지 못하고, -에 못 미치는
stumble [stʌ́mbəl] (실족하여) 넘어지다
knock down 받아 넘어뜨리다
magnificent [mægnífəsənt] 웅장한, 장엄한
orbit [ɔ́:rbit] 궤도를 선회하는
overhead [óuvərhéd] 상공에, 머리 위에
blast [blæst] (로켓 등을) 발사하다
launch [lɔ:ntʃ] 진출시키다, 내보내다
shatter [ʃǽtər] 깨다, 부수다
glass ceiling (관리직 승진에 방해가 되는) 무형의 인종적(성적) 편견
crack [kræk] 균열, 갈라진 금
suffragist [sʌ́fridʒist] 여성참정권론자
abolitionist (노예) 폐지론자

foot soldier 보병
protest [prətést] 항의하다
segregation [sègrigéiʃənl] 인종차별
Jim Crow 인종 차별(미국 남부의)
take for grant 당연하다고 생각하다
wage [weidʒ] 선거운동하다
take the oath 선서하다
stand tall 준비가 되어 있다
pave the way for -을 가능케 하다
dwell on 살다, 머무르다
make sure that 반드시 -하도록 손을 쓰다
pledge [pledʒ] 약속(서약)하다
commitment [kəmítmənt] 헌신
sustain [səstéin] 지탱하다, 유지하다
on end 계속해서, 연달아
imperfect [impə́:rfikt] 불완전한, 결점이 있는
catch [kætʃ] 붙잡다, 붙들다
falter [fɔ́:ltər] 발에 걸려 넘어지다, 비틀거리다
lose heart 낙담하다
accomplish [əkámpliʃ] 이루다, 성취하다
count one's blessings (불행한 때에) 좋은 일을 회상하다
show up 나오다, 나타나다
gratitude [grǽtətjù:d] 감사, 보은의 마음
abiding [əbáidiŋ] 영속적인, 변치 않는